Mosaik
bei GOLDMANN

Buch

Seit Tausenden von Jahren gibt es die chinesische Astrologie, die in ihrem Sinngehalt in wesentlichen Zügen mit der Philosophie des Taoismus korrespondiert. Die zwölf Tierkreiszeichen und die Fünf-Elemente-Lehre bilden dabei die Basis für die Berechnung von Strömungen und Tendenzen, zur Feststellung von Stärken und Schwächen. Neben Charaktereigenschaften, Erziehungs- oder Partnerschaftsfragen bietet das chinesische Horoskop auch die Möglichkeit, berufliche Vorlieben und tendenzielle Strömungen in den nächsten Jahren aufzugreifen und in die Lebensplanung einzubauen.

Autorin

Chi An Kuei erlernte während ihrer Ausbildung an der Fachhochschule für Astrologie in Taipeh die chinesische sowie die westliche Astrologie, daneben die chinesische Antlitzdeutung und die Psychologie. Sie berät in ihrem Institut für astrologische Beratung in München äußerst erfolgreich hochgestellte Persönlichkeiten aus Politik und Wirtschaft.

Chi An Kuei

Das große Buch der chinesischen Astrologie

Mosaik
bei GOLDMANN

Sollten Sie Interesse an einem von der Autorin
erstellten persönlichen Horoskop haben,
schreiben Sie eine E-Mail
an info@chiankuei.de oder
besuchen Sie die Website
www.chiankuei.de

Verlagsgruppe Random House FSC-DEU-0100
Das für dieses Buch verwendete FSC-zertifizierte Papier *Munken Print*
liefert Arctic Paper Munkedals AB, Schweden.

4. Auflage
Vollständige Taschenbuchausgabe Juli 2003
Wilhelm Goldmann Verlag, München,
in der Verlagsgruppe Random House GmbH
© Falken Verlag, Niedernhausen, ein Unternehmen der Verlagsgruppe
1999, 2001 Random House GmbH
Redaktion: Susanne Janschitz/Vera Baschlakow
Umschlaggestaltung: Design Team München
Umschlagfoto: AKG images
Satz: Uhl + Massopust, Aalen
Druck und Bindung: GGP Media GmbH, Pößneck
Kö · Herstellung: Ina Hochbach
Printed in Germany
ISBN 978-3-442-16550-6

www.goldmann-verlag.de

Inhalt

Einführung 8
Die chinesische Astrologie 8
Das Yin-Yang-Prinzip 11
Die fünf Wandlungsphasen 12
Berechnung und Bedeutung des Aszendenten 17

Die Ratte und ihre Eigenschaften 19
Die Ratte in den fünf Wandlungsphasen 21
Die Ratte und ihr Aszendent 23
Ratte und Partnerschaft 28
Wer passt zur Ratte? 30
Ratte und Beruf 36
Wer passt zur Ratte in beruflicher Hinsicht? 38
Ratte und Gesundheit 41
Die Ratte in den einzelnen Jahren: Aussichten und Tendenzen ... 41

Der Büffel und seine Eigenschaften 45
Der Büffel in den fünf Wandlungsphasen 48
Der Büffel und sein Aszendent 50
Büffel und Partnerschaft 54
Wer passt zum Büffel? 56
Büffel und Beruf 62
Wer passt zum Büffel in beruflicher Hinsicht? 63
Büffel und Gesundheit 66
Der Büffel in den einzelnen Jahren: Aussichten und Tendenzen .. 66

Der Tiger und seine Eigenschaften 70
Der Tiger in den fünf Wandlungsphasen 73
Der Tiger und sein Aszendent 75
Tiger und Partnerschaft 79
Wer passt zum Tiger? 81
Tiger und Beruf 86
Wer passt zum Tiger in beruflicher Hinsicht? 88
Tiger und Gesundheit 90
Der Tiger in den einzelnen Jahren: Aussichten und Tendenzen ... 91

Der Hase und seine Eigenschaften 95
Der Hase in den fünf Wandlungsphasen 98
Der Hase und sein Aszendent 100
Hase und Partnerschaft 104

Wer passt zum Hasen? 106
Hase und Beruf 111
Wer passt zum Hasen in beruflicher Hinsicht? 112
Hase und Gesundheit 115
Der Hase in den einzelnen Jahren: Aussichten und Tendenzen ... 115

Der Drache und seine Eigenschaften 119
Der Drache in den fünf Wandlungsphasen 122
Der Drache und sein Aszendent 124
Drache und Partnerschaft 128
Wer passt zum Drachen? 130
Drache und Beruf 134
Wer passt zum Drachen in beruflicher Hinsicht? 136
Drache und Gesundheit 138
Der Drache in den einzelnen Jahren: Aussichten und Tendenzen .. 138

Die Schlange und ihre Eigenschaften 142
Die Schlange in den fünf Wandlungsphasen 145
Die Schlange und ihr Aszendent 146
Schlange und Partnerschaft 150
Wer passt zur Schlange? 152
Schlange und Beruf 156
Wer passt zur Schlange in beruflicher Hinsicht? 157
Schlange und Gesundheit 159
Die Schlange in den einzelnen Jahren:
Aussichten und Tendenzen 160

Das Pferd und seine Eigenschaften 163
Das Pferd in den fünf Wandlungsphasen 166
Das Pferd und sein Aszendent 168
Pferd und Partnerschaft 172
Wer passt zum Pferd? 175
Pferd und Beruf 178
Wer passt zum Pferd in beruflicher Hinsicht? 179
Pferd und Gesundheit 181
Das Pferd in den einzelnen Jahren: Aussichten und Tendenzen .. 181

Die Ziege und ihre Eigenschaften 185
Die Ziege in den fünf Wandlungsphasen 188
Die Ziege und ihr Aszendent 190
Ziege und Partnerschaft 194
Wer passt zur Ziege? 197
Ziege und Beruf 199
Wer passt zur Ziege in beruflicher Hinsicht? 201

Ziege und Gesundheit 202
Die Ziege in den einzelnen Jahren: Aussichten und Tendenzen ... 203

Der Affe und seine Eigenschaften 206
Der Affe in den fünf Wandlungsphasen 209
Der Affe und sein Aszendent 211
Affe und Partnerschaft 216
Wer passt zum Affen? 218
Affe und Beruf 220
Wer passt zum Affen in beruflicher Hinsicht? 221
Affe und Gesundheit 222
Der Affe in den einzelnen Jahren: Aussichten und Tendenzen ... 223

Der Hahn und seine Eigenschaften 227
Der Hahn in den fünf Wandlungsphasen 230
Der Hahn und sein Aszendent 232
Hahn und Partnerschaft 236
Wer passt zum Hahn? 239
Hahn und Beruf 240
Wer passt zum Hahn in beruflicher Hinsicht? 242
Hahn und Gesundheit 243
Der Hahn in den einzelnen Jahren: Aussichten und Tendenzen .. 243

Der Hund und seine Eigenschaften 247
Der Hund in den fünf Wandlungsphasen 250
Der Hund und sein Aszendent 252
Hund und Partnerschaft 256
Wer passt zum Hund? 258
Hund und Beruf 259
Wer passt zum Hund in beruflicher Hinsicht? 261
Hund und Gesundheit 262
Der Hund in den einzelnen Jahren: Aussichten und Tendenzen .. 262

Das Schwein und seine Eigenschaften 266
Das Schwein in den fünf Wandlungsphasen 269
Das Schwein und sein Aszendent 271
Schwein und Partnerschaft 275
Wer passt zum Schwein? 277
Schwein und Beruf 278
Wer passt zum Schwein in beruflicher Hinsicht? 280
Schwein und Gesundheit 280
Das Schwein in den einzelnen Jahren: Aussichten und Tendenzen . 281

Kalender der Mondjahre 284

Einführung

Viele Menschen unterliegen dem Irrtum, sie müssten die Vorhersagen, die die chinesische Astrologie treffen kann, sklavisch als unveränderliches Schicksal auffassen und damit jede eigene Verantwortung an eine Art höhere Instanz abgeben.

Zwar sind aufgrund bestimmter Konstellationen bestimmte Erfahrungen und kommende Ereignisse bereits festgelegt und in gewissem Sinn unabwendbar. Doch wie ich einem solchen Ereignis begegne, kann ich selbst entscheiden. Schicksal ist nie eine Frage des Zufalls, sondern eine Frage der richtigen Wahl.

Ich bin der festen Überzeugung, dass jeder Mensch die Möglichkeit hat, sein Dasein selbst zu gestalten, sein vorhandenes Potenzial auszuschöpfen und seinem Leben einen Sinn zu geben. Ob ich als Büffel, Ratte oder Tiger zur Welt komme, ich habe immer eine Chance, mein Glück zu finden, wenn ich bereit bin, die mir durch mein Zeichen geschenkten Anlagen, Denkstrukturen, Talente, aber auch Grenzen zu erkennen und damit optimal umzugehen. In diesem Sinn möchte ich mein Buch verstanden wissen: als eine Art Lebenshilfe, die es dem Einzelnen ermöglicht, seine charakterlichen Eigenschaften, seine Stärken und Schwächen zu entdecken. Widmen Sie ruhig einmal ein wenig Aufmerksamkeit der ausführlichen Charakteristik Ihres Aszendentenzeichens oder des Zeichens Ihres Partners oder Kollegen, um noch tiefere Einsichten zu erlangen, als die Zusammenfassungen bieten können.

Und nun möchte ich all meinen Lesern viel Glück auf ihrer Lebensreise und Freude an der Beschäftigung mit diesem Buch wünschen!

Die chinesische Astrologie

Noch heute misst man der Astrologie in Asien große Bedeutung zu und wendet sie, anders als im Abendland, in sämtlichen Bereichen des täglichen Lebens an. Seit Tausenden von Jahren hat die Astrologie in

China ihren Sinngehalt, der in wesentlichen Zügen mit der Philosophie des Taoismus korrespondiert, nicht verändert.

Der Mensch steht zwischen Himmel und Erde und hat die Aufgabe, diese beiden Welten miteinander in Einklang zu bringen. Die Erfüllung irdischer Angelegenheiten ist dabei nur ein Teil des Auftrags, den er zu bewältigen hat. Um diese Harmonie, den Gleichklang von Himmel und Erde, zu erreichen, ziehen die Chinesen das Horoskop zurate, das gegenwärtige und zukünftige Tendenzen aus der Beobachtung des Kräftespiels vergangener Phasen zu erklären weiß. Alles ist im Übergang und Wandel begriffen. Das Heute birgt bereits das Morgen in sich, ebenso wie das Gestern das Heute enthielt.

Auch zum Tod hat man ein anderes Verhältnis als in Europa. Wenn jemand stirbt, ist lediglich der Körper mit seinen Funktionen zum Stillstand gekommen, der Geist aber lebt weiter. Wie alles im Leben sieht man in Asien auch das Sterben als Wandlungsprozess, als Phase in einem sich ewig wiederholenden Kreislauf.

Um aber dem Toten diesen Weg in ein anderes Reich, diesen Übergang in eine andere Form zu erleichtern, wird astrologisch berechnet, welcher Tag am günstigsten für die Bestattung ist.

Die Bauern nutzten die Astrologie früher als ständigen Ratgeber. Das Horoskop bestimmte dabei nicht nur die günstigsten Zeitpunkte für Saat und Ernte, sondern warnte auch vor möglichen Überschwemmungen oder Dürrezeiten. In den riesigen Anbaugebieten Chinas waren solche Auskünfte von fundamentaler Bedeutung.

Doch zog man das Orakel nicht nur in Fragen der Landwirtschaft zurate. Auch in persönlichen Angelegenheiten errechnete der Astrologe die zukünftigen Tendenzen und erteilte den Bauern Auskunft darüber, ob das Datum einer Hochzeit günstig war und ob man reiche Nachkommenschaft erwarten könnte.

Wann man in China begann, die Wege des Schicksals zu berechnen, liegt im Dunkeln. Doch nimmt man an, dass schon um das Jahr 2000 vor Christus die ersten Niederschriften existierten, die detaillierte Angaben über bestimmte Kräftekonstellationen enthielten. Leider ist aus dieser frühen Phase nur sehr wenig historisches Material erhalten.

Wahrscheinlich wurde während der Shang-Dynastie der Kalender auf den Zyklus des Mondes abgestimmt. Der Einfluss des Mondes, des nächsten Nachbarn der Erde im All, ist der Menschheit seit dem Heraufdämmern der Zivilisation bekannt. Er bestimmt nicht nur die Gezeiten, den ewigen Wechsel von Ebbe und Flut, sondern wirkt auf alle Körper ein, nicht zuletzt auf den menschlichen Organismus. Jahrhundertelange Beobachtungen haben die Bedeutung des Mondes bestätigt und ließen ihn so zum wichtigsten Faktor innerhalb des chinesischen Kalenders werden.

Leider wurden aus politischen Gründen viele wertvolle Schriften und Hinweise auf die Frühgeschichte der chinesischen Philosophie und der Weissagung vernichtet.

So bleibt nur die alte buddhistische Legende zu erzählen, die uns erklärt, wie man auf die zwölf Tierkreiszeichen verfiel: Als China eine neue Ordnung brauchte und das Neujahrsfest herannahte, beschloss Buddha, alle Tiere der Schöpfung zu einer großen Feier einzuladen. Er versprach ihnen kostbare Geschenke, wenn sie dem Fest beiwohnten, doch nur zwölf Tiere erschienen: Ratte, Büffel, Tiger, Hase, Drache, Schlange, Pferd, Ziege, Affe, Hahn, Hund und Schwein.

Da beschloss Buddha, jedem dieser Tiere ein Jahr zu widmen. Mit einem feierlichen Eid ließ er sie schwören, dass sie während dieser Zeit Tag und Nacht reisen und die Menschheit zum Guten bekehren wollten. Während das auserwählte Tier unterwegs war, sollten alle anderen in der Stille wirken und warten, bis die Reihe an ihnen war.

Und so geschah es dann. Weil die Ratte als Erste auf dem Neujahrsfest erschienen war, durfte sie als Jünger Buddhas den Anfang machen. Wenn sie ihr Jahr vollendet hat, wird sie der Reihe nach von den anderen elf Zeichen abgelöst, bis der Zyklus sich wieder geschlossen hat. Alle Menschen aber, die im Jahr eines jeweiligen Tiers geboren sind, sollen dessen charakterliche Merkmale und Anlagen besitzen.

So weit die Legende, die den zwölf Stunden des Tages, den zwölf Stunden der Nacht und den zwölf Monaten des Jahres jeweils ein Tier zuordnet. Wie im Abendland sind diese Tiere archetypische Träger menschlicher Verhaltensmuster und geben Hinweise auf Grundstrukturen, die uns innewohnen.

Das Yin-Yang-Prinzip

In China bedeutet alles Geschehen energetisches Geschehen; das heißt, jede Erscheinung, sei sie nun sichtbar oder unsichtbar, ist einem ständigen Prozess des Wandels unterworfen. Anders als im europäischen Denken begreift man die Dinge nicht, indem man einzelne Aspekte herausgreift und zu verstehen versucht, sondern sieht alles in Zusammenhängen und in Relation zueinander.

Mit den Begriffen des Yin und des Yang und der fünf Wandlungsphasen schuf man ein System, das die Beziehungen aller Erscheinungen möglichst leicht fassbar machen sollte. Im Fernen Osten werden alle Phänomene, auch die alltäglichsten, nach dem Yin-Yang-Prinzip eingeordnet. Das Yang bezeichnet dabei das Männliche, das Yin das Weibliche. Sie gehören immer zusammen und bilden zwei Teile einer Einheit. Nichts existiert, ohne zugleich auch immer diese zwei Seiten zu enthalten, wobei sich dem menschlichen Fassungsvermögen das Sichtbare nur durch das Unsichtbare offenbart. Mit anderen Worten ausgedrückt: Wir können das Helle (das Männliche, das Yang) nur deshalb sehen, weil es sich vom Dunkeln (dem Weiblichen, dem Yin) abhebt. Das Yang wird dabei als aktives, veränderndes, das Yin als passives, bestehendes Prinzip bezeichnet.

Die einfachste Erklärung für das Yin-Yang-Prinzip finden wir im Prozess der Zeugung. Das Männliche befruchtet das Weibliche und daraus entsteht ein Drittes, ein Kind.

So fasst man im Fernen Osten jedes Phänomen als Wechselspiel zweier gegensätzlicher, aber einander ergänzender energetischer Aspekte auf. Mit diesem System versucht man, Harmonie und Ordnung herzustellen, mag es sich nun auf den eigenen Körper und seine Ernährung oder auf soziale Gegebenheiten beziehen.

Auch in der chinesischen Medizin findet dieses Prinzip praktische Anwendung.

Die fünf Wandlungsphasen

Ebenso wie das Yin-Yang-Prinzip sind die fünf Wandlungsphasen ein System, das in allen Bereichen des Lebens angewendet wird, um die polaren Kräfte eines Geschehens einzuordnen.

xing, die chinesische Bezeichnung der Wandlungsphasen, bedeutet wörtlich übersetzt »Durchgang« und deutet damit an, dass zwischen diesen Phasen eine starke Wechselwirkung besteht, dass sie einander bedingen. Fälschlicherweise wird für diesen Begriff in Europa oft das Wort »Element« benutzt, was zu der Annahme führt, es handle sich hier um etwas Ähnliches wie in der griechischen Lehre von den vier Elementen. Doch es handelt sich hier um einen völlig anderen Denkansatz.

Die fünf Wandlungsphasen sind das Metall, das Wasser, das Holz, das Feuer und die Erde. Ebenso wie das Yin und das Yang sind sie voneinander abhängig und dabei völlig gleichwertig. Ein Zeichen bezieht sich auf das andere, kein Zeichen könnte ohne die übrigen existieren. Aus ihrer Konstellation zueinander ergibt sich ein Gleichgewicht der Kräfte beziehungsweise deren Verschiebung.

Einfache Beispiele mögen den Zusammenhang der fünf Wandlungsphasen zueinander erläutern.

Das Wasser führt dem Holz Nahrung zu. Es fällt als Regen oder Tau und wird in den Wurzeln eines Baumes gespeichert.

Das Holz wiederum nährt das Feuer, das außer Sauerstoff auch Brennmaterial benötigt. Ein Feuer kann auch entstehen, wenn man zwei Hölzchen stark aneinander reibt.

Aus dem Feuer wird Erde, denn alles, was von ihm ergriffen wird, ist zuletzt Asche. Und nur durch die Erde kann Feuer sichtbar werden, denn, wie schon gesagt, ein Feuer braucht Material, das es verbrennen kann.

In der Erde aber finden wir das Metall, das oft in ihren Tiefen lagert.

Einen Kreislauf dieser Art mit den einzelnen Stufen Wasser – Holz – Feuer – Erde – Metall bezeichnet man als Hervorbringungsreihe, denn aus jedem Durchgang geht etwas hervor.

Daneben gibt es noch zwei weitere Reihen: die der Bezwingung und die der Überwältigung. Im Fall der Bezwingung gilt folgender Kreislauf:
Feuer – Metall – Holz – Erde – Wasser.

Das Feuer bezwingt das Metall, denn es schmilzt durch seinen großen Hitzeeinfluss das Eisen, sodass dieses geschmiedet werden kann.

Das Metall bezwingt das Holz, indem es, zum Beil umgewandelt, den Baum fällt.

Das Holz bezwingt die Erde, indem es mit seinen Wurzeln das Erdreich festhält.

Die Erde bezwingt das Wasser, denn durch Aufschüttung von Dämmen und den Bau von Kanälen wird sein Lauf geregelt.

Das Wasser bezwingt wiederum das Feuer, denn es kann es auslöschen.

Die letzte Reihe, die der Überwältigung, veranschaulicht jene Vorgänge, die zu einer Störung des energischen Kräftespiels führen und damit meist eine Krankheit oder eine Störung in der Partnerschaft zur Folge haben. In diesem Kreislauf streben die einzelnen Phasen nach Dominanz, wodurch das harmonische Gesamtbild zerstört wird. In der chinesischen Medizin forscht man nun nach dem Ursprung dieser Störung, um so das verlorene Gleichgewicht wiederherzustellen. Das Spiel dieser Kräfte findet in den Vorgängen des Lebens seinen Ausdruck. Natürlich handelt es sich hier um vereinfachte und grobe Darstellungen sehr komplexer Vorgänge, denn niemand ist einfach nur Wasser, Feuer oder Metall. Es ist ein großer Unterschied, ob ich als Ratte mit Aszendent Tiger in der Phase des Feuers zur Welt gekommen bin oder als Drache mit Aszendent Ziege in der Phase des Feuers. Auch sind ja, wie gesagt, diese einzelnen Phasen nicht statisch, sondern in ihrer Wirkung dynamisch.

Auch der menschlichen Anatomie ordnet man die fünf Wandlungsphasen zu und schafft so eine Verbindung für die ineinander greifenden Funktionen der einzelnen Organe. Ein chinesischer Arzt betrachtet eine Erkrankung immer als Kette von Ursache und Wirkung und sieht im Symptom gleichsam nur die Spitze eines Eisbergs.

Die Einordnung in das Yin-Yang-Prinzip und in die fünf Wandlungsphasen hat so auf vielen Ebenen in China Bedeutung, im Bereich der Astrologie ebenso wie in der Medizin oder Landwirtschaft. Denn einem Chinesen ist das philosophische Erbe seiner Väter wohl vertraut, und er weiß es in allen Bereichen des täglichen Lebens anzuwenden.

Metall
Wer in einem Metalljahr zur Welt kam, zeichnet sich meist durch den starken, unbeugsamen Willen aus, mit dem er seine Angelegenheiten in Angriff nimmt. Er kann mit geradezu eiserner Kraftanstrengung durchsetzen, was ihm wichtig ist, und erweist sich als unerbittlicher Gegner, wenn man ihm in die Quere kommt.

Es gibt einige Metalle, die eine starke Leitfähigkeit für Elektrizität besitzen. Ähnlich verhält es sich meist mit Menschen, die in dieser Wandlungsphase zur Welt kamen: Man hat manchmal das Gefühl, als empfinge man starke Stromstöße, wenn man sich in ihrer Gegenwart aufhält.

Flexibilität jedoch, die Fähigkeit zum Kurswechsel, ist diesen Charakteren weniger eigen. Wenn die Umstände jedoch eine Veränderung erfordern, können sie ausgesprochen dogmatisch wirken, denn auch wenn ein Plan sich als undurchführbar erweist, beharren sie auf einer Ausführung. Neuerungen jedoch, die sie selbst einführen, setzen sie entschieden durch, wobei sie oft einen sicheren Instinkt an den Tag legen.

Metallmenschen bevorzugen meist Berufe, die ihrer Fähigkeit zur Konstruktion entgegenkommen, wie die des Architekten, des Ingenieurs oder des Grafikers. Denn hier verbindet sich Erfindungsgeist mit Materialkenntnis, der Sinn für Funktionalität mit ästhetischem Formgefühl.

Wasser
Ein Mensch, der in der Wandlungsphase des Wassers zur Welt kam, besitzt immer die grundlegenden Eigenschaften, die sich in diesem Element manifestieren. Wasser ist zum Beispiel überaus aufnahmebereit und kann in sich die verschiedensten Dinge vereinigen. Es trennt nicht, sondern löst auf. Das erklärt zum Teil die »ozeanischen

Gefühle«, die ein Mensch seiner Umwelt gegenüber empfinden kann, wenn er in der Phase des Wassers geboren wurde. Er fühlt, dass in der Tiefe alle Menschen und Dinge eins sind, da sie demselben Ursprung entstammen und sich nur auf verschiedene Weise ausgestaltet haben. Wassermenschen sind deshalb immer überaus einfühlsam, besitzen einen hohen Grad an Intuition und Mitgefühl und können ausgesprochen gut kommunizieren.

Der Wassermensch nimmt den Fluss aller Dinge wahr, der dem des Wassers gleicht. Wasser behält zwar seinen Lauf bei, ist aber doch an derselben Stelle nie das gleiche Wasser.

Nach außen eher still und zurückhaltend, geht er so konsequent seinen Weg wie ein ruhiger Fluss, der Felsenriffe zu umgehen weiß. Sein Einfluss auf andere ist eher leise und doch manchmal ungleich intensiver als reines Dominanzverhalten. Er ist eindringlich, aber nicht scharf; er ist weich und dadurch unzerbrechlich. Kanten und Ecken weiß er durch seine unnachahmliche Einfühlungsgabe abzuschleifen. Dem Wasser gleich kann er sich überallhin verströmen und sich mit großer Flexibilität auch widrigsten Umständen anpassen. Ein Wassermensch weist sich immer durch den hohen Grad seines Anpassungsvermögens aus.

Holz

Menschen, deren Geburtsjahr in die Phase des Holzes fällt, besitzen einerseits die Stärke eines Baumstammes, der fest in der Erde wurzelt, und andererseits die Biegsamkeit des Wipfels, dessen Blätter im Wind rascheln. Sie sind von Natur aus umgänglich, haben jedoch sehr starke Moralbegriffe und stehen meist mit beiden Beinen fest auf der Erde. Sie wissen den Wert des Materiellen zu schätzen, da es ihnen Halt und Festigkeit verleiht, würden aber nie ihr Leben einseitig darauf ausrichten. Gewöhnlich gründen sich ihre Ansichten ebenso wie ihre Verhaltensweisen auf konkrete Tatsachen; dabei klammern sie sich jedoch nicht starr an einmal gefundene Kategorien, sondern sind Veränderungen durchaus aufgeschlossen.

Holzcharaktere sind immer auf die Erweiterung ihres Wirkungskreises bedacht und können auf zahlreichen Gebieten Wurzeln fassen.

Dabei sind sie stets bereit, die Früchte ihres Erfolgs mit anderen zu teilen, und können sich uneingeschränkt für ihre Mitmenschen einsetzen.

Mit dem ständigen Anlegen neuer Jahresringe symbolisiert das Holz das stetige Wachstum, das Menschen dieser Phase in ihrem Dasein anstreben, das ständige Werden; und es trägt in sich das Potenzial, zu Feuer zu werden, in Flammen aufzugehen.

Feuer

Menschen, die in der Wandlungsphase des Feuers zur Welt kamen, tragen in sich meist das Potenzial eines mittleren Waldbrandes. Mit der Heftigkeit einer plötzlich emporlodernden Flamme nehmen sie alles in Angriff, was ihnen wichtig ist. Ein Feuermensch bezieht sein Identitätsgefühl meist aus dem Umstand, dass irgendetwas da ist, woran er sich entzünden kann, gleichgültig ob dies eine Idee, eine Weltanschauung oder ein berufliches Projekt ist. Ohne ein gewisses Maß an Konfrontation können Feuergeister nicht leben, zumal der Vorgang der Verbrennung auch ein reinigendes Element in sich trägt. Dicke Luft ertragen sie nicht und ziehen die Hitze eines Gefechts vor, aus der alle Beteiligten geläutert hervorgehen.

Etwas in sich hineinzufressen, sich zu zügeln, ist Feuermenschen fremd. Sie sind dynamisch, mobil, spontan und meist auch sehr dominant in ihrem Verhalten. Mit ungeheurer Energie und großer Leidenschaft setzen sie sich für ihre Aufgaben ein. Sie können dabei auch rücksichtslos vorgehen und sehr schnell ungeduldig werden, oft ohne sich dessen bewusst zu sein. Denn wenn sie in Flammen aufgehen, existiert sonst nichts mehr für sie, sie gehen völlig in ihrer Aktivität auf.

Erde

Die Erde ist endlich, fest und begrenzt. Erdmenschen wissen mit diesen Grenzen umzugehen, da sie sich meist an den Gegebenheiten der Materie orientieren. Sie handeln praktisch und zielgerichtet und denken in der Hauptsache kausal. Sie haben die Tatsachen des Lebens akzeptiert und beziehen ihr Gedankengut meist aus gegebenen Fakten. Aus diesen Gründen haben sie großes Talent zur Planung und Organisation, denn der Umgang mit systematischen Konzepten fällt ihnen ausgesprochen leicht.

Die Umsetzung von Ideen in die Realität ist für Erdcharaktere sehr wichtig. Jeder ihrer Gedanken drängt nach einer klaren und messbaren Gestalt. Dabei sind sie ernst, stetig und objektiv.

Da sie von der Begrenztheit, der irdischen Dimension des Daseins ausgehen, entwickeln sie meist keine allzu große Fantasie. Ihr ganzes Sein wird von der Wirklichkeit verzehrt und lässt wenig Raum für Abweichungen ins Metaphysische. Oft sind diese Menschen ein wenig konservativ, da sie in Zyklen denken und von der Wiederkehr alles Bestehenden überzeugt sind.

Die Erde bezwingt das Wasser, indem sie die Meere trennt und sich mit fester Gestalt aus dem Ozean erhebt. Ähnlich könnte man die Wirkung von Erdmenschen beschreiben: Sie sind entschieden, fest und haben einen klaren Blick für Unterschiede und Abgrenzungen.

Berechnung und Bedeutung des Aszendenten

In gewissem Sinn symbolisiert der Aszendent jene Wesensmerkmale, die sich tief in unserem Innern befinden, ihren individuellen Ausdruck aber erst entwickeln können, wenn sie in Wechselwirkung mit unserem Geburtszeichen treten. Erst im Augenblick der Geburt, der Verkörperung, wie wir in China sagen, können die Eigenschaften unseres Aszendenten beginnen, sich zu verwirklichen; erst in unserem persönlichen Dasein kann seine verborgene Substanz zutage treten. Ist beispielsweise jemand im Zeichen der Ratte geboren und hat einen Büffel zum Aszendenten, gehen diese beiden Zeichen eine ganz bestimmte Verbindung ein. Dabei kann der Aszendent unterstützend wirken, aber auch bremsend. Bei diesem Beispiel kann man davon ausgehen, dass ein harmonisches Persönlichkeitsbild entstehen wird.

Anders ausgedrückt: Der Aszendent ist der tägliche Begleiter, der all unsere Handlungen beeinflusst und das Geburtszeichen relativiert. Erst diese Relation formt die wirkliche Persönlichkeit, die sich aus dem Gesamtzusammenhang erblicher Faktoren und den Eigenschaften, die jeder von uns individuell in sich trägt, ergibt. In China ordnet man jedem dieser Aszendenten einen *Gonn* zu, was man frei mit Palast übersetzen kann. Jeder dieser Paläste regiert für die Dauer von zwei Stunden. Im Folgenden sind die einzelnen Paläste und die Stunden, die sie regieren, aufgelistet, damit Sie Ihren eigenen Aszendenten feststellen können:

Ratte: 23.00 bis 1.00 Uhr
Büffel: 1.00 bis 3.00 Uhr
Tiger: 3.00 bis 5.00 Uhr
Hase: 5.00 bis 7.00 Uhr
Drache: 7.00 bis 9.00 Uhr
Schlange: 9.00 bis 11.00 Uhr

Pferd: 11.00 bis 13.00 Uhr
Ziege: 13.00 bis 15.00 Uhr
Affe: 15.00 bis 17.00 Uhr
Hahn: 17.00 bis 19.00 Uhr
Hund: 19.00 bis 21.00 Uhr
Schwein: 21.00 bis 23.00 Uhr

Die Ratte und ihre Eigenschaften

Der chinesische Name der Ratte: Souw
Von der Ratte regierte Stunden: 23.00 bis 1.00 Uhr
Himmelsrichtung: Nord
Vergleichbares Tierkreiszeichen im Westen: Schütze

Menschen, die in diesem Tierkreiszeichen geboren sind, gehören zu den Karrieretypen, die jede Chance nutzen, die sich ihnen bietet. Ganz gleich in welchem Metier, eine Ratte wird mit ihren Beinchen hurtig die Erfolgsleiter hochklettern.

Erfolg und Wohlstand bedeuten Ratten-Menschen sehr viel. Sie müssen ihre Existenzgrundlage immer gesichert wissen, zumal sie meist von vielen Menschen umgeben sind, für die sie sich zusätzlich verantwortlich fühlen.

Fleiß, Arbeit, Ehrgeiz sind wichtige, wenn nicht sogar die wichtigsten Begriffe im Leben dieses Zeichens. Dabei versteht die Ratte es, mit Charme und unübertrefflicher Eleganz auf ihr Ziel zuzugehen und dabei noch geradlinig und direkt zu bleiben. Andere aus dem Rennen zu schlagen, um den eigenen Vorteil zu sichern, ist nicht ihr Stil.

Man merkt ihr dabei ihren zähen und unnachgiebigen Vorwärtsdrang gar nicht an, denn noch im größten Stress verbreitet sie eine Atmosphäre von Gelassenheit und Harmonie. Sieht man jedoch genau hin, stellt man fest, dass ihr nichts entgeht, dass sie über jede Kleinigkeit informiert ist und außerdem ein Supergedächtnis besitzt. Stillvergnügt und in aller Seelenruhe begnügt sich die Ratte jahrelang damit, kleine Brötchen zu backen, und sichert sich mit ihrer Genauigkeit und Liebe zum Detail die Anerkennung ihrer Kollegen. Kleinvieh macht auch Mist, so lautet die Devise, nach der sie lebt und die sie jederzeit vertritt. Dass sie damit Erfolg hat, merkt man spätestens dann, wenn die Ratte ihr Lebensziel erreicht hat.

Rattengeborene besitzen meist einen ausgezeichneten Instinkt; sie sind besonders sensibel und bemerken oft Dinge, die anderen verborgen bleiben. Obwohl sie ausgesprochen impulsiv und von Gefühlen stark abhängig sind, können sie sich im konventionellen Sinn ausgezeichnet beherrschen. Ausrutscher erlauben sie sich in den seltensten Fällen. Gleichbleibend höflich und beherrscht bleibt die Ratte, doch nur an der Oberfläche.

In ihrem Innern sieht es manchmal ganz anders aus, auch wenn niemand vermuten würde, dass sich unter ihrer Maske von Anstand und Gleichmut ein kleiner Vulkan verbirgt. Unterschwellig befindet sie sich im Grunde andauernd in einer Art Wettkampf mit ihrer Umgebung. Sie kann es manchmal kaum ertragen, wenn andere erfolgreicher scheinen als sie selbst. Doch da sie sich im Grunde für solch kleinliche Emotionen schämt, äußert sie ihre Empfindungen nur sehr verhalten. Wie jeder Mensch sähe sich die Ratte gern erhaben über Ehrgeiz und Besitzdenken und wüsste sich lieber in einer Wirklichkeit geborgen, die den Kampf ums Überleben schon überwunden hat.

Die Ratte ist auf ihre Weise ein ausgesprochener Lebenskünstler. In Gesellschaft wird man sie immer angeregt plaudernd antreffen, wobei sie mit den unterschiedlichsten Personen Gesprächsthemen finden kann. Denn ihre sprichwörtliche Gabe, sich in andere hineinzuversetzen, geht Hand in Hand mit ihrer Fähigkeit, sich in jedem Lebensbereich anzupassen, sei es in der Partnerschaft, im Beruf oder unter Freunden.

Feinde besitzt eine Ratte kaum, es sei denn, jemand hat sie so verletzt, dass eine Wiedergutmachung ausgeschlossen ist. Und einen Verrat an ihrer Person vergisst eine Ratte nie.

Das Wichtigste im Leben ist bei der Ratte die Ordnung, denn Ordnung braucht sie, um ihre vielseitigen Anlagen gut zu organisieren. Ratten sind außergewöhnlich fantasievoll und sprudeln geradezu über vor Ideen. Um diesen Überschuss zu bewältigen, brauchen sie eine gewisse Systematik, die es ihnen erleichtert, ihre Träume in die Tat umzusetzen

Manchmal neigt sie allerdings dazu, sich an Kleinigkeiten festzubeißen und den Zeitpunkt der Vollendung damit unnötig lange hinauszuschieben. Diese Pedanterie und Detailfreudigkeit offenbart sich in allen Bereichen, im Haushalt ebenso wie bei der Arbeit.

Eine Ratte hat einen ausgeprägten Familiensinn. In ihrem Umkreis werden sich ständig irgendwelche Onkel, Tanten, Kinder, Enkel aufhalten und sich um die vergnügte Ratte in ihrer Mitte scharen. Ein weit gespanntes Netz tiefer emotionaler Beziehungen ist für sie eine Selbstverständlichkeit, ebenso wie ihre Sorge um das Wohlergehen aller.

Trotz einiger Selbstbescheidung hat sie einen ausgesprochenen Sinn fürs Behagliche, Angenehme und Gemütliche, einen guten, sicheren Geschmack, auch in der Wahl ihrer Garderobe.

Geistige Beweglichkeit, Aktivität, Fleiß und Lebensfreude, die Kraft, aus sich selbst heraus eine Existenz zu gründen, das sind im Wesentlichen die Merkmale der Ratte. Im Vorwärts- und Aufwärtsstreben liegt ihr Lebensziel, in der täglichen Umsetzung ihrer Pläne ihre Stärke. Widrigkeiten sind ihrer geistigen Beweglichkeit nur förderlich und stacheln sie häufig zu neuen Taten an.

Ehe etwas nicht perfekt ist, steigt sie nicht aus und schlägt gute Ratschläge, die sie zum Rückweg bewegen wollen, einfach in den Wind. In dieser Hinsicht kennt die Ratte kein Pardon, sondern beharrt darauf, dass ihr Weg der einzige ist. Und der Erfolg gibt ihr langfristig meistens Recht.

Die Ratte in den fünf Wandlungsphasen

Die Ratte in der Phase des Metalls

Energisch, tatkräftig, aber auch ausgesprochen fantasievoll und verträumt ist die Ratte, die in der Phase des Metalls geboren wurde.

Dabei ist sie ein ungeheuer emotionaler Typ, der meist sehr impulsiv reagiert. Mit Vorliebe zeigt sie sich aber nur von ihrer heiteren und charmanten Seite und verbirgt ihre negativen Gefühle.

Metallratten sind sehr ehrgeizig und wollen immer hoch hinaus. Sie können geradezu besessen arbeiten, um ihre Ansprüche wirklich zu befriedigen.

Dass ihre Ansichten manchmal sehr emotionell gefärbt sind, bekümmert sie nicht weiter, zumal sie meist eine sehr liebenswürdige und impulsive Art besitzt, sie zu vertreten. Nur deshalb akzeptiert man, dass sie grundsätzlich immer Recht haben will.

Die Ratte in der Phase des Wassers

Die Ratte, die in der Phase des Wassers geboren ist, stellt hohe geistige Ansprüche an sich selbst und ihre Mitmenschen. Sie liebt das reine Spiel der Gedanken und besitzt eine bemerkenswerte Fähigkeit zur Abstraktion. Doch auch gefühlsmäßig hat sie eine Menge zu geben. Aufgrund ihrer Einfühlungsgabe, ihrer verfeinerten Intuition, versteht sie es ausgezeichnet, auf ihre Mitmenschen einzugehen. Allerdings neigt sie zu extremer Ablehnung, wenn sie jemanden nicht mag, und bringt ihre Antipathie ohne jeden Skrupel zum Ausdruck.

Die Bewältigung schwieriger emotionaler Konflikte ist allerdings nicht gerade ihre Stärke.

Intuition und ein hoher Grad an Geistigkeit, verbunden mit der Fähigkeit, sich verbal auszudrücken, zeichnet eine Ratte im Zeichen des Wassers meist vor allen anderen Menschen aus.

Die Ratte in der Phase des Holzes

Eine Ratte dieser Phase ist meist ein erfolgreicher Machertyp, der vor allem Wert auf Ordnung und Systematik legt. Durchgebrannte Sicherungen und Wasserrohrbrüche sind für sie kein Problem, im Gegenteil. Eine Holzratte weiß sofort, wo der Fehler sitzt, und zögert nicht, die Sache selbst in die Hand zu nehmen. In solchen Angelegenheiten ist sie unschlagbar, zumal sie den Ursachen eines Schadens gründlich nachspürt. Hilflos wird sie erst, wenn sie für irgendetwas keine Erklärung findet. Ihr ausgeklügeltes Ordnungssystem gerät dann ins Wanken und damit auch ihre Selbstsicherheit. Denn normalerweise verhält sich die Holzratte ausgesprochen souverän, ist ein gewandter Redner und kaum jemals um eine Antwort verlegen.

Die Ratte in der Phase des Feuers

Dynamisch, galant und stets aufgeschlossen für Neues, so gibt sich diese Ratte, die mit ihrem natürlichen und offenen Wesen immer von einem riesigen Bekanntenkreis umgeben ist. Sie liebt Geselligkeit und ist ausgesprochen großzügig mit ihrer Zuneigung. Wenn sie sich für jemanden besonders erwärmt, kann sie sogar richtiggehend draufgängerisch werden.

Diplomatie und Takt sind allerdings nicht gerade ihre Stärken. Eine Feuerratte sagt immer unmittelbar, was in ihr vorgeht, und tritt damit manchmal gewaltig ins Fettnäpfchen. Sie ist ein glühender Idealist, vertritt mit großer Vitalität ihre Ansichten und schert sich manchmal einen Teufel darum, was die anderen von ihr denken.

In ihren Handlungen lässt sich eine Feuerratte immer mehr von ihrem Herzen als von ihrem Verstand leiten. Und auch Disziplin muss sie sich im Lauf ihres Lebens erst mühsam aneignen.

Die Ratte in der Phase der Erde

Ein bodenständiges Naturell, das mit großer Sorgfalt und Disziplin seinen Lebensplan verwirklicht, das ist die Ratte, die in der Phase der Erde zur Welt kam. Eine Erdratte fühlt sich gedanklich der Realität stärker verbunden als die Ratten anderer Phasen.

Wacker und strebsam versucht sie, ihre hohen materiellen Ansprüche zu befriedigen und gleichzeitig auf der Leiter des Erfolgs hochzuklettern.

Besonders unter Zeitdruck reagiert die Erdratte manchmal ziemlich mürrisch und kehrt ihre weniger sympathischen Seiten heraus. Im Allgemeinen jedoch ist sie ein freundlicher und fürsorglicher Charakter, der sich aufs Äußerste bemüht, der eigenen Familie ein Gefühl von Sicherheit und Stabilität zu vermitteln.

Die Ratte und ihr Aszendent

Ratte mit Aszendent Ratte

Gutherzig und charmant ist diese Ratte, aber auch sehr zielbewusst und ehrgeizig. Voller Energie setzt sie das, was sie sich in den Kopf gesetzt hat, in die Tat um, und dies manchmal ohne Rücksicht auf Verluste. Denn Taktgefühl ist nicht unbedingt eine ihrer wesentlichen Eigenschaften. Dabei hat sie durchaus ihre Ideale. Eines davon ist eiserne Pflichterfüllung. Man sollte eine Ratte mit Rattenaszendent deshalb nicht allzu häufig kritisieren und sich auch mit guten Ratschlägen zurückhalten. Sie weiß sowieso alles besser.

Ratte mit Aszendent Büffel

Ein ausgezeichneter Steuermann ist eine Ratte, wenn sie auch noch die Talente eines Büffels in sich trägt. Denn beide Zeichen sind gründliche Planer, die mit Ehrgeiz und Zielstrebigkeit ihrem Leben eine grundsolide Basis geben können. Doch den Kampf um Erfolg verliert sie oft, wenn sie kein Gespür für Fragen des guten Stils entwickelt.

Redlichkeit ist eines der hervorstechenden Merkmale von Menschen dieser Zeichenkombination, allerdings neigen sie manchmal etwas zu Schwerfälligkeit.

Ein Mensch dieser Zeichenkombination ist sehr treu und auf das Wohlergehen seiner Anverwandten bedacht.

Ratte mit Aszendent Tiger

Das Zeichen des Tigers steht für Lebensfreude und Verschwendung, das der Ratte für Karriere und Fleiß, die Ratte fühlt sich mit ihrem Tigeraszendenten oft, als trüge sie zwei Seelen in ihrer Brust.

Doch haben Ratten mit Tigeraszendent meist ein sehr herzliches und entgegenkommendes Wesen.

Gelingt es diesen Menschen, mit den beiden gegensätzlichen Aspekten ihres Seelenlebens fertig zu werden, können sie ein angenehmes Leben führen, bei dem Vergnügen, gepaart mit einer gewissen Stabilität, Eroberungsdrang und Abenteuerlust in Verbindung mit sehr viel Einfühlungsvermögen und Familiensinn einander perfekt ausbalancieren und ergänzen.

Ratte mit Aszendent Hase

Zum Verantwortungsgefühl der Ratte gesellt sich hier das besondere Einfühlungsvermögen des Hasen. Nachdenklich, empfindsam, schüchtern und doch ausgesprochen produktiv sind diese Rattengeborenen. Geborgenheit, die Sicherheit in der Familie, im eigenen Heim, in einer Gemeinschaft gehen dieser Ratte über alles. Nur hier findet sie den notwendigen Schutz, den sie braucht, um ihre Fähigkeiten zu verwirklichen. Manchmal verhindert allerdings der Haseneinfluss in der Ratte, dass sie genauso zielstrebig auf der Leiter des Erfolgs nach oben klettert wie ihre übrigen Artgenossen.

Ratte mit Aszendent Drache

Ein Mensch, der unter dieser Konstellation geboren ist, lebt meist im Einklang mit sich selbst, denn der Einfluss des Drachen wirkt in jeder Hinsicht unterstützend auf alle ursprünglichen Eigenschaften der Ratte. Er verleiht ihr Flügel und ein starkes Durchhaltevermögen.

Leidenschaftlicher Gerechtigkeitssinn ist das Hauptmerkmal der Ratte-Drache-Menschen. Dabei sind sie ausgesprochen großzügig und hilfsbereit. Anerkennung und Lob sind für eine Ratte mit Drachenaszendent lebensnotwendig. Versagt man ihr dies oder setzt sie zurück, fühlt sie sich todunglücklich und in ihrem Lebensnerv getroffen.

Ratte mit Aszendent Schlange

Obwohl eine Ratte mit diesem Aszendenten sehr sensibel ist und äußerst empfindlich reagieren kann, wenn man sie verletzt, ist sie im Allgemeinen ausgeglichen und in Harmonie mit sich selbst. Zum Teil hängt das damit zusammen, dass sie aufkommenden Konflikten sehr geschickt auszuweichen versteht. Und aufgrund ihrer starken Anziehungskraft kann sie ihren Mitmenschen viele Impulse geben und leistungsmotivierend auf sie einwirken. Allerdings ist sie selbst ebenfalls angewiesen auf ständiges Lob und Anerkennung. Ihr Lieblingsplatz im Leben ist einfach der Mittelpunkt, und wenn man ihr diese Position streitig macht, kann sie ziemlich beleidigt reagieren. Doch meist schart sie mit ihrem glänzenden, gewinnenden Auftreten so viele Bewunderer um sich, dass es dazu gar nicht kommt.

Ratte mit Aszendent Pferd

Diese Kombination verlangt immer wieder nach neuen, sensationellen Eindrücken und entwickelt wenig Sinn für kontemplative Innenschau oder stille Besinnlichkeit. Sprunghaft greift sie immer wieder nach neuen Sternen und tut sich ausgesprochen schwer, eine Sache abzuschließen. Dabei ist sie sehr gefühlvoll, warmherzig und hilfsbereit, wenn es darauf ankommt.

Probleme versucht sie meist mit einem Ortswechsel zu bewältigen, wobei sie gerne außer Acht lässt, dass sie den Grund aller Schwierigkeiten, nämlich sich selbst, ja doch überallhin mitnimmt. Doch irgendwo zu bleiben, wo dicke Luft herrscht, ist einer Ratte mit Pferdeaszendent schlichtweg unmöglich.

Wenn eine Sache nicht so läuft, wie sie sich das vorgestellt hat, hält die Ratte mit Pferdeaszendent mit ihrem Frust nicht hinterm Berg. Dies passiert schon darum öfter, weil sie immer aufs Ganze geht und kein Risiko scheut.

Ratte mit Aszendent Ziege

Intuitiv, einfühlsam und ungeheuer herzlich ist diese Ratte, wenn sie einmal Vertrauen zu jemandem gefasst hat. Dazu braucht sie allerdings längere Zeit, denn sie ist ein wenig scheu und neigt beim ersten Kontakt eher zu Verschlossenheit. Doch wenn sie einmal aufgetaut ist, kennt ihre Hilfsbereitschaft keine Grenzen.

Trotz ihrer Scheu und ihrer Hemmung, auf andere zuzugehen, sind Ratten mit Ziegenaszendent ausgesprochene Tatmenschen. Bevor sie aber etwas in Angriff nehmen, prüfen sie sorgfältig alle Gesichtspunkte einer Angelegenheit. Abwegige unrealistische Ambitionen kennen sie nicht.

Als ausgesprochenem Familienmenschen ist dieser Ratte ihr häusliches Glück am allerwichtigsten, und die Karriere kommt bei ihr erst an zweiter Stelle.

Ratte mit Aszendent Affe

Sehr temperamentvoll, unternehmungslustig und beschwingt ist eine Ratte, die einen Affen zum Aszendenten hat. Denn das Zeichen des Affen garantiert ihr ein Höchstmaß an Beweglichkeit und Elan. Wenn sie etwas in Angriff nimmt, so zögert sie nicht lange, sondern legt augenblicklich los. Sie kennt meist alle Tricks, die zum Erfolg führen, und hat auch keinerlei Skrupel, sie anzuwenden. Denn diese Ratte will ihre Ideen verwirklichen und Resultate sehen.

Menschen dieser Zeichenkombination haben meist sehr viel Humor und Fantasie. Doch wehe, wenn man ihnen zu nahe tritt und ihr geradezu aristokratisches Selbstgefühl verletzt!

Sie haben oft eine sehr starke und mächtige Ausstrahlung, die es anderen leicht macht, zu ihnen aufzublicken. Auch arbeiten sie hart für ihre Spitzenposition, sind exakt und penibel und vollziehen jeden Schritt mit äußerster Genauigkeit.

Ratte mit Aszendent Hahn

Ein glänzendes, brillantes Auftreten kennzeichnet den Menschen, der die Eigenschaften der Ratte mit denen des Hahns in sich vereint. Im Innern dieser Ratte jedoch geht es nicht so ausgeglichen zu, wie es außen den Anschein hat. Denn der Hahn neigt dazu, fantastische Pläne zu schmieden, die sich hinterher als Windeier entpuppen, während die Ratte emsig versucht, die Grundlage für eine sichere Existenz zu erwirtschaften.

Wenn es dieser Ratte gelingt, ihre inneren Gegensätze zu überwinden, wird sie ihre glänzende Erscheinung nicht Lügen strafen. Als höchst begabter Vermittler, als gefestigte Persönlichkeit wird sie den vollen Respekt ihrer Mitmenschen erringen und eine besondere Stellung unter ihnen einnehmen.

Ratte mit Aszendent Hund

Zutraulichkeit, gepaart mit einer gehörigen Portion Charme, ist das wesentliche Merkmal einer Ratte mit Hundeaszendent. Sie liebt das Zusammensein mit Menschen und schafft immer eine freundliche und offene Atmosphäre. Nur wenn sie jemanden überhaupt nicht mag, gibt es für sie kein Pardon. Sie kann sich dann ziemlich abweisend zeigen. Meist weiß die Ratte auf den allerersten Blick, wer ihr gefällt und wer nicht, und auch im beruflichen Bereich ist sie unfähig zur Zusammenarbeit mit jemandem, dessen Nase ihr nicht gefällt. Sympathie ist für diese Ratte in jedem Bereich Grundvoraussetzung.

Alles, was das Gleichgewicht der Kräfte verkörpert, gefällt dieser Ratte, die deshalb Veränderungen auch nicht besonders schätzt.

Ratte mit Aszendent Schwein

Mit Genuss gibt sich die Ratte ihrem Freizeitvergnügen hin und lässt mit wenig schlechtem Gewissen die Arbeit Arbeit sein. Denn der Aszendent sorgt dafür, dass sie nicht ganz in einer Tätigkeit aufgeht und nicht jeden Traum der Wirklichkeit opfert.

Man kann sagen, dass eine Ratte mit Schweineaszendent eine Art

Quartalsarbeiter ist, der in großen Sprüngen das zu schaffen sucht, was andere in jahrelanger Mühsal aufbauen. Macht und Einfluss haben einen hohen Stellenwert für dieses Zeichen, das trotz nur sporadischer Arbeitswut stark von Konkurrenzdenken geprägt ist. Dass jemand schneller, besser, klüger und stärker als sie sein könnte, stachelt ihren Willen ungeheuer an. Denn für sie ist es selbstverständlich, dass sie eine Sonderstellung unter ihren Mitmenschen einnimmt.

Ratte und Partnerschaft

Gefühlvoll und charmant nähert sich die Ratte einem möglichen Partner, um ihn davon zu überzeugen, dass ein Leben an ihrer Seite für ihn das Allerbeste wäre. Und mit sprühendem Witz, mit intelligenten Bemerkungen und geistreichen Anspielungen wird sie ihn so lange auf sich aufmerksam machen, bis er schließlich reagiert und ihr Angebot annimmt.

Brillant spricht sie über die verschiedensten Themen und fasziniert ihre Zuhörer mit ihrer Virtuosität und Sprachgewandtheit.

Doch steckt in ihrer Art, sich zu produzieren, auch ein Schuss Berechnung. Denn werden ihre facettenreichen und oft witzigen Anspielungen nicht mit der entsprechenden Heiterkeit quittiert, ist für die Ratte die Zeit der Werbung passé. Das Kopfkissen mit jemanden zu teilen, der ihren geistigen Ansprüchen nicht genügen kann, kommt für sie nicht infrage. Hat sie aber jemanden gefunden, mit dem sie sich die Bälle zuspielen kann, so ist sie vollkommen bereit, ihren Partner glücklich zu machen. Mit ihrer Sehnsucht nach stabilen und gesicherten Verhältnissen wird die Ratte dabei gewöhnlich den Arzt mit gut gehender Praxis dem armen Poeten in der Dachkammer vorziehen. Und gerät sie doch einmal an einen armen Schlucker, wird sie sich unversehens daranmachen, die bedrückenden finanziellen Verhältnisse durch ihre Arbeitskraft, ihren Ehrgeiz und ihre Tüchtigkeit zu verbessern. Denn Komfort braucht sie schon, um sich mit ihrem Partner wohl zu fühlen.

Partner einer Ratte müssen sich darauf gefasst machen, dass sie deren Verwandtschaft mitheiraten. Denn eine Ratte liebt ihren Clan und bleibt ihr Leben lang ihrer Familie verbunden. So ist das Haus ständig voll, weil Tanten, Onkel und auch die Schwiegermutter mal kurz auf der Reise hereinschneien oder die Freundin des Sohnes unbedingt ein vorübergehendes Quartier braucht.

Ihren Liebsten öffnet die Ratte immer Tür und Tor und gibt freizügig von dem, was ihr gehört. Die Stunden zu zweit werden dadurch manchmal etwas selten, wenn der Lebensgefährte der Ratte nicht ausdrücklich auf ihnen besteht, denn in der verbleibenden Zeit wird die Ratte auch noch emsig rackern, um den Lebensstandard zu erhöhen.

Trotz alledem ist ein Mensch dieses Zeichens ein ausgesprochen guter Liebhaber, der die Freuden der Erotik unbedingt zu schätzen weiß, wenn alles Übrige stimmt. Dann kann er sich bedingungslos hingeben und seinen Partner mit Zärtlichkeiten verwöhnen. Auch sind Rattengeborene hilfsbereit und sofort zur Stelle, wenn irgendwo Alarm geschlagen wird. Ohne Bedenken stellen sie dann alles zur Verfügung, womit sie helfen können, sei es auf materieller oder gedanklicher Ebene.

Ein wenig problematisch wird die Beziehung zu einem Rattemenschen dann, wenn man seine Eifersucht herausfordert. Denn erstens wird er Gefühle dieser Art nur indirekt äußern und lange um den heißen Brei herumreden, und zweitens sind für ihn Treue und Verbindlichkeit absolut obligatorisch.

Zu einem häuslichen Krach kann es durchaus einmal kommen, wenn man mit einer Ratte zusammen ist. Ihr ist oft schlicht unverständlich, warum andere Menschen nicht ebenfalls alles so ordnungsgemäß und praktisch im Griff haben wie sie selbst. Finanzieller Leichtsinn kann sie trotz ihrer Großzügigkeit zum Wahnsinn treiben. Wenn ihr Lebensgefährte die gemeinsame Altersversorgung vergeudet, erfüllt sie dies mit Kummer und Zorn, zumal sie es hasst, die Rolle eines kleinlichen Finanzbuchhalters zu spielen.

Im Allgemeinen verläuft das Leben an der Seite einer Ratte jedoch eher friedlich, auch wenn sie sich mit allen möglichen Aktivitäten ständig in Schwung zu halten weiß.

Und als Gastgeber ist sie unübertrefflich, da sie mit ihrem hoch entwickelten Schönheitssinn die Wohnung überaus festlich gestaltet. Liebevolle Arrangements, sorgfältig ausgewählte Gedecke, farblich abgestimmte Details schmücken dann den Tisch, an dem sie ihre Freunde angeregt plaudernd unterhält. Und der Partner dieser Ratte wird sich glücklich schätzen, in ihr einen formvollendeten und amüsanten, aufmerksamen und großzügigen Gastgeber zu entdecken, der schnell der fröhliche Mittelpunkt einer Runde wird.

Wer passt zur Ratte?

Ratte – Ratte

Eine Ratte kann zwar mit einer anderen Ratte eine innige Freundschaft führen, aber ob daraus eine Liebesbeziehung entsteht, sei noch dahingestellt. Denn eine Ratte sucht eher die Spannung des Gegensatzes und kann es schwer ertragen, wenn ihr Gegenüber sich ebenso ehrgeizig verhält wie sie selbst.

Beschließt eine Ratte, sich mit ihrem Namensvetter zusammenzutun, so muss sie sich darauf gefasst machen, dass er genau wie sie um das Lob und die Anerkennung seiner Mitmenschen buhlt. Wenn der Partner mit den gleichen Eigenschaften brilliert, aber eventuell bessere Pointen anbringt, kann die Ratte dies überhaupt nicht ertragen.

Was das gemeinsame Lebensziel betrifft, haben die beiden allerdings keine Probleme. Dies ist das Feld, auf dem sie hervorragend miteinander kooperieren können, wenn die Rollenverteilung stimmt. Wenn jeder sich in seinem eigenen Betätigungsfeld bestätigt fühlen kann, wäre den beiden wohl am besten gedient.

Ratte – Büffel

Mit Toleranz können die gefühlvolle Ratte und der konservative Büffel ein gutes Gespann werden. Beide streben nach materiellen Gütern, einem gemütlichen Heim und einer intakten Familie. Allerdings muss die Ratte den Büffel erst davon überzeugen, dass zum Leben außer Arbeit auch Annehmlichkeiten gehören. Auf alle Fälle ist sie es, die in dieser Verbindung für das Kerzenlicht auf dem Abendbrottisch sorgt.

Ein wenig schwierig wird die Partnerschaft allerdings, wenn der strebsame und ehrgeizige Büffel das Gefühl der Ratte zu wenig beachtet. Denn er neigt dazu, wie ein Roboter sein Tagwerk zu erfüllen und dabei zu vergessen, dass das Leben nicht nur aus Pflichten besteht. Die Ratte muss sich also gelegentlich in Erinnerung bringen und ihr Recht auf Zärtlichkeit einklagen.

Davon abgesehen, haben die beiden im Allgemeinen wenig Schwierigkeiten in ihrer Partnerschaft, und auch im sexuellen Bereich passen diese Zeichen gut zueinander, da die feinfühlige Ratte eine starke Anziehungskraft auf den Büffel ausübt und ihm gleichzeitig die Bestätigung gibt, dass er der einzig Richtige für sie ist.

Ratte – Tiger

Der leidenschaftliche Tiger übt auf die gefühlvolle Ratte eine große Anziehungskraft aus. Und da er meist auch ein hohes intellektuelles Niveau besitzt, stimmen die beiden auch geistig überein. Anfangs scheint alles zu klappen: Beide sind emotional und romantisch veranlagt, beide haben einen Sinn für Atmosphäre, beide haben häufig künstlerische Ambitionen. An Gesprächsstoff und Zärtlichkeit wird es also nicht mangeln.

Problematisch wird das Liebesverhältnis erst dann, wenn die beiden eine dauerhafte Bindung eingehen wollen. Denn die Ratte hat ja trotz ihrer künstlerischen Neigung und ihres starken Gefühlslebens einen harten realistischen Kern; sie erstrebt materielle Sicherheit und einen gewissen Lebensstandard. Der Tiger wird ihr in dieser Hinsicht wenig entgegenkommen, im Gegenteil. Eine kluge Ratte sollte also immer versuchen, selbst für ihren Lebensunterhalt zu sorgen. Nur unter dieser Voraussetzung kann sie mit ihm ein einigermaßen ungetrübtes Dasein führen.

Ratte – Hase

Ein Hase und eine Ratte finden entweder sofort zusammen, oder sie umkreisen einander misstrauisch zeit ihres Lebens. Zwischentöne findet man in ihrer Beziehung kaum, denn ihre Lebensziele sind in der

Anlage sehr verschieden. Haben die beiden sich jedoch zu einer dauerhaften Partnerschaft entschlossen, so teilen sie, vor allem in der Zeit der ersten Verliebtheit, eine Menge Gemeinsamkeiten.

Denn die feinfühlige Ratte findet im Hasen einen hingabefähigen Vertrauten, der Tag und Nacht nur ihr zur Verfügung steht. Romantik und Zärtlichkeit bestimmen ihr Zusammenleben, wobei der verträumte Hase die Ratte immer von neuem mit seinen Geschichten wie aus Tausendundeiner Nacht bezaubern kann. Doch nach einiger Zeit wird die Ratte es an der Zeit finden, seriöseren Dingen nachzugehen. Emsig macht sie sich daran, für die materielle Seite der Existenz zu sorgen. Und wenn die fleißige Ratte die Erinnerungen an die Zeit der ersten Liebe immer wieder auffrischt, haben die beiden große Chancen, miteinander ein glückliches Leben zu führen.

Ratte – Drache

Da die Ratte das große Kunststück fertig bringt, auf glaubhafte Weise zum Drachen aufzublicken, macht er ihr gegenüber größere Zugeständnisse, als es bei ihm normalerweise üblich ist. Ohne es zu bemerken, lässt sich der ungekrönte König unter den chinesischen Tierkreiszeichen von der feinfühligen Ratte führen und hält manche ihrer Entscheidungen für seine eigenen.

Eine Ehe von Ratte und Drache ist nicht durch die Macht der Gewohnheit gefährdet, die sonst üblicherweise die anfängliche Leidenschaft zu ersticken droht. Noch nach vielen Jahren wirken die beiden wie zwei Jungverliebte, wenn sie einander tief in die Augen schauen und nicht voneinander lassen können. Ihr ganzes Leben lang bleiben diese beiden voneinander fasziniert.

Kritisch wird die Beziehung nur dann, wenn die Ratte zur Rechthaberei neigt. Feuer und Rauch sind das Resultat, wobei die Ratte meist als zerrupfte Maus aus dem Gefecht hervorgeht.

Doch wie schon gesagt, ist die Beziehung zwischen Drache und Ratte meist überaus harmonisch.

Ratte – Schlange

Die geheimnisvoll schillernde Schlange vermag zwar die Ratte auf den ersten Blick sehr zu reizen, doch ob sich daraus ein längerfristiges

Verhältnis ergibt, bleibt fraglich. Die Zeit der allerersten Verliebtheit ist allerdings köstlich, denn beide Zeichen verstehen es ausgezeichnet, sich das Leben so angenehm wie möglich zu machen.

Doch bricht die Realität des ehelichen Alltags über die Liebenden herein, schaut es meist nicht mehr so rosig aus. Zwar hat auch die Ratte einen Hang zum Luxus, doch angesichts der hemmungslosen Verschwendungssucht ihres Partners entwickelt sie sich zum regelrechten Pfennigfuchser.

Sehr harmonisch verläuft das gemeinsame Leben dieser beiden Zeichen also wahrscheinlich nicht. Kritik und aggressive Auseinandersetzungen gehören bei ihnen zum Alltag und laufen fast schon programmgemäß ab.

Äußerste Vorsicht ist also angebracht, wenn sich zwei Liebende in diesen Zeichen finden. Denn ihr Verhältnis ist zerbrechlich und kann jederzeit an den Widrigkeiten des Alltags zugrunde gehen.

Ratte – Pferd

Zwar empfindet die Ratte zu Beginn dieser Beziehung eine starke Faszination, denn das Pferd setzt in ihr die Sehnsucht nach unbekannten Welten frei und versteht es, sie auch im geistigen Bereich herauszufordern. Die uneingeschränkte Achtung füreinander, die sich daraus entwickeln kann, erhält sich erfahrungsgemäß über Jahre hinweg, trotz allerlei Meinungsverschiedenheiten.

Doch letztlich haben die beiden zwei völlig verschiedene Lebenskonzepte. Der Blick der Ratte ist zukunftsgerichtet und wirklichkeitsbezogen, das Pferd dagegen lebt in der Gegenwart, ist sprunghaft und völlig inkonsequent.

Wer die Buchführung bei dieser Verbindung übernimmt, ist sonnenklar, und wer bei einem Wasserrohrbruch die Handwerker holt (und bezahlt) auch. Denn die Widrigkeiten des Alltags können ein Pferd nicht weiter stören, und mit großartigem Schwung setzt es sich darüber hinweg. Wenn die Ratte sich also beherrschen kann und ihrem Partner das Leben mit Kritteleien nicht allzu schwer macht, findet sie in ihm einen Menschen, der sie mit seiner Verrücktheit, seinem Elan und seiner Herzlichkeit noch nach Jahren bezaubern kann.

Ratte – Ziege

Eine Ratte und eine Ziege brauchen oft lange, ehe sie zueinander finden. Denn beide sind keine Draufgänger und erwarten eher vom anderen den ersten Schritt. Und manchmal kann es zwischen ihnen auch erst nach Jahren freundschaftlichen Kontakts funken. Ein Gefühl aufkeimender Liebe entsteht in jedem Fall äußerst langsam und vorsichtig.

In gewisser Beziehung haben die beiden starke Ähnlichkeit miteinander, weshalb es auch meist nicht vor Spannung knistert. Dagegen herrscht zwischen ihnen ein inniger und vertrauter Ton. Schwierig wird es allerdings, wenn die romantische Ziege allzu oft die starke Schulter ihres Partners braucht. Denn der hat oft Wichtigeres zu tun, als der verletzbaren Ziege immer wieder zu versichern, dass er sie liebt. Wogen der Leidenschaft sind es also nicht, was die beiden vereint. Doch gerade deshalb ist ihre Verbindung oft von langer Dauer und großer Ernsthaftigkeit.

Ratte – Affe

Aufregend und äußerst kurzweilig gestaltet sich das Leben einer Ratte und eines Affen, doch ob sie sich überhaupt auf dieses Wagnis einlässt, ist fraglich.

Der Affe bewundert die charmante und redegewandte Ratte auf der Stelle. Sie ist einer der wenigen Menschen, die er auf intellektueller Ebene als ebenbürtig akzeptiert, und das heißt eine ganze Menge.

Starke Nerven muss sie allerdings schon besitzen, denn die Ratte muss für den finanziellen Hintergrund sorgen, vor dem sich das turbulente Leben eines Affen abspielt. Sie sollte dies ohne Murren akzeptieren, denn jede Art von Kritik hasst ein Affe wie die Pest.

Doch fühlen die beiden trotz dieser Schwierigkeiten immer wieder eine heftige Zuneigung füreinander, die vor allem in ihrer starken geistigen Übereinstimmung gründet. Und auch die Ebene des Gefühls kommt nicht zu kurz, denn insbesondere der Affe ist bei all seiner geistigen Arroganz ein sehr warmherziger und liebevoller Mensch.

Ratte – Hahn

Mit großer Leidenschaft geht der Hahn auf die Ratte zu, wenn sie ihre unwiderstehliche Anziehungskraft wirken lässt. Denn ebenso wie sie ist der aufgeweckte und bunte Hahn ein harter Arbeiter, der mit Ehrgeiz sein Lebensziel erreichen möchte.

In intellektueller Hinsicht stellt er allerdings keine allzu großen Ansprüche. Die Ratte findet das auf Dauer reichlich öde, denn ihr Intellekt verlangt ständig nach neuer Nahrung und Reibung. Die Ratte muss also diverse Ansprüche, die sie normalerweise stellt, herunterschrauben. Denn außer für seine Garderobe hat der Hahn auch oft wenig Geld übrig, und bei gemeinsamen Unternehmungen kann er sich als äußerst knickrig erweisen.

Doch wiegt seine leidenschaftliche Zuneigung manche Schwächen auf. Aber die Beziehung der beiden ist in den meisten Fällen eine Art Gratwanderung am Abgrund entlang, da sie ihre anfängliche Anziehungskraft füreinander immer wieder auffrischen müssen, um in Frieden über die Runden zu kommen.

Ratte – Hund

Mit seiner sanften, anschmiegsamen Art gelingt es dem Hund jederzeit, die Ratte um den kleinen Finger zu wickeln. Ihm selbst genügen schon die geringfügigsten Aufmerksamkeiten, um sich restlos zufrieden zu fühlen.

Beide Zeichen schätzen ein ruhiges und behagliches Dasein. Der Hund könnte der Ratte dabei tage- und wochenlang mit verklärtem Gesicht gegenübersitzen, wenn sie es zuließe und den etwas initiativelosen Hund nicht ab und zu aus dem Haus triebe.

Geistig ist er der Ratte durchaus gewachsen, vor allem, da er sich sehr gut in sie einfühlen kann und auch mit ihrem Lebensziel vollkommen einverstanden ist.

In jedem Fall ist sie es, die Tempo und Rhythmus des ehelichen Alltags festlegt und das Kommando in dieser Verbindung führt.

Hund wie Ratte sind ausgesprochen großzügige Menschen und lieben den familiären Zusammenhalt.

Sie haben miteinander die Chance, in immer tiefere Schichten ihrer

Liebe vorzudringen. Innig und friedvoll verläuft ihr gemeinsames Dasein, wenn sie sich einmal zueinander bekannt haben.

Ratte – Schwein

Das Schwein liebt eine romantische Atmosphäre und hochphilosophische Gespräche. Und lernt es auf einer Party eine Ratte kennen, wird die das Schwein mit ihrer amüsanten Konversation auf der Stelle erobern.

Ganz abgesehen von ihrer leidenschaftlichen Zuneigung füreinander, haben sich Schwein und Ratte auch viel zu sagen. Doch nach dem ersten Rausch gegenseitiger Verliebtheit kommt die Ratte bald aufs Wesentliche zurück und zeigt dem Schwein ihre realitätsbezogene Seite.

Es liegt vor allem an der Ratte, wenn die Beziehung zu einem Schwein scheitert. Denn um dessen Toleranz ist es nur dann geschehen, wenn die Ratte ihm ihr eigenes Lebensziel überstülpen will. Aber auch das Schwein muss es akzeptieren, dass die Ratte nach getaner Arbeit abschalten möchte. Nur wenn beide sich auf diese Weise tolerieren, können sie eine harmonische und dauerhafte Verbindung miteinander halten.

Ratte und Beruf

Erfolg im Beruf ist für den Rattengeborenen ein wichtiger Aspekt seines Lebens, wenn nicht der Wichtigste überhaupt. Schon in der Jugend arbeitet er konsequent und ehrgeizig auf sein Ziel hin, und mit großer innerer Sicherheit erkennt er den Weg, den er zu gehen hat. Herausforderungen und Widrigkeiten nimmt er dabei gerne in Kauf, da er gerade an ihnen seine volle Energie, seine Widerstandskraft und seine ausdauernde Gründlichkeit entfalten kann. Die Ratte möchte immer wieder beweisen, was sie kann, und ihren Ehrgeiz, ihre Tüchtigkeit, ihr Streben nach Erfolg unbedingt zum Ausdruck bringen.

Dabei spielen Selbstständigkeit und ein gewisser Entscheidungsspielraum eine wichtige Rolle bei ihrer Entwicklung. Eine Ratte will immer ihr eigener Herr sein und eigene Handlungsstrategien entwerfen. Tätigkeiten, bei denen sie nur Anweisungen anderer ausführt, kommen für sie auf keinen Fall infrage.

Und auch eine reine Schreibtischtätigkeit kann eine Ratte nur schwer befriedigen. Denn um sich in ihrer ganzen Lebendigkeit entfalten zu können, braucht sie Bewegung und Abwechslung. Im Allgemeinen wollen Ratten nicht gern im Büro versauern. Sie brauchen den Kontakt zur Welt, den Austausch mit anderen Menschen, das Gespräch mit Kunden.

Eine Ratte ist immer hervorragend im Außendienst einzusetzen. Auch als Abteilungsleiter oder Manager hat die smarte Ratte meist große Erfolge zu verzeichnen. Mit ihrem klaren Blick für Strukturen ist sie ein ausgesprochenes Organisationstalent, das den Betrieb bis ins kleinste Detail kennt. Macht ist kein Anliegen der Ratte, wenn sie auch durchaus Wert auf Ansehen legt.

Jeder Beruf, der ein hohes Maß an Genauigkeit erfordert, aber auch die Möglichkeit zu zwischenmenschlichem Kontakt bietet, ist für eine Ratte geeignet. Dies mag die Tätigkeit eines Steuerberaters, eines Juristen oder eines Gutachters sein, aber auch als Schauspieler kann sie durchaus ihr Glück versuchen.

Eine Ratte sollte auf ihrem beruflichen Werdegang unbedingt auf ihre Intuition vertrauen. Denn meist besitzt ein Mensch dieses Zeichens einen sehr feinen Instinkt und kann aus dem Bauch heraus die richtigen Entscheidungen treffen. Wenn er dann auch noch berücksichtigt, dass gutes Zuhören den gleichen, wenn nicht sogar höheren Stellenwert einnimmt als reden, so kann er sicher sein, dass ihm alle Möglichkeiten offen stehen.

Eine große Gefahr für die Ratte liegt allerdings meist darin, dass sie sich in ihrer Detailfreude allzusehr verzettelt oder aber zu viele Dinge auf einmal in Angriff nehmen möchte. Denn Flexibilität ist in den Augen einer Ratte ein großes Gütezeichen; Stumpfsinn ist ihr ein Graus. Aus diesem Grund neigt sie manchmal dazu, sich zu viel zuzumuten und am Ende gar nichts davon zu haben.

In diesem Fall ist weniger mehr, und sie sollte sich deshalb ruhig auch einmal eine kleine Verschnaufpause gönnen. Zumal Verschleißerscheinungen sicher keine Garantie für den Erfolg sind.

Wer passt zur Ratte in beruflicher Hinsicht?

Ratte – Ratte
Hier haben sich zwei ausgesprochene Organisationstalente gefunden, deren Zusammenarbeit auf demokratischer Grundlage basiert. Denn wenn eine Ratte sich mit einer anderen Ratte zu einer beruflichen Partnerschaft entschließt, wird sie von vornherein eine klare Rollenverteilung vornehmen, die die Kompetenzen festlegt. Zu irgendwelchen Streitigkeiten kommt es deshalb selten zwischen zwei Chefs, die in diesem Zeichen geboren sind.

Ratte – Büffel
Diese beiden Zeichen können sich nicht nur privat harmonisch ergänzen, sondern auch glänzend zusammenarbeiten. Die schlagfertige, intelligente und gründliche Ratte ist dem Büffel ein guter Ratgeber, während ihr der Büffel mit Tatkraft zur Seite steht. Für das ausgewogene Betriebsklima sorgt in diesem Fall allerdings die Ratte, da der Büffel nicht gerade diplomatisch ist. In dieser Verbindung beschäftigt er sich vornehmlich mit der Planung und Organisation des Unternehmens.

Ratte – Tiger
Ob die Ratte dem Tiger bei allen seinen Unternehmungen zur Seite steht, ist ziemlich fraglich. Denn sie hat eine starke Abneigung gegen dessen waghalsige Pläne, die meist Schulden und Bankrott zur Folge haben.

Für die Ratte ist die berufliche Zusammenarbeit also ziemlich nervenaufreibend, weil sie den spontanen Tiger oft von überstürzten Handlungen abhalten muss.

Ratte – Hase
Wenn diese zwei im selben Boot sitzen, fahren sie einen ziemlich schlingernden Kurs und müssen einige Klippen umschiffen. Dass die Ratte bald das Ruder übernimmt, dürfte selbstverständlich sein.

Leicht eingeschüchtert, wird sich der Hase meist im Bug aufhalten, die Kombüse reinigen und nacharbeiten, was es nachzuarbeiten gibt. Nur unter dieser Bedingung kann die berufliche Verbindung zwischen Ratte und Hase leidlich erfolgreich sein.

Ratte – Drache
Eine optimale berufliche Verbindung entsteht, wenn Ratte und Drache sich entschließen, miteinander ein Unternehmen zu gründen. Denn die fleißige und strebsame Ratte scheut sich nicht, ein größeres Risiko einzugehen, wenn sie den mächtigen Drachen an ihrer Seite weiß. Und während dieser im Allgemeinen den großen Überblick behält, sorgt sie dafür, dass der Laden läuft, dass liegen gebliebene Unterlagen aufgearbeitet und die Telefonrechnungen bezahlt werden.

Ratte – Schlange
Viel Geduld braucht eine Ratte, wenn sie mit einer Schlange kooperieren möchte. Nur bei größtmöglicher Distanz können die beiden ein einigermaßen erfolgreiches Team bilden. Am besten schickt die Ratte ihren Schlangenpartner von vornherein in den Außendienst und lässt ihn die Werbetrommel rühren. Sie selbst aber sollte sich weitgehend um innerbetriebliche Angelegenheiten kümmern und die Buchhaltung übernehmen.

Ratte – Pferd
Das Pferd ist expansiv, abenteuerlustig und wirft das Geld zum Fenster hinaus. Die Ratte aber möchte gern Rücklagen bilden und reagiert einigermaßen fassungslos auf den Leichtsinn und die Verschwendungssucht ihres Geschäftspartners. Und nach kurzer Zeit wird sie den Geldhahn zudrehen und dem Pferd nahe legen, ein eigenes Unternehmen aufzubauen. Vorher aber werden beide einige Federn gelassen haben.

Ratte – Ziege
Ein viel versprechendes Team hat sich hier gefunden, manchmal muss die Ratte allerdings der Ziege ein wenig Beine machen, denn Kontinuität ist nicht gerade deren stärkste Seite. Auch braucht sie viel Lob und Anerkennung für ihre Leistungen. Da sie aber wiederum sehr

sensibel mit aufkommenden Spannungen oder Stresssituationen umgeht, fällt es der Ratte ziemlich leicht, ihr die verdienten Streicheleinheiten zukommen zu lassen.

Ratte – Affe

Die Ratte sollte auf keinen Fall zögern, wenn sie eine geschäftliche Verbindung mit einem Affen eingehen kann. Denn der intelligente, wenngleich etwas sprunghafte Partner weiß immer wieder wichtige Kontakte herzustellen und das Unternehmen nach außen brillant zu vertreten. Die Ratte, die die Schwächen ihres Kollegen insgeheim genau kennt, kann ihm gutmütig die Rolle des Chefs überlassen. Wobei sie genau weiß, was sie will, und es hervorragend versteht, ihm ihre Pläne als seine eigenen unterzujubeln.

Ratte – Hahn

Über kurz oder lang möchte die Ratte in dieser Verbindung den Ton angeben, wogegen sich allerdings der Hahn aufs Äußerste wehrt. Denn obzwar fleißig, stören ihn die ständigen Kontrollen der Ratte mächtig, vor allem, wenn es ums Geld geht.

Ratte – Hund

Das Unternehmen, das die beiden schaffen, ist grundsolide in seinem Fundament, verzeichnet aber nicht unbedingt rapides Wachstum. Ausdauernd, geduldig und mit großem Fleiß arbeiten sich die beiden langsam hoch und passen sich dabei nur mühsam neuen Trends an. Doch harmonieren sie ausgesprochen gut miteinander und finden keinerlei Gründe, einander zu misstrauen.

Ratte – Schwein

Wer der Herr im Haus ist, zeigt die Ratte dem Schwein gleich im ersten Augenblick: mit ihrem Charme, ihrer Ausstrahlung und ihrer Kompetenz. Andere Mittel sollte sie gar nicht probieren, denn ein Schwein wird sich niemals kontrollieren lassen.

Die Ratte muss sich also bemühen, ihre Pläne auf möglichst liberale Weise durchzusetzen. Andernfalls macht das Schwein auf der Stelle kehrt.

Ratte und Gesundheit

Die Ratte ist im Allgemeinen ein sehr verantwortungsbewusster Charakter, der alle Bereiche des Daseins mit großer Sorgfalt behandelt, auch sein körperliches Wohlergehen. Sie lebt maßvoll und vernünftig und achtet vor allem in der zweiten Lebenshälfte auf eine ausgewogene Ernährung.

Um ihre Lebensziele zu verwirklichen, muss sie sich emsig und flink von der Stelle bewegen können. Deshalb ist es für eine Ratte auch selbstverständlich, ihren Körper mittels Sport und Gymnastik zu stählen.

Ein paar Probleme kann sie allerdings durchaus haben. Eine Ratte ist manchmal hypernervös und leicht erregbar. Diese Zustände bewältigt sie allerdings meist nicht, indem sie sich nach außen abreagiert und aggressiv wird. Sie knabbert stattdessen so lange an einer Schwierigkeit herum, bis ihr Nervenkostüm endgültig überstrapaziert ist. Mit ihrem Fitnesstraining und ihrer gesunden Ernährung versucht sie deshalb, sich eine innere Stabilität zu verschaffen, die es ihr ermöglicht, auch mit größeren seelischen Belastungen fertig zu werden.

Die Ratte in den einzelnen Jahren: Aussichten und Tendenzen

Das Jahr der Ratte

Ein Jahr der Fülle, der Spannung, aber auch der scharfen Gegensätze kündigt sich im Zeichen der Ratte an. Eine Zeit, in der ein so harter Kontrast wie der zwischen verschneitem Land und dem dunklen Astwerk eines Baumes herrscht. Denn das Jahr der Ratte ist dem Winter, der Nacht und der Dunkelheit zugeordnet.

Aufschwung und finanzielles Wachstum kennzeichnen dieses Jahr, wenn man die richtigen Entscheidungen trifft und klug und besonnen handelt. Auch Spekulationen mit Wertpapieren und Aktien können jetzt zum Erfolg führen, vorausgesetzt, man hat die Börsenberichte genaustens studiert. Denn unnötige Risiken bezahlt man im

Rattenjahr doppelt und dreifach, geschenkt erhält man nichts in dieser Zeit. Stark ist jetzt der Gegensatz zwischen Licht und Schatten, und es kommt mehr als sonst darauf an, die richtige Wahl zu treffen. Im persönlichen Bereich läuft im Rattenjahr meist alles glatt. Zufriedenheit, Behaglichkeit und Geborgenheit haben jetzt einen hohen Stellenwert. Aber auch die Geselligkeit kommt nicht zu kurz dabei, und viele gemeinsame Unternehmungen werden geplant. Der Blick in die Zukunft ist jetzt meist hoffnungsvoll und optimistisch.

Harmonie, innere Ausgewogenheit, aber auch weit reichende Entschlüsse, all das erwartet Menschen im Jahr der Ratte. Jetzt haben sie Gelegenheit, das Fundament für ihr ganzes Leben zu setzen und die Basis für eine sichere und stabile Existenz zu schaffen.

Das Jahr des Büffels
Eine Ratte sollte es sich im Jahr des Büffels unbedingt gemütlich machen, vor allem, wenn sie Familie hat. Denn dort geht es jetzt ausgesprochen heiter zu.

Ein wenig härter wird es im Arbeitsleben. Der Büffel ist ein strebsamer und fleißiger Mensch, und eben diese Eigenschaften verlangt das Jahr, das seinen Namen trägt.

Das Jahr des Tigers
Emotional und leidenschaftlich wie der Tiger ist dieses Jahr, und die Ratte sollte dies berücksichtigen. Denn obwohl es nicht ihrem Naturell entspricht, neigt sie jetzt zu Spekulationen, die sich am Ende in Seifenblasen auflösen könnten. Sie muss jetzt besonders hartnäckig die Dinge verfechten, die ihr immer schon am Herzen lagen. Sonst kann sie leicht den Faden verlieren.

Das Jahr des Hasen
Viel Unerwartetes kann für die Ratte im Hasenjahr passieren. Es entstehen jetzt leicht Missverständnisse im Privatbereich.

So sollte sie sich am besten im Jahr des Hasen auf ihr berufliches Fortkommen konzentrieren. Hier kann sie jetzt nämlich eine Menge Verantwortung übernehmen und auf der Erfolgsleiter nach oben klettern.

Das Jahr des Drachen
Eine starke Herausforderung ist dieses Jahr für die Ratte, nicht nur in geistiger, sondern auch in emotionaler Hinsicht. Sie sehnt sich zunehmend nach Verwirklichung, versucht jedoch, diese Sehnsüchte am falschen Ort zu befriedigen. Mit diesen Gefühlen muss eine Ratte jetzt äußerst vorsichtig umgehen, da die Dinge oft nicht halten, was sie versprechen.

Das Jahr der Schlange
Auch diese Zeit ist nicht die bequemste für die Ratte. Denn sie fühlt sich besonders zu Beginn des Schlangenjahres öfter starken Stimmungsschwankungen ausgesetzt.

Und in finanzieller Hinsicht neigt die Ratte jetzt zum Leichtsinn. Geduld sei ihr angeraten, denn spätestens im Herbst findet sie zu ihrem normalen Gleichgewicht zurück.

Das Jahr des Pferdes
Mit Schwung kann die Ratte jetzt einige der Probleme bewältigen, die sich in den vergangenen Jahren angesammelt haben. Das Jahr des Pferdes bringt eine gewisse Klärung ihrer Angelegenheiten, wobei die Ratte allerdings manchmal außer Rand und Band gerät. Deshalb sollte sie vor allem in beruflicher Hinsicht reiflich überlegen, auf welche Projekte sie sich einlässt.

Das Jahr der Ziege
Die vielbeschäftigte Ratte könnte sich jetzt mal eine Pause gönnen und richtig ausruhen. Denn die vorangegangenen Jahre waren nicht unstrapaziös und haben ihr viel abverlangt. Beruflich und finanziell geht jetzt alles wie geschmiert, und die Ratte muss sich nicht groß anstrengen, um gute Resultate bei ihren Unternehmungen zu erzielen.

Das Jahr des Affen
Eine tolle Zeit beginnt mit diesem Jahr für die Ratte, weil sie spontan immer die richtigen Entscheidungen fällt. Sie kann sich ohne weiteres auf ihre starke Intuition verlassen, ob es sich nun um ihr Berufsleben oder den privaten Bereich handelt.

Das Jahr des Hahnes
Im Hahnenjahr geht es für die Ratte hektisch und bunt zu. Unvorhergesehene Ereignisse, plötzlich aufkeimende Leidenschaften und ein knallvoller Terminkalender, all das hat die Ratte zu bewältigen. Maß halten, so muss die Devise im Hahnenjahr für die Ratte lauten, und dies in jeder Beziehung.

Das Jahr des Hundes
Die Ratte tut sich im Hundejahr ein wenig schwer, ihre Angelegenheiten in den Griff zu kriegen. Nichts geht so richtig voran, wie sie es möchte. Eine Zeit also, in der sich die Ratte in Geduld üben muss.

Das Jahr des Schweines
Solide Gründlichkeit ist das Motto dieses Jahres, in dem die Ratte äußerst vorsichtig und pedantisch sein sollte.

In erotischer Hinsicht erwartet sie allerdings eine Blütezeit.

Im letzten Jahr des chinesischen Tierkreiszyklus hat die Ratte noch einmal alle Chancen, so richtig glücklich zu sein und Kraft zu speichern für die folgende Zeit.

Der Büffel und seine Eigenschaften

Der chinesische Name des Büffels: Nioh
Vom Büffel regierte Stunden: 1.00 bis 3.00 Uhr
Himmelsrichtung: Nordnordost
Vergleichbares Tierkreiszeichen im Westen: Steinbock

Der Büffel ist ein pflicht- und traditionsbewusster, strebsamer und sesshafter Zeitgenosse, der alles erst einmal gründlich prüft, bevor er es anpackt. Er ist praktisch veranlagt und hält herzlich wenig von großen Worten und grauer Theorie. Sein Leben steht unter dem Zeichen harter Arbeit, die er niemals scheut, da sie ihn vorwärts bringt und Ehre, Besitz und Wohlstand zur Folge hat.

In der chinesischen Astrologie symbolisiert sein Zeichen Kraft, Ausdauer, Zähigkeit, Genügsamkeit. In Asien hat der Büffel als Zug-, Last- und Reittier seine Bestimmung: Er lässt sich ohne viel Aufhebens vor den Pflug spannen, zieht in den Reisfeldern oder auf Äckern ruhig und bedächtig seine Bahnen, lässt sich vor die schwersten Karren spannen oder nimmt Reiter auf seinem Buckel mit.

Wie die Büffel in den Reisfeldern arbeiten alle in diesem Zeichen Geborenen: verlässlich, ruhig, unermüdlich. Büffel tun immer nur das, was man von ihnen erwartet. Wenn sie eine Arbeit anpacken, wird sie zur Zufriedenheit erledigt. Halbe Sachen gibt es dabei nicht. Aber ihre Schwerfälligkeit und kompromisslose Unflexibilität werfen sie so manches Mal in ihrer Entwicklung zurück. Ihnen fehlt der Mut zum Risiko, und auch die Fantasie ist nicht unbedingt ihre Stärke.

Der Büffel, der sich in seiner äußeren Erscheinung eher zurückhaltend gibt, strebt zwar nach materieller Sicherheit, aber nicht nach Ruhm und Macht. Er ist kein Typ, der im Rampenlicht steht und die Puppen tanzen lässt. Ihm genügt die Anerkennung im Beruf, im Familien- und Freundeskreis; und er freut sich, wenn alle über die leider etwas unbeholfen erzählten Witze lachen, die er manchmal vom Stapel lässt, um seine gute Laune zu zeigen.

Was andere über ihn denken könnten, kümmert ihn wenig. Er steht voll hinter dem, was er nach gründlicher Überlegung sagt. Diese gedankliche Unabhängigkeit lässt ihn oft unbequem wirken, zumal er auch strenge moralische Maßstäbe hat. Doch ist dies letztlich ein Charakterzug, der ihm große Sympathien bei seinen Mitmenschen verschafft.

Seinen Freunden und dem einmal erlernten Beruf bleibt der aufrechte Büffel ein Leben lang treu. Er kennt seine Pflichten und erfüllt sie auf Ehre und Gewissen. Von oberflächlichen Menschen und windigen Geschäften hält er sich fern, er ist für wahre Freundschaft und anständige Arbeit, beides auf einer Basis des Vertrauens. Wird ein Büffel einmal übers Ohr gehauen, was selten vorkommt, da die meisten Büffel nicht blauäugig durch die Welt gehen, dann kann man einen völlig anderen Menschen kennen: Der sonst so schwerfällige Büffel wird plötzlich temperamentvoll, wehrt sich vehement und kämpft für sein Recht ohne Rücksicht auf Verluste.

In der Familie gibt sich der Büffel dominant und dogmatisch. Er duldet keinerlei Widerspruch und lässt jugendliche Rebellion nicht aufkommen. Schließlich hat die Familie alles seiner Gewissenhaftigkeit und Sorgfalt zu verdanken; er ist es, der das ganze Leben lang den Rücken krumm gemacht hat für ein freundliches Zuhause, das weder außergewöhnlich noch luxuriös ist, aber behaglich und gemütlich.

Qualität ist ein Lieblingswort des Büffels. Qualität liefert er mit seiner Arbeit, Qualität müssen Wohnung, Haus, Möbel, Kleidung haben, Qualität die Schule für die Ausbildung der Kinder. Der Büffel ist stolz, sich das alles mit seiner Arbeit geschaffen zu haben.

Misstrauisch werden Büffel dann, wenn ihnen jemand ohne ersichtlichen Grund etwas Gutes tun möchte. Denn seit frühester Kindheit haben sie gelernt, dass alles im Leben seinen Preis hat. Etwas anderes können sie sich kaum vorstellen. »Was will er dafür haben?«, das ist ihr erster Gedanke.

Wer in diesem Zeichen geboren wurde, ist nicht geizig, sondern nur extrem sparsam. Sein sauer verdientes Geld legt er gern auf die hohe Kante. Und er weiß genau, welche Bank die meisten Zinsen bezahlt und wann es günstig ist, die richtigen Wertpapiere zu kaufen. Denn die Gewissheit, er könnte sich bestimmte Dinge leisten, wenn er nur wollte, ist für den Büffel eminent wichtig.

In der Partnerschaft und Liebe neigt der Büffel eher zur Zurückhaltung. Es lodert zwar so manches Strohfeuer in seiner Brust auf, eine feste und dauerhafte Bindung wird jedoch erst dann zustande kommen, wenn er seine Existenz gesichert und seine Heimat gefunden hat. Weder dynamisch noch romantisch, sondern solide und logisch denkend, wird der in diesem Zeichen Geborene immer dort seinen Partner suchen und finden, wo er selber hingehört. Zum Beispiel am Arbeitsplatz, wo man nicht mit sprühenden Ideen zum Erfolg emporklettert, sondern mit Intelligenz, Fleiß, Ausdauer und Gewissenhaftigkeit ans Ziel seiner Wünsche gelangt.

Wird der Büffel verletzt oder in seinen Erwartungen enttäuscht, so zieht er sich zurück und vergräbt sich in seine Arbeit. Damit versucht er, sich und anderen zu beweisen, dass er gut allein zurechtkommt.

Mit seiner Ehrlichkeit und mit seinem Hang, andere belehren zu wollen, verbaut er sich so manches private Glück, so manche geschäftliche Beziehung. Häufig fehlt es ihm an diplomatischem Geschick, und seine Mitmenschen empfinden ihn als Elefanten im Porzellanladen. Auch wirkt er mit seiner Devise »Vertrauen ist gut, Kontrolle ist besser« auf seine Umgebung oft kleinlich und abschreckend. Der Büffel braucht viel Zeit, um mit Menschen oder Aufgaben vertraut zu werden. Hat er jedoch einmal Zutrauen entwickelt, ist er bedingungslos loyal und erwartet vom anderen ein entsprechendes Verhalten. Ein Büffel ist der wohl verlässlichste und treueste Freund, den es gibt, und man sollte sich hüten, ihn zu enttäuschen.

Der Büffel in den fünf Wandlungsphasen

Der Büffel in der Phase des Metalls
Ein Metallbüffel weiß ganz genau, was er will. Er ist sein eigener Herr, unbeugsam in seinen Entschlüssen und immer bestrebt, das auszuführen, was er sich vorgenommen hat. Von allen Büffelgeborenen ist er derjenige, der die Eigenschaft dieses Zeichens am deutlichsten zum Ausdruck bringt.

Dennoch ist der Metallbüffel durchaus empfänglich für feinere Schwingungen. Büffel dieses Zeichens sind oft sehr warmherzige Menschen, die verantwortungsbewusst und mit großem Mitgefühl auf die Sorgen anderer reagieren. Sie können auch schlecht allein sein, sondern brauchen Menschen um sich herum. Besonders wenn sie einen Misserfolg erlitten haben, bedürfen sie der wärmenden Anteilnahme ihrer Freunde oder ihres Partners.

Zumal ein Misserfolg zum Schlimmsten gehört, was einem Metallbüffel zustoßen kann. Er wird alles tun, um ihn zu vermeiden.

Der Büffel in der Phase des Wassers
Ebenso wie das Wasser sind auch die Büffel dieses Zeichens durch verschiedene, extrem auseinander liegende Eigenschaften charakterisiert.

Sie sind unerbittlich in ihrem Ehrgeiz und sprengen mit ihrer Kraft jedes Hindernis. Andererseits sind sie geduldig und sehr flexibel.

Doch haben sie trotz alledem strenge Wertbegriffe, die wie Uferanlagen ihre Kraft kanalisieren. Mehr als andere Büffel halten sie sich an die Gesetzmäßigkeiten, die allen Dingen des Lebens zugrunde liegen. Sie haben aufgrund ihres gelassenen Wesens niemals Schwierigkeiten, mit anderen zusammenzuarbeiten. Unruhig werden sie nur dann, wenn man ihnen die gebührende Anerkennung verweigert oder sie nicht genügend beachtet.

Der Büffel in der Phase des Holzes
Holz gilt in China als das Element der Geradlinigkeit, der Festigkeit und der Konsequenz. Doch Büffel dieser Konstellation haben oft auch die Biegsamkeit junger Bäume. Geschmeidig passen sie sich allen

Erfordernissen an, ohne aber ihre Geradlinigkeit zu verlieren. Denn bei aller Anpassungsfähigkeit besitzen sie einen festen Stamm und sind tief verwurzelt im Boden. Dass er diese Wurzeln nicht verliert, ist einem Holzbüffel sehr wichtig.

Er neigt eher zu konservativem Denken, ist traditionsbewusst und hält an erprobten Werten fest. Seine Ansichten äußert er mit diplomatischem Geschick, denn da er sehr auf die Gunst anderer Menschen angewiesen ist, vermeidet er harte Konfrontationen.

Der Büffel in der Phase des Feuers

Feuerbüffel sind Tatmenschen, die es zu Macht und Einfluss drängt. Sie verfügen zwar über die vollkommene Selbstbeherrschung des Büffelgeborenen, die es ihnen möglich macht, ihr hitziges Temperament unter Kontrolle zu halten, doch wehe, wenn ein Feuerbüffel trotzdem einmal heftig wird.

Doch sind Feuerbüffel, wenn sie nicht gereizt werden, im Grunde faire Menschen, die sich um größtmögliche Objektivität anderen gegenüber bemühen. Sie sind auch ausgesprochene Familienmenschen. Am heimischen Herd entwickeln sie die wärmende Glut ihres Feuers, um das sich die anderen Familienmitglieder gerne versammeln.

Der Büffel in der Phase der Erde

Erdbüffel haben ein ausgeprägtes Gefühl für die Dauer und Wiederkehr aller Dinge. Geduldig pflanzen und ernten sie, wie es dem Jahresrhythmus entspricht, und nie würden sie aus der Gesetzmäßigkeit dieser Abfolge ausbrechen wollen. Das Wesen des Erdbüffels zeichnet sich nicht durch große Kreativität aus. Die Neuschöpfung ist in seiner Anlage nicht vorgesehen. Stattdessen ist er treu und hält an einem akzeptierten Wert fest: an seiner Ehe, seinem genau durchstrukturierten Zusammenleben mit der Familie, seinem Beruf. Noch stärker als andere Büffel ist er auf Sicherheit angewiesen, eine Sicherheit, die er sich durch unermüdlichen Fleiß erarbeitet.

Der Büffel und sein Aszendent

Büffel mit Aszendent Ratte

Ratten besitzen einen feinen, ausgeprägten Instinkt und ein starkes Zusammengehörigkeitsgefühl, da sie in Herden leben.

Weil ihre Situation starkes Anpassungsvermögen und ein tiefes Empfinden für Gemeinschaft erfordert, entwickeln sie oft großen Charme und vielseitige Interessen.

Büffelgeborenen kommen die Eigenschaften der Ratte sehr entgegen, da sie die oft sture und undiplomatische Art ihres eigenen Tierkreiszeichens durch größere Flexibilität, Charme und größere Offenheit anderen gegenüber quasi entschärfen. Da Ratten zudem ihre Zukunft sehr gründlich planen müssen, wird die oft sehr behäbige Strebsamkeit des Büffels durch die kluge, umsichtige Vorausschau der Ratte hervorragend ergänzt.

Büffel mit Aszendent Büffel

Büffelgeborene mit dem Aszendent gleichen Namens sind ungeheuer zäh und fleißig. Unermüdlich ziehen sie den Pflug durch das Reisfeld, ohne sich je über die harte Arbeit zu beklagen. Denn sie wissen, reiche Ernte ist der Preis für ihre Gründlichkeit und Ausdauer. Dafür scheuen sie kein Opfer, und bei schlechtem Wetter versuchen sie eben, ihren Karren wieder aus dem Dreck zu ziehen.

In ihrer langsamen und bedächtigen Art vermeiden sie jedes Risiko. Ihr Auftreten ist vorsichtig, kompromisslos und oft misstrauisch. Damit lösen sie vielfach Befremden bei Menschen aus, die es gewohnt sind, eine Sache spontaner und direkter anzugehen.

Büffel mit Aszendent Tiger

Einem Menschen, der im Zeichen des Büffels geboren ist, kommen die Eigenschaften des Tigers sehr entgegen. Die große, von keinerlei Skrupeln geschwächte Energie des Tigers und seine lebenslustige Einstellung reißen den Büffel aus seiner oft schwerfälligen und bedächtigen Lebenshaltung. Auch seine starke Intuition und seine sichere Witterung erleichtern dem Büffel auf seinem oft stumpfen und geradlinigen Weg den Zugang zu den Quellen des Erfolgs. Das kühne und doch berechenbare Sprungvermögen des Tigers verleiht dem Büffel größere Virtuosität und Risikobereitschaft.

Büffel mit Aszendent Hase

Die Eleganz des Hasen, mit der er über die Felder läuft, unterstützt den Büffelgeborenen und verleiht seinen Bewegungen Schönheit und Anmut. Künstlerische Veranlagung, Sinn fürs Detail, Geschmack und das Verlangen nach ästhetischer Harmonie kennzeichnen den Büffel mit Aszendent Hase.

Menschen dieser Zeichenkombination sind jedoch starken Stimmungsschwankungen unterworfen, denn während der Büffel in ihrem Inneren stur auf seinen einmal gefassten Meinungen beharrt, schließt der Hase am liebsten Kompromisse und möchte Auseinandersetzungen aus dem Wege gehen. Sie passen nicht in sein Konzept eines in erster Linie von Eleganz, Bequemlichkeit und Schönheit geprägten Daseins.

Büffel mit Aszendent Drache

Kaum eine Kombination ist günstiger als die des Büffels mit Drachenaszendent. Denn der Drache potenziert die Eigenschaften des Büffels und lässt ihn gleichsam über sich selbst hinauswachsen. Menschen dieser Konstellation sind ehrgeizig, zielbewusst und diszipliniert, und sie strahlen eine große Kraft aus. Ihr Wille kann Berge versetzen, denn er ist gleichsam beflügelt. So können Büffel-Drachen-Menschen Dinge erreichen, an die ein anderer in seinen kühnsten Träumen nicht zu denken wagt, wissen sie sich doch ausgestattet mit der kühlen, sachlichen Gründlichkeit des Büffels sowie der Kraft und Stärke des Drachen.

Büffel mit Aszendent Schlange

Die Beschäftigung mit intellektuellen und schöngeistigen Dingen ist lebenswichtiger Bestandteil im Leben des Schlangengeborenen, und dies kommt dem Büffel zugute. Die Schlange ermöglicht ihm, die schönen Dinge des Lebens zu genießen und sie nicht einfach als Zeitverschwendung abzutun.

Büffel-Schlange-Menschen besitzen erstaunliche Ausdauer, und wenn sie eine Sache in Angriff genommen haben, so lassen sie nicht davon ab, bis sie zu ihrer Zufriedenheit vollendet ist. Dabei errät der sechste Sinn der Schlange oft den günstigsten Augenblick zum Anpacken. Büffel mit Aszendent Schlange haben ein ausgeprägtes Sicherheitsbedürfnis. Geldprobleme sind für sie eine große Belastung, und sie werden alles tun, um keine zu haben.

Büffel mit Aszendent Pferd

Menschen, die im Zeichen des Pferdes geboren sind, erkennt man an der Eleganz und Virtuosität, die sie vor allem auch auf sprachlichem Gebiet haben. Sie sind wie Tiere in freier Wildbahn, die sich niemals zähmen und einsperren lassen. Ihre Freiheit bedeutet ihnen alles.

Büffel sind durch ihren Pferdeaszendenten wesentlich risikofreudiger als üblich. Sie probieren Dinge aus, die sie ohne das sichere Balancegefühl des Pferdes niemals in Angriff nehmen würden. Der Gleichgewichtssinn macht ihnen Mut, sich auf unbekanntes Terrain zu begeben und Unternehmungen zu wagen, die außerhalb eines normalen Büffelhorizontes liegen.

Büffel mit Aszendent Ziege

Für einen Büffel ist dies eine sehr günstige Kombination. Die Ziege befreit ihn mit ihrer warmen, angenehmen Ausstrahlung von seiner Schwerfälligkeit im Kontakt zu anderen. Sie ist sozusagen sein heißer Draht zu den Menschen. Mit ihrer frechen Nase erschnüffelt sie ihm einen angenehmen Platz unter ihnen und verschafft ihm so ein Wohlbehagen, das ihm seine schwere, gründliche Natur versagen würde.

Daneben ist die Ziege sehr zutraulich. Sie setzt in allen Menschen das Beste voraus. Misstrauen ist ihre Sache nicht; niemals könnte sie sich vorstellen, dass ein Mensch feindselige oder böse Gedanken hegt.

Büffel mit Aszendent Affe

In China symbolisiert der Affe Schlauheit sowie körperliche und geistige Beweglichkeit. Dem Büffel kommt diese immense Mobilität sehr entgegen. Sie befreit ihn von seinem schweren Joch, das ihn normalerweise in den Alltag spannt. Der Affe ermöglicht es ihm, sich von Zeit zu Zeit aufzuschwingen, auf einen Ast, der ihn über andere hinaushebt.

Wie der Büffel besitzt der Affe einen ausgeprägten Familiensinn.

Allerdings äußert sich dieser mehr in Vertraulichkeit und der Suche nach körperlicher Nähe als in der Sorge um materiellen Wohlstand. Auch sind Affen immer auf der Suche nach Anregungen und weiterbildenden Informationen, um ihren Geist beweglich zu halten. Dem Büffel, dessen Denken sich meist um praktische Dinge dreht, tut diese intellektuelle Betriebsamkeit sehr gut.

Büffel mit Aszendent Hahn

Menschen, die in der Frühe eher Anlaufschwierigkeiten haben, ist es nicht zu empfehlen, einem Hahn in den Morgenstunden zu begegnen, denn er möchte in Bewegung setzen, ankurbeln, aktivieren.

Ein Büffelgeborener kann jedoch nur dankbar sein für diese Kombination. Der Hahn ermöglicht es ihm, jeden Tag gleichsam wie ein neues Leben zu beginnen und die anstehenden Pflichten heiter und fröhlich anzugehen.

Ein sauberes und ordentliches Umfeld ist für diese Menschen lebensnotwendig, und in dieser Sphäre dulden sie keinen Eingriff. Unsicher allerdings sind sie in Bezug auf ihr Aussehen. Hierbei brauchen sie immer persönliche Berater. Denn ein Hahn möchte bunt sein, doch ein Büffel weiß nicht so recht, was ihm steht!

Büffel mit Aszendent Hund

Hunde schützen und bemuttern, und sie sind glücklich, wenn sie einen Menschen gefunden haben, der sie braucht.

Dies gilt auch für den Büffelgeborenen mit Aszendent Hund. Während der Büffel tagaus, tagein seine Ackerfurchen ziehen könnte, ohne je die Anwesenheit eines menschlichen Wesens zu entbehren, lässt ihn sein Aszendent Wärme und Geborgenheit bei anderen suchen. Und da er ein ausgeglichenes Gemüt hat, findet er sie auch leicht.

Büffel mit Hundeaszendent sind oft hervorragende Pädagogen, weil sie instinktiv mit den Problemen und Schwierigkeiten kleiner Kinder umzugehen wissen.

Büffel mit Aszendent Schwein

Leben und leben lassen, das ist die Devise eines Menschen, der in diesem Zeichen geboren ist. Aufgrund dieser Toleranz eines Allesfressers und ihres starken Durchsetzungsvermögens avancieren Büffel mit

Schweineaszendent schnell zu Anführern von Gruppen, und es ist nicht zu leugnen, dass sie sich in dieser Rolle durchaus wohl fühlen.

Der Aszendent Schwein garantiert dem Büffelgeborenen ein gewisses Maß an Lebensart. Denn das Schwein zieht das Drei-Sterne-Restaurant dem billigen Eintopfgericht bei weitem vor. Es will nicht nur abgefüttert werden, sondern es will genießen.

Büffel und Partnerschaft

Wenn man den harten Arbeiter mit seinen oft konservativen Ansichten toleriert, kann man auf eine harmonische Partnerschaft mit dem Büffel hoffen. Wer vom Leben nichts Aufregendes, Außergewöhnliches und Extravagantes erwartet, kann ein bescheidenes Glück an seiner Seite erfahren.

Lernt ein Büffel jemanden kennen, der ihm sympathisch ist, wird er weitere Rendezvous vorschlagen. Verlaufen diese nach dem Geschmack des Büffels, kann man schon einmal über eine gemeinsame Zukunft nachdenken.

Entweder man nimmt ihn mit seiner Redlichkeit und Ehrlichkeit, oder man lässt es. Alles andere wäre ja nur Verschwendung. Statt des teuren französischen Champagners tut es auch ein Gläschen Sekt; und selbstgepflückte Blumen, wenn es schon Blumen sein müssen, sind viel liebevoller und natürlicher als die teuer importierten Pflanzen, die außerdem das Klima nicht vertragen.

Der Partner des Büffels sollte genauso konservativ sein, so geradlinig wie er selbst. Ideal ist ein Partner, der das Geld nicht verschwendet und vor allem akzeptiert, dass der Büffel in der Partnerschaft die Führung übernimmt.

Man sollte allerdings die Führungstendenz bei diesem Zeichen nicht mit dem Machtstreben des Drachen verwechseln. Er ist kein Tyrann, dem es hauptsächlich darum geht, das letzte Wort zu behalten. Er strebt vor allem aus Verantwortungsbewusstsein danach, die Fäden in der Hand zu halten, denn er ist sicher, dass seine Erfahrung der letztlich ausschlaggebende Faktor sein wird. Ist es einem Partner möglich, dies als Qualität zu akzeptieren und sich der mit ruhiger Besonnenheit entwickelten Planung des Büffels zu unterwerfen, wird er ein angenehmes Leben an seiner Seite führen.

Schwierig wird es jedoch, wenn der Partner zu spontaner Begeisterung neigt und den Büffel mit plötzlichen Ideen überfällt. Dies stürzt ihn in Verwirrung. Stellen Sie sich einen Büffel vor, dessen Ehefrau ihn Abend für Abend mit außerplanmäßigen Überraschungen heimsucht, um etwas Farbe in sein (ihr) Leben zu bringen. Der Büffel wird sich erschrocken in seine gewohnte Ackerfurche zurückziehen. Und er braucht Zeit, um sich von solchen Übergriffen zu erholen.

Ein Büffel liebt sein Zuhause mehr als alles auf der Welt. Er braucht das Gefühl der Sicherheit und des Aufgehobenseins. Verreisen wird er deshalb am liebsten im Wohnwagen, denn nur dieser gewährleistet ihm seine gewohnte und vertraute Umgebung. Nicht zu vergessen das Geld, das er auf diese Weise einspart!

Diese Ökonomie erstreckt sich auch auf die Gefühle des Büffels. Niemals würde er aus dem Überschwang eines plötzlichen Gefühls heraus eine Partnerschaft beginnen oder eine Ehe eingehen. Bevor er sich dazu entscheidet, wird er auch hier Vor- und Nachteile klar abwägen und im Zweifelsfall sogar Erkundigungen über den Partner einziehen. Eine lange Verlobungszeit ist für ihn selbstverständlich, ja notwendig. Ein Büffel kauft niemals die sprichwörtliche Katze im Sack.

Der Mensch, der ihn durchs Leben begleiten soll, muss in Grundzügen ähnliche Voraussetzungen mitbringen, zumindest das Bestreben nach Sicherheit und die Freude an einem gemütlichen Heim. Geschieht es doch einmal, dass ein Büffel sich in der Wahl seines Partners täuscht, wird er lange brauchen, um sich einzugestehen, dass eine Trennung manchmal die günstigste Lösung für eine unerfreuliche Beziehung sein kann. Sein starker Familiensinn und sein treues Beharren auf festgelegten Strukturen lassen nur schwer den Gedanken zu, dass etwas bereits zerbrochen ist, was äußerlich noch intakt scheint.

Statt einzugreifen und in aktiver Auseinandersetzung eigenes Fehlverhalten zu überdenken, sieht er fassungslos zu, wie der Partner sich zusehends von ihm entfernt.

Abschließend lässt sich jedoch sagen, dass die Verbindung mit einem Büffel durchaus sehr reizvoll sein kann. Kaum ein anderes Tierkreiszeichen kann dem Partner so überzeugend ein Gefühl für die Beständigkeit seiner Liebe vermitteln. Die Fürsorglichkeit des Büffels kennt keine Grenzen. Lebt man einmal unter seinen Fittichen, wird er alles versuchen, um Ruhe, Harmonie und Wohlstand zu bewahren. Mit einem Satz: Sie finden im Büffel einen grundehrlichen und loyalen Partner, der alles tut, um Ihnen ein anständiges Leben zu ermöglichen.

Wer passt zum Büffel?

Büffel – Büffel

Zwei vom gleichen Schlag. Sich mit dem eigenen Tierkreiszeichen zu verbinden dürfte niemals ganz unproblematisch sein, da sich in einer solchen Partnerschaft praktisch die eigenen Eigenschaften verdoppeln. Doch wozu gibt es schließlich Aszendenten? Also sollte ein Büffel nicht gleich verzagen, wenn er auf einen anderen Büffel stößt und das Gefühl hat, mit ihm sein Leben teilen zu wollen.

Allerdings muss er damit rechnen, dass der andere ebensowenig Widerspruch duldet wie er selbst. Dies kann zu starken Auseinandersetzungen führen, denn beide sind stur und wollen auf ihrer Ansicht beharren. Da aber Büffel meist das gleiche Lebensziel haben, dürfte es gar nicht so oft zu Meinungsverschiedenheiten kommen. Beide sind äußerst sparsam und sehr auf ihr sicheres Einkommen bedacht. Erst die Arbeit, dann das Vergnügen, so lautet ihr gemeinsames Motto.

Natürlich fällt in einer solchen Beziehung die Gegensatzspannung fort. Manchmal scheint es fast so, als ob die beiden lediglich nebeneinanderher liefen. Doch einer der Aszendenten in dieser Verbindung wird es schon fertig bringen, den Büffelpartner aus seiner Reserve zu locken.

Büffel – Tiger

Der Tiger ist leidenschaftlich, emotional und warmherzig, der Büffel ist in erster Linie vernünftig. Diese konträren Eigenschaften sind für eine dauerhafte Partnerschaft sehr anstrengend. Während sich der Tiger in seiner risikofreudigen und spontanen Begeisterung oft zu unüberlegten Handlungen hinreißen lässt, muss der Büffel immerfort darauf achten, dass der Kontostand erhalten bleibt. Auf den typischen Tigersatz: »Bei diesem Geschäft habe ich zwar viel Geld verloren, aber der Makler war immer sehr sympathisch, und außerdem habe ich jetzt gelernt, wie man Geld nicht anlegen darf«, wird der Büffel starr vor Entsetzen reagieren. Dieser jugendlich-unbekümmerte Leichtsinn ist ihm völlig unverständlich, zumal der Tiger trotz seines Verlustes weiterhin optimistisch in die Zukunft schaut.

Unter diesen Umständen ist es fraglich, ob der Tiger sich nicht doch zu einem kleinen Abenteuer außer Haus entschließt. Der Büffel täte gut daran, ihm ab und zu mehr mit Aufmerksamkeit zu widmen, wenn ihm etwas an dieser Verbindung liegt.

Büffel – Hase

Dem Büffel, der zwar schwerfällig, aber immer ehrgeizig seinem Ziel entgegenstrebt, ist der Hase oft zu verträumt und zu passiv. Denn Hasen brauchen lange, bis sie sich zu einer Entscheidung durchgerungen haben. Stattdessen träumen sie lieber von fernen paradiesischen Inseln und fremden Ländern, die sie allerdings nie wirklich besuchen werden, denn dazu fehlt ihnen der Mut. Ihre Fähigkeit, sich verständnisvoll in die Sorgen und Kümmernisse ihrer Mitmenschen hineinzuversetzen, macht sie zwar sehr beliebt bei ihren Freunden, doch wenn es darum geht, nicht nur mit Rat, sondern mit Tat jemandem zur Seite zu stehen, hapert es gelegentlich. Und gerade der Büffel braucht einen Gefährten an seiner Seite, der zupacken kann und einen ausgeprägten Sinn für die Realität hat.

Gelingt es dem Hasen jedoch, seine Intuition, sein anschmiegsames Wesen ganz auf die Bedürfnisse des Büffels einzustellen, kann es bei diesen beiden Zeichen zu einer sehr harmonischen Partnerschaft kommen.

Büffel – Drache

Diese Verbindung kann man als hoch explosiv bezeichnen, denn beide, Büffel wie Drache, halten gern die Fäden in der Hand und wollen die

Führung übernehmen. Zwei Chefs also, wobei der eine besonderen Wert auf Seriosität und eine penible Buchführung legt und der andere lieber hohe Investitionen riskiert, die den Gewinn sprunghaft erhöhen können.

Dem Naturell dieser beiden ist zwar das Streben nach Macht gemeinsam, doch anders als beim Büffel entspringt es beim Drachen einer gewissen Herrschsucht und Ichbezogenheit. So kann es bei einer Partnerschaft zwischen diesen Zeichen zu starken Auseinandersetzungen kommen.

Doch kann eine solche Partnerschaft durchaus ihre positiven Seiten haben, wenn die beiden sich in ihren Grundzügen akzeptieren. Der geflügelte Drache versteht es, sogar einen Büffel mitzureißen, wenn er sich auf seine gedanklichen Höhenflüge begibt. Diesem Interesse an geistiger Entwicklung fügt der Büffel seine große Ausdauer hinzu und gleicht so einen gewissen Mangel an Durchhaltevermögen beim Drachen aus.

Büffel – Schlange

Mit ihrem Hang fürs Angenehme und Schöne lebt die Schlange harmlos und fröhlich in den Tag hinein, solange sie jemanden an ihrer Seite weiß, der für sie Sorge trägt.

Beide Zeichen lieben die Harmonie im eigenen Zuhause und ziehen einen gemütlichen Abend am Wohnzimmertisch einer lauten und lärmenden Gesellschaft bei weitem vor. Dort würden sie sowieso nur am Rande stehen, dem leeren Smalltalk stirnrunzelnd zuhören und sich wundern, wie man so viel Geschwätz um nichts machen kann. Beide haben keinerlei Neigung, im Mittelpunkt zu stehen oder gar zu glänzen. Auch temperamentvolle Ausbrüche sind ihre Sache nicht. Die Schlange beißt höchstens, wenn man sie tritt. Ein umsichtiger Büffel wird dies aber in jedem Fall vermeiden.

Büffel und Schlange werden also in den meisten Fällen eine harmonische Partnerschaft führen.

Büffel – Pferd

Das Sprichwort, dass Gegensätze sich anziehen, stimmt bei diesen beiden Zeichen nur für den kurzen Augenblick des Kennenlernens.

Da kann es vorkommen, dass das Pferd mit dem Büffel ein kleines Abenteuer erleben möchte. Das Pferd liebt die Abwechslung, während der beständige Büffel sie nicht ausstehen kann. Ungeduld, Sprunghaftigkeit und das stets impulsive Verhalten des Pferdes lassen den Büffel zurückschrecken. Sein ewiges Streben nach guter Arbeit, gerechter Bezahlung und einem sorgenfreien Leben wird vom Pferd nicht mit dem gebührenden Ernst gewürdigt.

Im günstigsten Fall wird der Büffel die ausschweifende Lebensart des Pferdes stillschweigend erdulden und einen Dauerauftrag beim Pizzaschnelldienst anmelden, möglichst mit Rabatt. Das Pferd dagegen wird dafür sorgen, dass die Kehle dabei nicht trocken bleibt. Nur unter diesen Voraussetzungen kann es zu einer gelungenen Kombination von Kür und Pflicht kommen.

Büffel – Ziege

Die Ziege hat eine Menge zu geben; arglose Offenheit, Vertrauen, Liebe. Und wenn es nötig ist, auch Bares. Eine Ziege könnte für einen lieben Freund ihr letztes Hemd hergeben, auch wenn sie weiß, dass dieser sich durch eigene Schuld ruiniert hat. Dieser Zug ist dem Büffel jedoch völlig unbegreiflich. Das arglose Vertrauen, das die Ziege allen ihren Mitmenschen entgegenbringt, kann ihn beinahe zum Wahnsinn treiben, grenzt es doch für ihn geradezu an Dummheit.

Doch allzu schwarz darf sich ein Büffel diese Partnerschaft nicht ausmalen. Er muss lediglich lernen, mit einem Teil seiner Kraft der Ziege Widerstand entgegenzusetzen und in bestimmten Fällen Nachsicht zu üben. Denn die schönen Dinge des Lebens sind ihr ein Grundbedürfnis. Wenn der Büffel diesen Hang zum Angenehmen akzeptiert, findet er in der Ziege einen zärtlichen und warmherzigen Lebensgefährten.

Büffel – Affe

Wenn beide in finanziellen Dingen nicht zu kleinlich reagieren, dann könnte daraus eine gute Partnerschaft entstehen. Geld ist jedoch eine gefährliche Klippe in dieser nicht alltäglichen Verbindung. Der Affe hat einen ausgeprägten Sinn dafür, verwendet es jedoch gern für andere Dinge als der Büffel. Der Affe spart, um sich seine geistige und körperliche Beweglichkeit zu erhalten, und er ist begierig nach immer neuer Erkenntnis.

Gemeinsam ist diesen beiden Zeichen jedoch der starke Familiensinn. Aufpassen muss der Büffel allerdings, dass der Affe seinen Hang zum Spielerischen nicht außer Haus abdeckt, das heißt, er sollte dessen Freude an harmlosen Flirts tolerieren. Denn der Affe möchte sich und seine Anziehungskraft auch in erotischer Hinsicht immer mal wieder erproben. Im Gegenzug sollte der Affe die absolute Ehrlichkeit und Geradlinigkeit des Büffels nicht gering schätzen.

Umkrempeln können sich die beiden jedenfalls nicht, auch wenn sie dies von Zeit zu Zeit versuchen. Sie sollten besser einsehen, dass gegenseitige Anerkennung die besten Voraussetzungen für eine dauerhafte und liebevolle Verbindung schafft.

Büffel – Hahn

Der Hahn braucht stets eine starke Schulter, an die er sich anlehnen kann. Diese könnte der Büffel anbieten. Beide sind gute Arbeiter, die das Geld zusammenhalten, sie sind pflichtbewusst, gründlich, ordnungsliebend. Man könnte sagen, dass dies wohl die ideale Verbindung ist, die ein Büffel eingehen kann. Mit seinem Anfangsschwung motiviert ein Hahn den Büffel zu großen Leistungen.

Sie haben keinerlei Verständigungsschwierigkeiten, was das gemeinsame Ziel betrifft: Sie wollen heiraten, Kinder bekommen und ein glückliches Familienleben führen.

Wenn diese beiden Zeichen eine Partnerschaft eingehen, so wird sie von Dauer sein, und dies ohne große Kämpfe und Dispute. Büffel und Hahn scheinen prädestiniert dazu, im Alter auf ein gemeinsames erfülltes Leben zurückzublicken, in dem sie alles erreicht haben, was sie sich in der Jugend vorgenommen hatten, inklusive einer großen Enkelschar.

Büffel – Hund

Anpassungsfähig, friedlich und ausgleichend versucht der Hund, eine Beziehung aufzubauen. Alles, was für den Büffel wichtig ist, bescheidener Wohlstand durch fleißige Arbeit, gefällt auch dem Hund sehr gut. Die in diesem Zeichen Geborenen sind loyal, ehrlich, zuverlässig, diskret, intelligent und können hart arbeiten. All dies sind Wesenszüge, die den Büffel entzücken. Besonders dynamisch geht es allerdings in dieser Verbindung nicht zu. Denn der Hund wird sich in jedem Fall dem Büffel anpassen und sich dessen Ziele zu Eigen machen.

In dieser Verbindung ist es also dem Büffel vorbehalten, die Initiative zu ergreifen. Der Hund sollte wissen, dass es an ihm liegt, den Büffel ab und zu aus seinem Sessel zu treiben und für ein Minimum an Amüsement zu sorgen. Doch das dürfte ihm nicht allzu schwer fallen.

Denn Hunde haben einen sehr feinen Sinn für Humor. Mitunter neigen sie sogar dazu, das Daseinsgefühl des Büffels ironisch zu kommentieren und es dadurch etwas zu entschärfen. Nie würden sie jedoch bösartige Bemerkungen machen, dazu sind sie zu diplomatisch.

Büffel – Schwein

Das Schwein muss man nehmen, wie es ist. Es liegt in seiner Natur, sich eigene Ziele zu stecken und selbstständige Entscheidungen zu treffen. Einmischungen kann es nicht vertragen, geschweige denn Kritik an seinen Handlungen.

Und hier liegt die Schwierigkeit in der Verbindung eines Büffels mit einem Schwein. Denn der Büffel möchte in der Partnerschaft gern die Verantwortung für beide übernehmen, ohne dies jedoch für Bevormundung zu halten.

Da Schweine im Allgemeinen sehr tolerant sind, werden sie das Lebensprinzip des Büffels akzeptieren, solange dies auf Gegenseitigkeit beruht. Ummodeln lassen sich beide Zeichen nicht gern.

Glücklich ist die Verbindung dann, wenn sie dem Schwein ausreichend Raum gibt, sich mit eigenen Dingen zu beschäftigen. Denn Schweine neigen zum Philosophieren, sind dabei aber nicht auf den Dialog mit ihrem Partner angewiesen.

Den Text zur Kombination Büffel – Ratte finden Sie auf Seite 30.

Büffel und Beruf

Der Büffel ist im Beruf besonders geeignet für die Positionen, die viel Einsatz, Fleiß und Verantwortung verlangen. Er ist zuverlässig, ehrlich, praktisch veranlagt, vorsichtig und ausdauernd. Es fehlt ihm zwar an Fantasie, dafür kann er jedoch komplizierte Vorgänge einfach und verständlich darstellen und ist ein wahres Organisationstalent.

Arbeit ist ihr Leben, Karriere zu machen ihr Ziel, und um es zu erreichen, sind Büffel in der Lage, Tag und Nacht zu ackern, ihr Privatleben zurückzustellen, ihre Freunde zu vernachlässigen.

Was ein Büffel erarbeitet, soll respektiert und geachtet werden, wie er selbst dafür geachtet werden will. Der Büffelgeborene wird stets danach streben, sich einen Namen zu machen. Von ihm sollen die Leute sagen, er sei solide und ehrbar.

Wenn Sie einen Büffel zum Chef haben und einmal ein Engpass entstehen sollte, ist er sich nicht zu fein, selber mit anzupacken. Er hat keine Scheu vor körperlicher Arbeit, schleppt Kisten und Kartons, klebt Briefmarken auf, wuchtet Möbel, bedient das Fotokopiergerät; Hauptsache, die Arbeit wird zuverlässig und pünktlich gemacht.

Zum Beamten, der sich mit Zähigkeit und Fleiß bis zum Regierungsdirektor hocharbeitet, eignet sich der Büffel am besten. Hier findet er vorgegebene Arbeiten, die er mit Akribie erledigen kann, hier hat er ein geregeltes Leben, das ihn nicht sprunghaft aus seinen Bahnen wirft, hier kann er sich heute schon ausrechnen, wie hoch in 30 Jahren seine Pension sein wird. Eine gesicherte Zukunft, was gibt es Schöneres?

Planen, Kalkulieren, Ausführen, das liegt dem Büffelgeborenen. Auch als Koch wäre er geeignet, in einer Kantine, wo er für Hunderte von Menschen preiswert ein gutes Mahl herstellen kann. Auch als Landwirt, Gutsverwalter oder Hotelier ist eine Karriere des Büffels denkbar.

Sensibilität, Aufopferung und Vertrauen sind Charaktereigenschaften des Büffels, die ihn für Berufe im medizinischen Bereich prädestinieren. Hier kann er mit Freude seine Pflicht erfüllen. Denn bei Kranken und Pflegebedürftigen muss er nicht schöntun, sondern kann ehrliches Mitgefühl zeigen und vor allem helfen, und seine ruhige und geduldige Art überträgt sich auf diejenigen, die sein Wissen und sein Verantwortungsbewusstsein brauchen.

Da der Büffel lieber Zuhörer ist als Erzähler, kommen auch Berufe wie Kosmetikerin oder Friseur für ihn in Betracht.

Natürlich haben seine Bemühungen den entsprechenden Preis. Nichts ist beim Büffel umsonst, aber er wird immer mit einer angemessenen Entlohnung zufrieden sein und seinen Mitarbeitern auch den Betrag bezahlen, den sie laut Tarif bekommen müssen. Extras sind nicht drin; das sollte man wissen, bevor man bei einem Büffel einen Job annimmt.

Wer passt zum Büffel in beruflicher Hinsicht?

Büffel – Büffel
Wenn diese beiden Zeichen zusammentreffen, kommt es leicht zu unschönen Auseinandersetzungen. Deshalb ist eine geschäftliche Verbindung zwischen ihnen nicht empfehlenswert, sofern nicht beide dasselbe Ziel im Auge haben. Zwei sture Büffel im selben Büro, die nicht in ihren Ansichten übereinstimmen, können eine derart spannungsgeladene Atmosphäre erzeugen, dass es auch den anderen Kollegen ganz mulmig wird.

Büffel – Tiger
Die sprühenden Ideen, das Erkennen neuer Trends und das fortschrittliche Denken des Tigers gefallen zwar dem Büffel, aber eine ständige Zusammenarbeit ist ihm auf Dauer zu anstrengend. Ideal als Mitarbeiter ist der Tiger allerdings im Außendienst, wo sein brillantes Auftreten manche guten Abschlüsse bewirkt, er in freier Zeiteinteilung arbeiten kann und dem kontrollierenden Blick des Büffels nicht ausgesetzt ist.

Büffel – Hase
Da der Büffel ein Geduldsmensch ist, könnte die Zusammenarbeit mit dem verträumten Hasen viele Jahre lang gut gehen, denn der Hase er-

ledigt seine Aufgaben zwar sehr langsam, aber korrekt. Im Übrigen hat er einen feinen Instinkt dafür, wann dem Büffel der Geduldsfaden reißt, und er wird augenblicklich sein Tempo steigern.

Büffel – Drache

Arbeiten beide zusammen, sollten sie zwei verschiedene Ressorts übernehmen. Denn der Drache, ebenso wie der Büffel, lässt sich nicht gern etwas sagen. Ein Büffel, der einen Drachen bei sich anstellt, sollte sich das sehr genau überlegen. Ehe er sich's versieht, hat ihm dieser nämlich das Zepter aus der Hand gerissen und die gesamte Arbeitsstelle umorganisiert.

Büffel – Schlange

Diese beiden Zeichen können ein gutes Gespann abgeben. Die vorsichtige und weise Schlange hat einen gesunden Geschäftssinn, ein Händchen fürs Geld und die notwendige Portion Glück. Sie kann zwar nicht organisieren und hasst lange Diskussionen über geplante Vorhaben, hat aber den Riecher für ein Geschäft, das Profit verspricht. Wenn der Büffel akzeptiert, dass die Schlange gern die Knochenarbeit delegiert und sich wenig um die mühselige Ausführung einer Idee kümmert, kann er glänzend mit ihr auskommen.

Büffel – Pferd

Die Begeisterungsfähigkeit des Pferdes ist ungeheuer, aber leider hält sie nicht lange an. Schon nach kurzer Zeit langweilt es sich zu Tode. Der geduldige, aber rechthaberische Büffel kann mit dem Pferd nur Ärger haben.

Die einzige Möglichkeit, das Pferd im Betrieb sinnvoll einzusetzen, bietet sich bei schwierigen Verhandlungen. Da kann das Pferd klug parlieren, seinen ganzen Charme entfalten und den möglichen Geschäftspartner nach Strich und Faden einwickeln.

Büffel – Ziege

Die Ziege gelangt gerne auf angenehmen Seitenpfaden zum Ziel. Dabei geht sie oft skrupellos vor und nutzt alles zu ihrem Vorteil. Diese Geschäftspraktiken sind, selbst wenn sie Erfolg versprechen, dem disziplinierten und seriösen Büffel zuwider. Außerdem arbeitet die Ziege bei weitem nicht so hart wie der Büffel. Im Gegenteil, sie braucht ständige Motivation und Anerkennung, um weiterzukommen. Auf die Dauer heißt das für einen Büffel, dass er sehr viel Kraft und Energie in eine Ziege investieren muss, um sie bei der Stange zu halten, Energie, die er besser woanders einsetzt.

Büffel – Affe
Wenn ein Affe einmal von einer Aufgabe überzeugt ist, kann er andere mit seiner Arbeitswut beschämen. Aufpassen müssen alle diejenigen, die einem Affen einmal kurz ihre Arbeit aufbürden wollen. Ehe sie sich's versehen, wird er auf ihrem Stuhl thronen. Und gerade den Arbeitsplatz eines Büffels wird er gern behaupten wollen, da er der festen Überzeugung ist, wesentlich effektiver und schneller als dieser voranzukommen.

Büffel – Hahn
Der Hahn ist für den Büffel der Partner, mit dem er nie Schwierigkeiten hat. Der Hahn ist zuverlässig, ausgeglichen, hat viel Geduld, arbeitet gut und schnell, tut eben all das, was man von ihm erwartet. Außerdem kann er ein Unternehmen sehr gut nach außen hin repräsentieren und weiß den Ruf der Firma geschickt aufzubauen.

Büffel – Hund
Beide Zeichen sind gescheit, bescheiden und gewissenhaft. Doch auf geschäftlicher Basis fällt es ihnen schwer, eine gute und tragfähige Beziehung aufzubauen. Denn der Büffel ist der Meinung, der Hund habe zu wenig Energie, der Hund dagegen glaubt, der Büffel sei ein Schinder und Pfennigfuchser. Ihre Strategien im Geschäftsleben sind so verschieden, dass sie kaum voneinander profitieren können.

Büffel – Schwein
Für das Schwein ist die Atmosphäre wichtig, in der es arbeiten soll. Der Büffel ist ihm zu kühl, zu überlegt, zu kleinkariert. Um in Form zu kommen, braucht das Schwein mehr als andere ein dickes Lob, das der Büffel wiederum nur ungern gibt, da er gute Arbeit für selbstverständlich hält.

Da das Schwein aber immer eine Nummer klüger ist als der Büffel, versucht es, sich dem Büffel anzupassen, um so die Harmonie zu wahren.

Bitte lesen Sie den Text zur Kombination Büffel – Ratte auf Seite 38 nach.

Büffel und Gesundheit

Büffel sind im Allgemeinen anfällig für Krankheiten des Magen-Darm-Trakts, der Blase und des Unterleibs.

Da der Büffel stark dazu neigt, seine körperlichen Belange in einer Zeit großer Anspannung zu vernachlässigen, kann aus einem leisen Druck auf den Magen schnell ein durchaus spürbarer Schmerz werden.

Büffelgeborenen sei geraten, sowohl auf ausgleichende Entspannung als auch auf eine gesündere Kost zu achten. Und um ihre Verdauung auf Vordermann zu bringen, sollten sie sich schon mal etwas Sport zumuten, sei es ein Training im Fitnesscenter, eine Kampfsportart oder das Bergsteigen. Letzteres kommt übrigens Büffelmenschen besonders entgegen, reizt sie doch der Gipfel, den sie durch mühselige Kletterei erreichen können. Dies entspricht ihrem Lebensgefühl.

Insgesamt kann man sagen, dass Büffel ihrem Körper mehr Aufmerksamkeit entgegenbringen sollten. Denn ist nicht der Körper letztlich das wichtigste Kapital, das Sie in ihrem Leben haben? Gönnen Sie sich die Zeit, Ihren Körper zu verwöhnen. Er wird es Ihnen danken!

Der Büffel in den einzelnen Jahren: Aussichten und Tendenzen

Das Jahr des Büffels

Diese Zeit ist nicht unbedingt die bequemste. Man kann sagen, dass es all jene Eigenschaften aufweist, die auch dem Büffel selbst zugesprochen werden. Denn hoher Arbeitseinsatz, große Disziplin und völlige Konzentration werden verlangt. Kurz, es ist ein strenges

Jahr, dessen Wesen hauptsächlich durch harte Arbeit gekennzeichnet ist.

Ein Büffeljahr zeichnet sich meist durch heiße Sommer und kalte Winter aus. Bauern können in diesem Jahr mit einer besonders guten Ernte rechnen. Im Fernen Osten wird daher das Jahr des Büffels von der ländlichen Bevölkerung sehr geschätzt.

Auch unter ökonomischen Gesichtspunkten verspricht das Büffeljahr oft Gewinn. Es lohnt sich also, diese Zeit zu nutzen und hohe Investitionen zu erwägen.

In politischer Hinsicht zeigt das Büffeljahr ein sehr vielseitiges Gesicht. Es finden viele Wechsel und Veränderungen statt, die jedoch aktiv gestaltet werden und nicht zufällig vor sich gehen. Es ist eine Zeit der Hochkonjunktur und der wirtschaftlichen Blüte. Man nimmt natürlich an, dass ein Büffel in einem Jahr gleichen Namens besondere Kräfte entfaltet. Dies kann so sein, vorausgesetzt, er akzeptiert, dass ihm in dieser Zeit noch mehr abverlangt wird als gewöhnlich.

Die Jahre des eigenen Zeichens sind immer auch Zeiten der Wende, Schicksalsjahre, in denen sich viel ereignet, was für den späteren Werdegang entscheidend ist. Und deshalb sollte ein Büffel größere Vorhaben, einen beruflichen Wechsel beispielsweise, noch gründlicher erwägen, als er es ohnehin tun würde. Denn mit einer falsch getroffenen Entscheidung könnte er in diesem Jahr leicht seine Karriere vernichten. Und über eine mögliche Partnerschaft sollte er jetzt mehr als einmal nachdenken.

Das Jahr der Ratte

Der Büffel sieht sich im Jahr der Ratte kaum Problemen ausgesetzt. Alles läuft reibungslos. Konflikte, die noch aus zurückliegenden Jahren stammen, kann der Büffel jetzt leicht bewältigen, und Missverständnisse lösen sich in Wohlgefallen auf. Was die Familie und das Zusammenleben betrifft, ist das Jahr der Ratte eines der günstigsten für den Büffel überhaupt.

Das Jahr des Tigers

Eine nicht ganz sorgenfreie Zeit für den Büffel. Denn im Jahr des Tigers werden seine Nerven oft strapaziert. Doch kommt es dabei auch zu Lösungen für Konflikte, die schon lange geschwelt haben. In diesem Sinn kann das Tigerjahr eine durchaus befreiende Wirkung ausüben. Das Jahr des Hasen kommt bestimmt!

Das Jahr des Hasen

Im Hasenjahr ergeben sich für den Büffelgeborenen viele positive Veränderungen in der Partnerschaft. Es ist eine Zeit für Gefühle, und der Büffel hat jetzt die Chance, eine Seite in sich auszuleben, die sonst manchmal etwas zu kurz kommt. In beruflicher Hinsicht gibt es jedoch weitaus günstigere Jahre für den Büffel.

Das Jahr des Drachen

Im Drachenjahr wird ein Büffel alle Hände voll zu tun haben, denn es verlangt von ihm ein hohes Maß an Einsatzbereitschaft und Disziplin. Mit anderen Worten, es kommt der Anlage des Büffels entgegen.

Jetzt kann er verwirklichen, was er sich im Hasenjahr allenfalls erträumte. In der Partnerschaft kann es jedoch zu kleineren und größeren Konflikten kommen.

Das Jahr der Schlange

Seelische Schwankungen und Unausgeglichenheit kennzeichnen das Jahr der Schlange für den Büffel. Der Büffel sollte deshalb im Jahr der Schlange seiner Gesundheit wesentlich mehr Aufmerksamkeit schenken als gewöhnlich und auf jedes kleinste Signal achten. Beruflich stehen jetzt die Aktien durchaus gut. Doch erst im Herbst kann der Büffel seine volle Aktivität entfalten und mit weniger mehr erreichen.

Das Jahr des Pferdes

Mit einem Galoppsprung sollte ein Büffel in dieses Jahr hineinreiten, denn es verspricht normalerweise viel Gewinn und finanzielle Verbesserungen. Hürden kann der Büffel jetzt viel leichter nehmen als sonst. Das Jahr des Pferdes ist jedoch keine günstige Zeit, um Prozesse zu gewinnen oder irgendwelche Interessen vor Gericht durchzuboxen.

Das Jahr der Ziege

Ein Jahr der Prüfung und der Turbulenzen steht an, in dem der Büffel einen relativ kühlen Kopf behalten und Durchhaltevermögen beweisen muss.

Jetzt jedoch kann er auf etwas zurückgreifen, wofür er mit viel Energie gesorgt hat: auf sein intaktes und sicheres Familienleben.

Das Jahr des Affen
Das Affenjahr ist für den Büffel das Jahr des raschen Zugriffs und der schnellen Verwirklichung aller einmal gefassten Pläne. Er sollte jetzt wirklich nicht zögern, seine Vorhaben in die Tat umzusetzen, denn Vorsicht ist nicht am Platze. Flink und präzis kann ein Büffel jetzt Pläne in Angriff nehmen und schneller als sonst in die Wirklichkeit umsetzen.

Das Jahr des Hahnes
Das Hahnenjahr ist eines der glücklichsten für einen Büffel, um nicht zu sagen das Glücklichste überhaupt. Alles, was seiner zukünftigen Sicherheit dient, kann er jetzt ohne Sorgen in Angriff nehmen, denn es wird gelingen. Und will ein Büffel sich selbstständig machen, so sollte er es unbedingt jetzt tun. Kein Zeitpunkt ist günstiger für ihn.

Auch das Liebesleben ist im Hahnenjahr für den Büffel harmonisch, ja sogar romantisch.

Das Jahr des Hundes
Im Gegensatz zum vorangegangenen Jahr stehen die Aktien für den Büffel im Hundejahr leider eher schlecht. Viele häusliche Spannungen vermindern die Konzentrationsfähigkeit, beeinträchtigen seine berufliche Leistungskraft. Ein Jahr, in dem es hart auf hart geht und das oft nur mit äußerster Anspannung bewältigt werden kann.

Das Jahr des Schweines
Es ist ein Jahr, in dem der Büffel seine Energie sammeln kann. Sein Geld sollte er jetzt lieber sparen, anstatt es anzulegen. Er sollte jetzt auch seiner Gesundheit mehr Aufmerksamkeit schenken und sich fit halten. Ein Büffel, der die Einflüsse dieses Jahres beherzigt, wird für das Jahr der Ratte genügend Energie gespeichert haben, um es erfolgreich und gesund zu bestehen.

Der Tiger und seine Eigenschaften

Der chinesische Name des Tigers: How
Vom Tiger regierte Stunden: 3.00 bis 5.00 Uhr
Himmelsrichtung: Ostnordost
Vergleichbares Tierkreiszeichen im Westen: Wassermann

Tigerpersönlichkeiten strahlen unzähmbare Energie, Vitalität und Freude am Dasein aus. Ihr Sprung ist kraftvoll und doch von unvergleichlicher Eleganz, ihre Reaktionen sind schnell und gewandt, und ihr Leben ist voller Aktivität und Tatendrang. Schüchternheit ist meist ein Fremdwort für den Tiger. Leidenschaft und Durchsetzungsvermögen sind seine Merkmale.

Ein Mensch, der in diesem Zeichen geboren ist, verfolgt alle Geschehnisse mit gespannter Aufmerksamkeit. Mit unbezähmbarer Neugierde wird er dem Ursprung einer Bewegung nachgehen, einer Raubkatze gleich, die schon auf das kleinste Rascheln im Bambusdickicht reagiert.

Der Tiger liebt das Leben, und in den meisten Fällen kann man sagen, das Leben liebt ihn. Es ist, als ob er ständig mitgerissen würde von der Vielfalt und Buntheit des Daseins. Mit seiner großen Begeisterungsfähigkeit und seiner Spontaneität übt er auf andere Menschen eine geradezu magische Anziehungskraft aus. Und der Optimismus, mit dem er Dinge anpackt und den er in fast jeder Lebenslage ausstrahlt, wirkt ansteckend auf alle, die ihn umgeben. Doch wehe, wenn er verärgert ist! Kaum ein anderes Zeichen hat ein solch aufbrausendes Temperament wie er. Doch ebenso plötzlich, wie sein Zorn entflammt ist, verraucht er auch wieder. Denn da ein Tigermensch keine Schwierigkeiten hat, seine Gefühle zu äußern, leidet er nicht unter dem Druck lang angestauter Konflikte. Hat er einmal seinem Herzen Luft gemacht, ist eine Sache für ihn ein für allemal vorbei und vergessen. Er ist keinesfalls nachtragend oder rachsüchtig. Da das Leben dem Tiger viele Möglichkeiten bietet, kann er sich oft nicht entscheiden.

Vieles findet sein Interesse und weckt seine spontane Begeisterung, ausgenommen Tätigkeiten, die auf monotoner Regelmäßigkeit basieren. Eine Büroarbeit kommt für den Tiger also nicht infrage, es sei denn, sie garantiert ihm den Kontakt zu vielen, wenn möglich fremden Menschen. Freiheit, das ungehinderte Umherstreifen und die Lust an der Suche sind dem Tiger lebensnotwendig. Da Raubkatzen hinter Gittern im Allgemeinen angriffslustiger werden, als sie es normalerweise sind, tut man gut daran, einem Tiger seine Ungebundenheit in jeder Beziehung zuzugestehen.

Nur in freier Wildbahn kann sich eine Tigerpersönlichkeit entfalten, und da ihm seine Selbstverwirklichung mit das Wichtigste im Leben ist, wird er alles tun, um seine Identität zu verteidigen. Niemals würde er seine Identität materieller Sicherheit opfern, denn dazu schätzt er den Wert stabiler Lebensverhältnisse viel zu gering.

Doch hat die ständige Hochspannung des Tigers natürlich auch ihre Schattenseiten. Gleich einem Pfeil, der von einem zu stark gespannten Bogen abgeschossen wird, fliegt er manchmal über das Ziel hinaus. Leichtsinn und Tollkühnheit kennzeichnen sein Wesen, und kein Risiko scheint ihm zu groß, wenn er einmal Feuer gefangen hat. Oft folgen dann der unvermeidliche Katzenjammer und ehrliche, jedoch leider nur kurzfristige Reue. In solchen Situationen wird sich der Tiger tief enttäuscht an seine Nächsten wenden und von ihnen allen Trost der Welt erwarten.

Allerdings sollte man sich hüten anzunehmen, dass Ermahnungen bei dieser Gelegenheit auf fruchtbaren Boden fallen. Der Tiger wird sie zwar anhören und schwören, beim nächsten Mal alles anders zu machen, doch diese Schwüre sind alsbald vergessen. Ohne die Möglichkeit riskanter Katzensprünge ist ihm sein Leben einfach nicht lebenswert, denn er weiß ja, fällt er auch noch so tief, er fällt immer wieder auf die Füße.

Tiger sind sehr emotionale Menschen, die große Wärme ausstrahlen können. Ebenso wie dem Leben mit allen seinen Erscheinungen bringen sie auch ihren Mitmenschen großes Interesse entgegen. Und dieses Interesse ist nicht sachlicher Natur, sondern meist getragen von einem feinen Gespür für die Belange anderer. Allerdings ist es manchmal etwas kompliziert, sie dann in Schranken zu halten. In ihrem unbekümmerten Drang, in schwierigen Situationen etwas zu tun, verletzen sie oft die Grenzen des so genannten Anstands. Sie können sich nicht vorstellen, dass ihre natürliche Neugier Lebendigen gegenüber Befremden erwecken und als Aufdringlichkeit gedeutet werden könnte. Tiger selbst sind nämlich meist sehr offenherzige Menschen, die freizügig Auskunft über ihre jeweilige Befindlichkeit geben. Jede Art der Zurückhaltung ist ihnen fremd, haben sie doch im Wesentlichen nichts zu verbergen.

Denn obwohl sie ein aufbrausendes, ungestümes Temperament haben, neigen Tiger zu Sentimentalität und romantischen Gefühlen. Ein verliebter Tiger ist wie eine schnurrende Katze, die gestreichelt werden möchte. Aber trotz aller tief empfundenen Zärtlichkeit wird er sich niemals ans Haus binden lassen, dazu liebt er seine Ungebundenheit zu sehr. Menschen dieses Zeichens sind meist hervorragende Gastgeber, die es verstehen, einen Abend sowohl gemütlich als auch anregend zu gestalten. Sie legen auch großen Wert auf ihre äußere Erscheinung und ziehen sich sehr elegant an.

Auffallend an Tigergeborenen ist ihre Liebe zu Kindern, mit denen sie sich ausgezeichnet verstehen – zeichnet sich doch ihr Wesen durch ähnliche Unbekümmertheit aus. Kein anderes Tierkreiszeichen kann so gut auf die Fantasie eines Kindes eingehen wie der Tiger. Kurz gesagt, Menschen, die im Tierkreiszeichen des Tigers geboren sind, besitzen alle Anlagen und Fähigkeiten, aus ihrem Leben etwas zu machen. Lernen sie dabei, ihre eigenen Grenzen einzuschätzen und vor allem zu akzeptieren, werden sie ein erfülltes Dasein haben, das sowohl Spannung als auch Liebe und Herzlichkeit enthält. Verlassen können sie sich dabei jederzeit auf ihr Gespür, das ihnen hilft, immer wieder Neues und Aufregendes zu entdecken.

Der Tiger in den fünf Wandlungsphasen

Der Tiger in der Phase des Metalls
Den Tiger, der in der Phase des Metalls geboren ist, erkennt man meist an seiner hochgradig aktiven und leidenschaftlichen Lebenseinstellung. Er weiß immer haargenau, was er will, und bei der Durchsetzung seiner Wünsche geht er meist den kürzesten, um nicht zu sagen radikalsten Weg. Jäh wird er ein Projekt fallen lassen, das nicht sofort seine Erwartungen erfüllt oder das etwas zäh vonstatten geht. Er verträgt keinerlei Einschränkungen oder Maßregelungen. In den Augen anderer wirkt er deshalb manchmal etwas selbstherrlich. Andererseits lässt sich ein Metalltiger leicht beeinflussen, im Guten wie im Bösen, wenn man ihn beim Gefühl zu packen versteht. Denn emotional sind diese Tiger ganz sicher.

Der Tiger in der Phase des Wassers
Aufgeschlossen und doch gelassen, mit einer bemerkenswert objektiven Beobachtungsgabe ausgezeichnet ist dieser Tiger. Wie ein ruhiger Fluss ist sein Wesen. Aufgrund des Wasserelements hat ein solcher Tiger meist einen hohen Begriff von Humanität, und in seiner Besonnenheit würde er nie vorschnell Partei für etwas ergreifen. Denn dazu kann er sich zu gut in andere hineinversetzen und sie intuitiv begreifen. Große Schwierigkeiten hat dieser Tiger allerdings mit seiner mangelnden Konzentrationsfähigkeit. Häufig vergeudet er kostbare Zeit durch sein Zögern. Auch ist er unberechenbar in seinen Gefühlen und scheut sich, mit Problemen direkt konfrontiert zu werden. Doch wegen seiner Vertrauenswürdigkeit ist er meist sehr beliebt bei seinen Mitmenschen.

Der Tiger in der Phase des Feuers
Einen Feuertiger findet man selten in kontemplativer Stimmung. Seine ungebremste Energie verlangt ständig nach neuen Taten, die er auch sofort in Angriff nimmt. Manchmal allerdings übernimmt er sich dabei und neigt dann zu Flüchtigkeitsfehlern und Flatterhaftigkeit.

Richtig dramatisch wird es, wenn man diesen unkonventionellen Menschen zu etwas zwingen will, was ihm nicht passt. Der Feuertiger wird darauf entsprechend zu reagieren wissen und mit theatralischen Ausbrüchen antworten. Menschen, die sich dann in seiner Nähe aufhalten, sei empfohlen, fluchtartig das Weite zu suchen. Doch im Allgemeinen hält man sich gern in der Gegenwart dieses fröhlichen Optimisten auf, dessen vitale Ausstrahlung und positive Energie auch anderen Menschen Mut machen kann.

Der Tiger in der Phase der Erde

Dies ist der verantwortungsbewussteste und zuverlässigste unter allen Tigern. Seine Überlegungen und Gedanken sind immer mit dem Nutzwert einer Sache befasst. Leichtsinnige Handlungen, spontane Entschlüsse sind nicht sein Fall, und niemals würde er voreilige Urteile fällen.

Einen Wahrheitssucher könnte man einen Menschen in diesem Zeichen nennen, dessen Sinn für Gleichheit sich mit fast schon missionarischem Eifer zeigt. Doch ist er dabei keinesfalls humorlos oder fanatisch. Im Gegenteil, er übt oft eine starke Anziehungskraft auf andere Menschen aus, die seinen Intellekt ebenso sehr schätzen wie seine erotische Ausstrahlung.

Der Tiger in der Phase des Holzes

Ständig von einem großen Freundeskreis umgeben ist ein Tiger dieser Phase. Denn seine Toleranz, sein demokratisches Denken, aber auch seine große Hilfsbereitschaft machen diesen Tiger zu einem äußerst beliebten Zeitgenossen. Aufgeschlossen allem Neuen gegenüber, wirkt er in der Gruppe oft belebend und fördert den Teamgeist. Allerdings neigt er ein wenig zu Oberflächlichkeit, da er allzu schnell Altes fallen lassen kann, ohne eine Spur von Trauer zu empfinden. Und auch mit Selbstdisziplin hat er öfter Schwierigkeiten. In seiner äußeren Erscheinung ist der Holztiger immer tipptopp. Da man mit seiner Unterstützung jederzeit rechnen kann, nimmt man seine Kleidermarotte lächelnd hin.

Der Tiger und sein Aszendent

Tiger mit Aszendent Ratte
Dieser Tiger fühlt sich mit seinem Rattenaszendenten oft, als trüge er zwei Seelen in seiner Brust. Die eine will nichts als ein zufriedenes und sicheres Leben, eine intakte Familie und ein solides Einkommen, die andere befindet sich auf ständiger Suche nach neuen Abenteuern und gibt dabei eine Menge Geld aus.

Doch haben Tiger mit Rattenaszendent viel Einfühlungsvermögen, einen guten Instinkt und sind ausgesprochene Familienmenschen, die viel Wärme und Zärtlichkeit verströmen, aber auch selbst brauchen.

Diese Tiger sind etwas vorsichtiger und zurückhaltender, wenn es darum geht, etwas Neues anzupacken. In scheinbar ausweglosen Situationen jedoch hilft der feine Instinkt der Ratte dem Tiger meist, noch das Beste rauszuschlagen.

Tiger mit Aszendent Büffel
Ein Tiger mit Büffelaszendent wird immer ein bedächtigeres Tempo an den Tag legen als andere Vertreter dieses Zeichens. Jedes Vorhaben wird er lange erwägen, ehe er sich dazu entschließt, und meist nimmt er lieber davon Abstand. Denn Tiger mit Büffelaszendent lieben das Risiko nicht allzu sehr und wollen lieber durch tägliches und ausdauerndes Arbeiten ihre Erfolge absichern. Die ganze Tigererscheinung findet so im Büffel ihren Gegenpol.

Auch sind Tiger mit Aszendent Büffel wesentlich traditionsbewusster als ihre Artgenossen. Das Neue ist für sie nicht unbedingt ein Wert an sich, ist es doch noch ungeprüft und hat keiner Bewährungsprobe standgehalten.

Tiger mit Aszendent Tiger
Hier handelt es sich um eine Verdoppelung des ursprünglichen Zeichens, und das heißt in jedem Fall, dass alle Eigenschaften des Tigers verstärkt auftreten.

Im Leben dieser Menschen ist immer etwas los. Ihr Tatendrang kennt keine Grenzen. Sie sind offen und warmherzig, aber auch heißblütig und mit einer gehörigen Portion Durchsetzungsvermögen gesegnet. Geraten sie in Zorn, ist der Teufel los, aber diese Temperamentsausbrüche sind ebenso schnell wieder vorbei, wie sie entstanden sind.

Diese Menschen sind große Romantiker und Traumtänzer. Ihr Leben spielt sich eher in den Wolken ab denn auf festem Boden, und für sie zählt in jedem Fall nur die Gegenwart.

Tiger mit Aszendent Hase

Ein Tiger mit Hasenaszendent wird immer an der besonderen Eleganz seines Auftretens erkennbar sein. Denn zu seiner eigenen Geschmeidigkeit gesellt sich die anmutige Haltung des Hasen, der dem sicheren Auftreten des Tigers einen Hauch von vornehmer Zurückhaltung verleiht. Das macht ihn in Gesellschaft zu einem angenehmen Gesprächspartner, der von anderen Menschen sehr geschätzt wird.

Der Hase, dessen Stärke in seiner Empfindsamkeit besteht, macht aus dem Tiger manchmal einen großartigen Psychologen. Denn dessen Wärme und spontane Art wird ergänzt durch ein besonderes Einfühlungsvermögen, welches ihn auch davon abhält, allzu selbstbewusst mit den Problemen anderer umzugehen.

Tiger mit Aszendent Drache

Das selbstbewusste Auftreten des Tigers gewinnt durch den Drachenaspekt eine noch stärkere Ausstrahlung von Kraft und Durchsetzungsvermögen. Denn zur Risikofreudigkeit des Tigers gesellt sich die besondere Willenskraft des Drachen, die es ihm möglich macht, fast alle seine Unternehmungen mit gutem Ausgang durchzuführen.

Problematisch ist, dass dieser Tiger mit seinem selbstbewussten Auftreten niemals die Führung an jemand anderen abgeben kann und für sich selbst den Platz des Oberbefehlshabers beansprucht. Wenn er lernt, seine herrschsüchtige Ader etwas abzubauen, und manchmal versucht, sich in Nachgiebigkeit zu üben, steht seinem Lebensglück nichts im Wege.

Tiger mit Aszendent Schlange

Ein Tiger mit Aszendent Schlange ist wesentlich beständiger als andere Menschen dieses Zeichens. Bevor er an eine Sache herangeht, wird er meist einen exakten Plan entwickeln, der dann Schritt für

Schritt durchgeführt wird. Kluge Überlegung und eine gewisse Taktik spielen dabei eine große Rolle, denn aufgrund seines Aszendenten ist dieser Tiger mit einer vernünftigen Portion Weitblick gesegnet. Im Allgemeinen verhalten sich Tiger mit Aszendent Schlange friedlich und wohl erzogen. Das heißt jedoch nicht, dass sie keine Macht ausüben wollen. Doch sie verhalten sich dabei meist so taktisch klug und diplomatisch, dass es anderen Menschen gar nicht auffällt, wenn sie geführt werden.

Tiger mit Aszendent Pferd

Im Galopp wird dieser Tiger alle Hürden auf seinem Weg nehmen, denn zu seiner eigenen Energie gesellt sich die des Pferdes. Wild, frei und unabhängig sind Menschen dieser Kombination und kaum zu bremsen in ihrem optimistischen Schwung.

Kein Tag gleicht dem anderen, und kein Ziel ist zu hoch gesteckt für einen Tiger mit Pferdeaszendent.

Der Tiger mit Aszendent Pferd wird sich niemals von vernünftigen Ratschlägen überzeugen lassen. Was er tun muss, muss er tun, und wenn er dabei auf die Nase fällt, ist es auch nicht weiter schlimm, denn Menschen dieses Zeichens können noch so oft scheitern, sie werden niemals aufhören, sich von der Zukunft freudig und fröhlich das Beste zu erhoffen.

Tiger mit Aszendent Ziege

Ein Tiger wird durch diesen Aszendenten etwas in seiner unruhigen Suche nach dem Neuen gebremst. Denn Ziegen sind Familienmenschen, und verbunden mit der herzlichen und spontanen Offenheit des Tigers findet man hier einen Menschen, der gerne in familiärem Verband lebt.

Anders verhält es sich dagegen mit seinem Machtstreben. Denn beide Zeichen, Tiger wie Ziege, stehen gern im Mittelpunkt und besitzen eine starke Anziehungskraft auf andere Menschen. Doch reagiert eine Person dieses Zeichens auffallend oft mit größter Sensibilität und Intuition auf feinste Vorgänge in ihrer Umgebung. Manchmal hat man geradezu das Gefühl, sie höre das Gras wachsen, denn man kann sicher sein, dass sie alles erfährt, was um sie herum geschieht.

Tiger mit Aszendent Affe

Die Eigenschaften des Tigers werden durch die des Affen verstärkt. Der energische Zugriff, mit dem er alles anpackt, lässt ihn meist das erreichen, was er sich in den Kopf gesetzt hat. Oft hat er starke Interessen auf intellektuellem Gebiet. Und da er ein hohes Bildungsniveau besitzt, ist er manchmal etwas arrogant. Doch das tut seiner Liebenswürdigkeit keinen Abbruch.

Menschen, die in diesem Zeichen geboren sind, haben eine starke, publikumswirksame Ausstrahlung. Manchmal lassen sie sich allerdings von ihren Emotionen allzu sehr mitreißen, besonders, wenn sie für eine Sache kämpfen, die ihnen wichtig ist. Doch im Allgemeinen sind Tiger mit Affenaszendenten vernünftige und überlegte Menschen, die einen kühlen Kopf behalten, wenn es um wichtige Entscheidungen geht.

Tiger mit Aszendent Hahn

Ein Tiger mit Aszendent Hahn lebt aus der Fülle des Augenblicks. Sein Schwung und Unternehmensgeist, seine Fröhlichkeit und gute Laune sind sprichwörtlich. Nur selten findet man einen Tiger mit Hahnenaszendent schlecht gelaunt. Alles bewältigt er leicht und spielerisch, und sollte er doch einmal Pech haben, so wird er jederzeit einen Ausweg finden. Und was gestern war, zählt für diesen Menschen nicht, heute ist der Tag, an dem gelebt wird. Diese positive Kraft macht den Tiger mit Aszendent Hahn sehr beliebt bei seinen Mitmenschen.

Störrisch wird ein Tiger mit Hahnenaszendent allenfalls, wenn ihn jemand seiner Unabhängigkeit berauben möchte.

Tiger mit Aszendent Hund

Der Hundeaszendent lässt den leidenschaftlichen und spontanen Tiger etwas langsamer wirken als die übrigen Vertreter dieses Zeichens. Auch ist der Tiger mit dem Hundeaszendent nicht so entscheidungsfreudig, sondern neigt eher zu Unschlüssigkeit. Im Zweifelsfalle sollten Sie bei einer Entscheidung lieber auf den Tiger hören, um dann mit der Ausdauer des Hundes ans Ziel ihrer Wünsche zu gelangen.

Positiv aufgewogen werden diese Eigenschaften durch eine weitaus größere Anpassungsfähigkeit. Tiger mit einem Aszendenten dieses Zeichens denken durchaus ans allgemeine Interesse.

Tiger mit Aszendent Schwein

Schweine sind nur so lange tolerant und verständnisvoll, wie man sie tun lässt, was sie wollen. Tiger mit Aszendent Schwein wissen immer, wie etwas geht, und lassen sich niemals hineinreden. Zwar verfehlen sie dank ihrer ausgeprägten Intuition kaum jemals ihr Ziel, aber für Teamwork erweisen sich Tiger mit Schweineaszendent nicht unbedingt als die günstigsten Partner.

Tigermenschen, die ein Schwein zum Aszendenten haben, sind nicht selten exzentrische Individualisten. Dies macht sie zum amüsanten Anziehungspunkt bei gesellschaftlichen Anlässen. Langweilen wird man sich in ihrer Gegenwart jedenfalls nie, höchstens ein bisschen wundern.

Tiger und Partnerschaft

Wer einen Tiger zum Partner haben möchte, muss erst mal auf sich aufmerksam machen und ihn auf seine Spur bringen. Denn der Tiger ist der Jäger und niemals der Gejagte, und der erste aktive Schritt gehört immer ihm.

Wenn man in einer größeren Gesellschaft einem Tiger begegnet, wird man ihn meist daran erkennen, dass er im Brennpunkt des Geschehens sitzt. Seine starke Ausstrahlung zieht wie ein Magnet die übrigen Partygäste an. Für kaum ein anderes Zeichen ist dieser erste Kontakt so entscheidend wie für den Tiger. Denn er muss Feuer fangen, und ob er es tut, entscheidet oft die allererste Sekunde. Es sind sehr feine Antennen, die ihn dazu befähigen, den anderen blitzschnell zu erkennen und gleichzeitig zu wissen, ob er der Richtige ist oder nicht. Mag es eine bestimmte Gestensprache sein, eine gewisse Art zu lächeln oder eine unverkennbare Gangart, der Tiger weiß sofort, wann der Blitz eingeschlagen hat.

Und wenn er einmal so weit ist, wird er sich kaum davon abbringen lassen, den anderen zu umwerben. Hat sich ein Tiger aber einmal für eine Partnerschaft entschieden, kann man auf seine Treue und seine zärtliche Fürsorge unbedingt zählen. Denn da Tiger sehr emotionale Menschen sind, liegt der Schwerpunkt einer solchen Verbindung immer im Bereich des Gefühls. Ob in der armseligsten Dachkammer oder im Penthouse geschmust wird, ist ihnen egal, Hauptsache, sie bekommen ihre Streicheleinheiten. Denn so wie er selbst sehr freizügig sein Gefühl verströmt, sei es leidenschaftlich oder zärtlich, so möchte der Tiger auch behandelt werden.

Einen Tiger sollte man nie kurz halten oder mit einigen kargen Berührungen abspeisen, denn das Liebesspiel ist für ihn ungemein wichtig. Und bekommt er nicht, was er will, wird er sich entweder abwenden oder argwöhnen, dass er einen Rivalen hat.

Das ist ein großes Problem, wenn man sich auf eine Verbindung mit einem Tiger einlässt: Er ist über die Maßen eifersüchtig. Meist hält der Tiger mit seinem Argwohn keineswegs hinterm Berg, sondern erhebt auf die ihm eigene Weise Anklage. Was so viel heißt wie, dass er zornrot und vollkommen außer sich seine Verdächtigungen herausschreit und den anderen durch eine lückenlose und glasklare logische Beweiskette überführt. Der Beschuldigte sollte dabei aber keineswegs in abweisendes Schweigen verfallen, sondern kämpfen, was das Zeug hält, auch wenn seine Position noch so schwach erscheint. Denn Schweigen würde den Tiger noch mehr in Rage bringen, einerseits, weil ihn das endgültig von der Schuld des Partners überzeugt, und andererseits, weil er auch bei Auseinandersetzungen einen Menschen braucht, der ihm Paroli bieten kann.

Auch im Streit sucht nämlich ein Tiger Kontakt, und wird ihm der verweigert, muss er ernstlich am Wert einer Beziehung zweifeln.

Hat ein Tiger jedoch seinen Zorn gründlich abgelassen, wird er meist beginnen nachzudenken. Seine mit Vernunft gepaarte Intuition, sein Riecher schaltet sich wieder ein und lässt ihn zu der Überzeugung gelangen, dass es sich bei seiner Anschuldigung um einen völlig absurden Verdacht gehandelt hat. Und schon wenige Stunden später wird er reuevoll an seinen Partner herantreten und um Entschuldigung bitten. Dass er dabei mit Zärtlichkeiten, aber auch mit liebevollen Geschenken nicht spart, dürfte selbstverständlich sein.

Doch abgesehen von jenen Momenten, in denen der Tiger seine Eifersuchtsanfälle bekommt, hat man in ihm den liebenswürdigsten und gleichzeitig anregendsten Partner, den man sich vorstellen kann. Seine ständige Jagd nach interessanten Schauplätzen, seine Suche nach neuen Eindrücken machen das Leben an seiner Seite aufregend und unterhaltsam. Kino- und Theaterbesuche, Reisen in fremde Länder, interessante Gäste, all das gehört mehr oder weniger zum täglichen Brot bei einem Tiger.

Tiger legen in jeder Beziehung sehr viel Wert auf Delikatesse. Ein Partner, der sich innerlich und äußerlich vernachlässigt, wird schon bald das Missfallen des Tigers erregen.

Alles, was ihn umgibt, muss von einer gewissen Erlesenheit sein, wobei sein einziger Maßstab der individuelle Geschmack ist. Dabei kommt es ihm weniger darauf an zu repräsentieren, sondern darauf, ein eigenes, unverkennbares Gesicht zu zeigen. Mit anderen Worten: Es lohnt sich, sich von einem Tiger erobern zu lassen, wenn man im Leben mehr Abwechslung als finanzielle Sicherheit sucht, wenn man weniger Wert auf äußeres Prestige denn auf ein harmonisches Zusammenleben legt und wenn man bereit ist, mit einem ungestümen, temperamentvollen Hitzkopf immer wieder neue Abenteuer zu erleben.

Wer passt zum Tiger?

Tiger – Tiger

Zwei leidenschaftliche Naturen, die mehr ans Heute als ans Morgen denken und meist vor Einfällen übersprudeln, das ergibt ein Gespann, das in ständiger dramatischer Hochspannung lebt.

Die Szenen, die sich die beiden liefern, sind nicht von schlechten Eltern. Da fliegen die Fetzen, wenn nicht die ganze Einrichtung mitfliegt und das Geschirr obendrein. Doch tut das der Liebe dieser zwei keinen Abbruch. Im Gegenteil, je dramatischer der Kampf, umso leidenschaftlicher die Versöhnung.

Allerdings muss man sagen, dass in dieser Verbindung der ruhende Pol fehlt. Allzu viel Einfallsreichtum kann sogar einen Tiger erschöpfen, zumal er sich oft als Konkurrent seines Partners empfindet.

Am besten ist es, wenn zwei Aszendenten für einen gesunden Ausgleich in dieser Beziehung sorgen. Denn eine Rentenversicherung werden beide nicht abschließen, sondern unbekümmert in den Tag hineinleben.

Und sollten zwei Tiger miteinander alt werden – was allerdings nicht unwahrscheinlich ist –, werden sie ihren Enkelkindern sicher eine Menge zu erzählen haben.

Tiger – Hase

Der Hase ist das Träumerchen unter den chinesischen Tierkreiszeichen. Stundenlang kann er sich seinen Fantasien hingeben, sich in fremde, exotische Welten versetzen und dabei vergessen zu handeln. Diese reiche Gefühls- und Ideenwelt findet der Tiger zwar sehr attraktiv, doch da sich das Leben des Hasen meist in unirdischen Zonen abzuspielen scheint, ist er dem Tiger auch oft fremd und rätselhaft. Er, der so viel reisen und tatsächliche Abenteuer erleben möchte, versteht nicht, dass dem Hasen ein kurzer Spaziergang auf der Weltkarte genügt und dass erdachte Landschaften aufregender sein können als wirkliche. Und da der Hase oft zu ängstlich ist, um den Tiger zu begleiten, wird er meist zu Hause bleiben, während der Tiger allein auf Fahrt geht.

Die Verbindung dieser beiden Zeichen ist also trotz gegenseitiger Anziehungskraft nicht unproblematisch.

Ein gewisses Misstrauen und Fremdgefühl müssen diese beiden sicher überwinden, wenn sie auf Dauer zusammenbleiben wollen.

Tiger – Drache

Tiger und Drache werden sich immer als zwei Persönlichkeiten gegenübertreten, die sich ebenbürtig fühlen. Probleme entstehen dann, wenn aus der leidenschaftlichen Begegnung eine dauerhafte Partnerschaft wird. Denn dann wird es unweigerlich zu Machtkämpfen kommen, bei denen vor allem der Drache versucht, die Herrschaft an sich zu reißen. Denn er, der im Gegensatz zum Tiger ein ausgesprochener

Perfektionist ist, möchte unbedingt bestimmen, wo es langgeht. Und der Tiger, obwohl er weniger dazu neigt, die Führung über andere Personen zu übernehmen, wird sich nach Leibeskräften dagegen wehren, dass ein anderer ihm Vorschriften macht.

Auf der positiven Seite können Drache und Tiger jedoch große Zärtlichkeit füreinander entwickeln. Sollte sich also ein Tiger zu einer festen Verbindung mit einem Drachen entschließen, so muss er sich darüber im Klaren sein, dass diese Beziehung durch ein ständiges Hoch und Tief gekennzeichnet ist.

Tiger – Schlange

Die Verbindung eines Tigers mit einer Schlange ist nicht unbedingt die ideale und verlangt von beiden ein Höchstmaß an Kompromissbereitschaft. Der Tiger müsste erst einmal akzeptieren, dass die Schlange ganz andere Genüsse liebt als er: ein schönes und gepflegtes, wenn nicht gar luxuriöses Heim und einen Lebensstandard, den man gut als gehoben bezeichnen kann. Der Tiger dagegen, immer auf der Jagd nach neuen Aufregungen, möchte sein Geld nicht unbedingt in Antiquitäten anlegen.

Doch da Ausnahmen die Regeln bestätigen, sollte ein Tiger nicht gleich die Flinte ins Korn werfen, wenn er sich in eine Schlange verliebt hat. Es gibt immer Möglichkeiten, sich zu arrangieren. Allzu eng sollten diese beiden allerdings nicht aufeinander hocken, denn dies wäre die beste Garantie dafür, dass die Tage dieser Partnerschaft gezählt sind. Ein gesunder Abstand dagegen wird die Chance auf eine lange gemeinsame Zeit erhöhen.

Tiger – Pferd

Eine erotische Begegnung dieser beiden Zeichen wird in den meisten Fällen in eine lang dauernde, aufregende Partnerschaft münden. Denn das Pferd besitzt in gleichem Maße wie der Tiger Charme, Ausstrahlung und Energie.

In dieser Beziehung herrschen Gefühl und Leidenschaft vor, aber auch der ständig wache Drang, im Umfeld viel zu erleben. Und auch über die finanziellen Grundlagen des Daseins gibt es zwischen ihnen keinerlei Meinungsverschiedenheiten. Pferd wie Tiger ist ein stabiles materielles Fundament mehr oder weniger gleichgültig, und solange sie nicht gemeinsam am Hungertuch nagen, werden sie restlos glücklich miteinander sein.

Ist doch einmal eine Auseinandersetzung nicht mehr zu vermeiden, so haben sich auch in dieser Beziehung zwei ideale Partner gefunden. Denn auch im Streit sind sie einander gewachsen und können sich Kontra geben.

Tiger – Ziege

An einem regen Austausch von Zärtlichkeiten wird es in dieser Beziehung nicht fehlen, und man muss sagen, dass es wenige Zeichen gibt, die so lange Geduld und Nachsicht gegenüber dem Tiger üben wie die Ziege. Zwar kann sie seinen Unternehmungsgeist nicht wirklich akzeptieren, doch wird sie ihn in jedem Fall tolerieren, solange es eben geht. Ihr grundsätzliches Verständnis für die Eigenheiten eines anderen Menschen macht es der Ziege möglich, zum Tiger eine Beziehung aufzubauen, in der er sich durchaus aufgehoben fühlen kann.

Wenn die Ziege wirklich einmal aggressiv wird, ist sie meist auf seine Mittelpunktstellung und seine Erfolge bei Menschen eifersüchtig.

Eine Verbindung zwischen diesen beiden Zeichen kann aber in jedem Fall harmonisch verlaufen, wenn die gefühlsmäßige Basis stimmt. Denn dann können sich beide so arrangieren, dass sie auch die weniger erfreulichen Eigenschaften des Partners in Kauf nehmen, ohne sich selbst zu verraten.

Tiger – Affe

Der Affe wird dem Tiger auf Anhieb sympathisch sein. Denn Affen sind intelligent und wendig, geistig beweglich und immer mit etwas beschäftigt. Eine kurze und heftige Liebesbeziehung wird sich zwischen diesen beiden sehr schnell entwickeln.

Eine lang dauernde Partnerschaft ist dagegen schon etwas schwieriger. Denn Tiger wie Affe wollen beide vor allem in Gesellschaft gern die erste Geige spielen.

Ein Ausweg aus dieser konfliktgeladenen Situation steht einem Paar dieser Zeichen jedoch offen: Beide haben viel Humor. Im besten

Fall werden sie es lernen, über sich selbst zu lachen und ihre kleinen Dramen nicht so wichtig zu nehmen. Wenn es Tiger und Affe gelingt, ihre Machtkämpfe als das zu sehen, was sie letztlich sind, nämlich ein Spiel, so werden sie sicherlich ein angenehmeres Leben zu zweit führen. Reger Gedankenaustausch und fantastische Unternehmungen werden an erster Stelle stehen.

Tiger – Hahn

Eine Verbindung zu einem Hahn dürfte zu den besten gehören, die ein Tiger eingehen kann. Denn abgesehen davon, dass es zwischen diesen beiden sicherlich funkt, bestehen auch gute Voraussetzungen für eine dauerhafte und glückliche Partnerschaft.

Die beiden verstehen sich schon deshalb, weil der Hahn niemals vor irgendeinem Unternehmen, das der Tiger anregt, zurückschrecken wird. Begeistert wird er zustimmen, und dies nicht zuletzt deshalb, weil er sich beim Tiger immer und jederzeit emotional aufgehoben weiß. Der Hahn hat im Tiger einen Partner gefunden, der bereit ist, ihm die Liebe und Zärtlichkeit zu geben, die er braucht. Das Klima zwischen diesen beiden ist also warm und herzlich.

Sollten die beiden allerdings tatsächlich einmal streiten, so kann man sicher sein, dass die Fetzen fliegen. Doch die Intensität dieser Auseinandersetzungen sorgt glücklicherweise dafür, dass sie nicht allzu lange dauern und die beiden sich gleich wieder in den Armen liegen.

Tiger – Hund

Ein Tiger ist durchaus nicht abgeneigt, zusammen mit einem Hund sein Leben zu gestalten. Denn Hunde sind sanft und anpassungsfähig und bringen ihren Partnern viel Verständnis entgegen. Auf der Ebene des Gefühls werden die beiden meist harmonieren.

Doch vermisst der Tiger in seinem Partner oft das Temperament und einen Schuss Lebhaftigkeit. Er verlangt vom Dasein vor allem ein gewisses Maß an Sicherheit und Stabilität, und die Treue geht ihm über alles. Auch sollte ein Tiger nicht damit rechnen, dass der Hund ihn auf seiner Wanderschaft begleitet, es sei denn, er brauchte ihn unbedingt.

Haben sich Hund und Tiger aber einmal für den gemeinsamen Lebensweg entschieden, so können sie trotz großer charakterlicher Unterschiede eine starke und innige Beziehung aufbauen. Der Tiger wird dabei die Führungsrolle übernehmen und das Tempo bestimmen.

Tiger – Schwein
Hier treffen sich zwei Persönlichkeiten, die gerne für sich selbst entscheiden wollen und es nicht ertragen, wenn ein anderer sich in ihre eigenen Angelegenheiten einmischt. Denn das Schwein strahlt zwar unendlich viel Gutmütigkeit und Toleranz aus, wird jedoch fuchsteufelswild, wenn jemand ihm zu nahe tritt.

In dieser Hinsicht wird ein Tiger das Schwein kaum in Rage bringen. Er versteht diesen Anspruch auf Selbstbestimmung. Problematischer sind für ihn die ständigen Stimmungsschwankungen seines Partners. Denn Schweine sind labil, leicht zu verstören und launisch.

Kann der Tiger aber diesen Wechsel zwischen himmelhoch jauchzend und zu Tode betrübt bei seinem Partner akzeptieren und lässt er sich von den trüben Stunden nicht mit hinunterreißen, dann kann ihm das Schwein viel bieten. Tiger und Schwein werden einander viel geben, wenn sie ihre Bedürfnisse nach Autonomie zulassen und sich nicht dazu zwingen, eine landläufige Partnerschaft zu führen.

Bitte lesen Sie die Texte zu den Kombinationen Tiger – Ratte und Tiger – Büffel auf Seite 30 bzw. 56 nach.

Tiger und Beruf

Menschen, die im Zeichen des Tigers geboren sind, sind alles andere als strebsame Schreibtischtäter, die ihr Berufsleben in sitzender Stellung absolvieren, es sei denn, dieser Schreibtisch befände sich in der Direktionsetage eines Großkonzerns. Denn nur in diesem obersten Stockwerk kann ein Tiger über sich selbst bestimmen, und das ist ihm wichtiger als alles andere. Nicht das Streben nach Macht spielt dabei die führende Rolle, sondern die Tatsache, dass er keinerlei Vorschriften oder Einschränkungen ertragen kann.

Hat ein Tiger tatsächlich diese oberste Sprosse erklettert, wird er immer jemanden brauchen, der ihm den täglichen Kleinkram erledigt. Nicht, dass er sich zu gut dazu wäre, aber in seiner impulsiven und großzügigen Art wird er solche Dinge einfach übersehen. Das Feilen und der letzte Schliff ist nicht unbedingt seine Sache, das überlässt er lieber Menschen mit Liebe zum Detail, die so etwas besser machen.

Der klassische Tellerwäscher, der sich zum Konzernchef hocharbeitet, das ist ein Tiger. Strebsamkeit und harte Arbeit spielen dabei weniger eine Rolle als das Talent, durch Erfindungsreichtum und Gewitztheit den kürzesten Weg zum Erfolg zu finden.

Doch sind Karriere und Machtposition nur untergeordnete Kategorien im Bewusstsein des Tigers. In der Hauptsache geht es ihm um Spannung und den Kitzel aufregender Abenteuer, die er während seiner Tätigkeit erleben möchte.

Am Ende seines Lebens wird ein Tiger immer auf mehrere Berufe zurückblicken können. Man könnte sogar sagen, dass das Umsatteln eine seiner Lieblingsbeschäftigungen ist, denn nur auf diese Weise kann er mit Spannung dem Neuen entgegenfiebern. Droht eine Tätigkeit zu sehr in Routine abzugleiten, wird ein Tiger schnell genug davon haben und trotz unsicherer oder kritischer Lebensumstände schleunigst kündigen. Denn materielle Bedürfnisse sind ihm nicht wesentlich, und lieber lebt er eine Zeit lang von Erbsensuppe mit Würstchen, als dass er sein Jagdfieber stabilen Verhältnissen opfert.

Abgesehen von Forschern, Erfindern, Chefmanagern oder Piloten findet man auch viele Künstler unter den im Zeichen des Tigers Geborenen. Ob in der Unterhaltungsbranche oder im schriftstellerischen Bereich, als Interpret klassischer Musik, als Maler, Sänger, Komponist, ein Tiger entwickelt immer einen eigenen, individuellen Stil und ein besonderes Talent, Leute auf sich aufmerksam zu machen. Dass er mit großem Selbstbewusstsein ins Rampenlicht der Öffentlichkeit tritt und sich dort pudelwohl fühlt, ist eine Selbstverständlichkeit.

Auf alle Fälle muss gesagt werden, dass Tiger vorbildliche Chefs sind, die durch ihre Frische und ihre natürliche Offenheit ihre Mitarbeiter zu großen Leistungen motivieren können. Mit ihrem belebenden Esprit sorgen sie dafür, dass die gute Laune bei der Arbeit nicht zu kurz kommt, und mit Gehältern sind sie niemals kleinlich. Und sollte einem Tigerboss einmal die Sicherung durchbrennen, so weiß jeder seiner Mitarbeiter, dass so ein Kurzschluss nicht von langer Dauer ist.

Wer passt zum Tiger in beruflicher Hinsicht?

Tiger – Tiger

Dies ist ein Team, dessen Risikobereitschaft keine Grenzen kennt. Zwei optimistische Macher haben sich hier gefunden, deren Ideenreichtum unerschöpflich ist und die zusammen abenteuerliche und gewagte Unternehmen ankurbeln.

Auf alle Fälle sollten sie einen vernünftigen Buchhalter bei sich einstellen, der die wilden Transaktionen dokumentiert. Denn sonst könnte es bei der nächsten Buchprüfung bös aussehen!

Tiger – Hase

Dem Tiger, der sich immerfort auf der Suche nach neuen Möglichkeiten befindet, ist die Art des Hasen meist zu zurückhaltend. Er, der kein Risiko scheut, sieht sich durch ihn oftmals gebremst in seinen Aktivitäten. Hervorragend ist der Hase jedoch eingesetzt, wenn es darum geht, mit diplomatischem Geschick schwierige Verhandlungen zu führen.

Tiger – Drache

Zwei ebenbürtige Partner, die es zusammen weit bringen können, haben sich hier gefunden. Tiger und Drache werden vor keiner größeren Investition zurückschrecken, wobei der Drache fast immer die Kalkulation übernimmt. Der Tiger dagegen wird in das Team die meisten Ideen einbringen und für ein gerüttelt Maß an Aufregung sorgen. Ein Team, das alle Hürden nimmt!

Tiger – Schlange
Ein gemeinsamer Arbeitsplatz ist bei diesen Zeichen nicht unbedingt zu empfehlen, denn der Tiger wird sich bald an einer gewissen Undurchsichtigkeit der Schlange stoßen. Anfangs kann er durchaus überzeugt sein vom Sinn einer Zusammenarbeit, denn die Schlange versteht es hervorragend, andere für sich einzunehmen.

Tiger – Pferd
Hohe Investitionen und große Kapitalanlagen gehören bei Pferd und Tiger zum Tagesprogramm. Doch werden sie zusammen sicher ein erfolgreiches Unternehmen führen, weil sie viel Mut zum Risiko besitzen. Allerdings müssen sie aufpassen, dass sie nicht zu schnell das Interesse verlieren, wenn nicht alles gleich klappt. Einer von beiden wenigstens sollte Ausdauer und Geduld entwickeln, wenn sie nicht vom Pleitegeier eingeholt werden wollen.

Tiger – Ziege
Eine Ziege hat es mit dem Tiger bei einer Zusammenarbeit nicht leicht. Denn im Gegensatz zu ihm braucht sie ab und zu kleine Verschnaufpausen. Und außerdem liebt sie zwar das Spiel, aber weniger das damit verbundene Wagnis.

Eine Zusammenarbeit zwischen diesen beiden Zeichen geht nur dann gut, wenn die Ziege die zweite Geige spielt. Das heißt, wenn der Tiger das Sagen hat und grundsätzlich die Strategie bestimmt.

Tiger – Affe
Der vielseitige Tiger schätzt die geistige Beweglichkeit des Affen zwar sehr, doch fehlt ihm in seinen Augen die notwendige Konsequenz bei der Ausführung. In diesem Fall ist der Affe einfach einmal fixer als der Tiger und lässt Altes gern zugunsten von Neuem fallen.

Doch da sich die beiden letztlich respektieren, hat ihre Zusammenarbeit durchaus erfreuliche Aspekte.

Tiger – Hahn
Der Elan, den die beiden innerhalb einer beruflichen Partnerschaft entwickeln, ist bahnbrechend. Gereizte Stimmung, Stress oder böses Blut wird es bei ihnen kaum geben, dagegen viel fröhliches Gelächter und Witzeleien. Auch ist der Hahn fleißig, zuverlässig und freudig bei

der Arbeit, sodass sich der Tiger jederzeit auf ihn verlassen kann. Hahn und Tiger bilden ein dynamisches und heiteres Team, das alle Hürden mit Schwung und Optimismus nimmt.

Tiger – Hund

Nur, wenn die beiden ihre jeweiligen Rollen akzeptieren, wird ein Team aus Tiger und Hund Profit machen. Der Tiger verkörpert das dynamische Vorwärts, und der Hund verlegt sich mehr auf die Erledigung anfallender Arbeiten. Allerdings muss der Hund dem Tiger unbedingtes Vertrauen entgegenbringen, damit der Tiger seine ganze Energie entfalten kann.

Tiger – Schwein

Ein Schwein ist starken Stimmungsschwankungen ausgesetzt, und dieses Auf und Ab wird es auch im Berufsleben nicht verbergen. Andererseits sind Schweine wesentlich bessere Rechner als Tiger und können diesen mit ihrem kalkulierenden Verstand vor manchen Fehlabschlüssen bewahren. Deshalb sollte ein Tiger die Launen des Schweins nicht zu ernst nehmen. Nur wenn ihm dies möglich ist, kann eine Zusammenarbeit zwischen diesen beiden gut gehen.

Die Texte zu den hier nicht aufgeführten Kombinationen finden Sie im entsprechenden Abschnitt der bereits behandelten Tierkreiszeichen.

Tiger und Gesundheit

Die körperliche Anfälligkeit eines Tigers ist in den allermeisten Fällen seelisch bedingt. Und da er oft unter Hochspannung lebt, neigt er leicht zu Beschwerden im Herz-Kreislauf-Bereich. Man kann sagen, dass das Herz eines Tigers einfach immer ein wenig schneller klopft als das anderer Menschen, denn er ist stets in flottem Tempo bei der Sache. Die Pumpe möchte dann etwas langsamer gehen und sich ein wenig Entspannung gönnen. Und der Tiger sollte dies seinem Herzen durchaus gewähren.

Doch haben Tiger viel Energie und starke Nerven. Grundsätzlich lässt sich sagen, dass Tiger sehr vitale Menschen sind, die wie Stehaufmännchen immer wieder hochkommen, sollten sie tatsächlich ernstlich krank sein.

Der Tiger in den einzelnen Jahren: Aussichten und Tendenzen

Das Jahr des Tigers

Tatendrang und Risikofreude gehören zu den Gefühlen, die Menschen zu Beginn eines Tigerjahres empfinden. Ein plötzliches Ansteigen der Lebensfreude ist spürbar, verbunden mit einem leichten erotischen Vibrieren, das sich binnen kürzester Zeit zu höchster Leidenschaft steigern kann. Denn das Tigerjahr ist ein Jahr heftigster Emotionen, seien sie erfreulicher oder weniger erfreulicher Natur. Eheschließungen und Trennungen finden jetzt häufiger statt als zu anderen Zeiten. Doch meist hält dieses Jahr auf privater Basis Sonnenschein bereit, denn Tiger sind Optimisten und schauen fast immer mit positiven Gefühlen in die Zukunft.

Ein wenig gefährlich geht es jedoch im geschäftlichen Bereich zu. Der mitunter etwas tollkühne Tiger sollte sich jetzt vor allzu gewagten Spekulationen hüten, wenn er keine Bauchlandung machen möchte. Denn diese Zeit ist nicht unbedingt die geeignete, um große Investitionen zu wagen und das Geschäft auf Vordermann zu bringen. Kleine Brötchen zu backen erweist sich jetzt als weitaus günstiger.

Das Wetter ist im Tigerjahr entsprechend der Jahreszeit: Frühling, Sommer, Herbst und Winter unterscheiden sich klar voneinander. Ab und an gibt es gewaltige Gewitter, und auch Hagel im Sommer ist nicht selten. Deshalb kann es leicht zu Erntekatastrophen kommen.

Im Bereich der Politik werden im Tigerjahr die Zähne gefletscht. Nicht etwa zu freundlichem Grinsen, sondern im Kampf um Macht und Führungspositionen. Unvorhergesehener Regierungswechsel und überraschende Wahlergebnisse sind keine Seltenheit. Außenpolitisch wird man jedoch das Gesicht wahren und ein freundliches Image zeigen.

Tiger im Tigerjahr sollten also nicht zu wagemutig ihr Kapital aufs Spiel setzen. Doch in Bezug auf Partnerschaften können sie ruhig alles riskieren, was sie auf Lager haben, denn dieser Einsatz lohnt!

Das Jahr der Ratte

Im Jahr der Ratte kann der Tiger mit Aufwärtstendenzen rechnen. Vor allem im beruflichen und finanziellen Bereich stehen die Zeichen für ihn unbedingt günstig. Mit Fleiß und Ausdauer wird er jetzt in der Lage sein, sich das notwendige Kapital zu erarbeiten, das er in späteren Jahren günstig anlegen kann.

Das Jahr des Büffels

Der Tiger sollte im Büffeljahr die Gelegenheit nutzen und seine Pläne in die Wirklichkeit umsetzen. Büffel sind bekannt für ihr hartnäckiges Durchsetzungsvermögen. Macht sich der Tiger diese besondere Energie zunutze, wird der Umsetzung seiner Pläne nichts im Wege stehen.

Das Jahr des Hasen

Jetzt sollte sich der Tiger ganz auf sein Privatleben konzentrieren. Denn im Zeichen des Hasen wird er besonders viel Freude am harmonischen Zusammensein, sei es in der Familie oder in der Partnerschaft, finden. Beruflich und finanziell sollte er jetzt nicht allzu große Sprünge wagen.

Das Jahr des Drachen

Der Tiger, der an und für sich schon ein gerüttelt Maß an Energie in sich hat, weiß seine aufschießenden Kräfte jetzt kaum mehr zu bändigen. Größere Investitionen sollte er jetzt unbedingt wagen, denn kaum eine Zeit ist so günstig, den Tiger in seinen waghalsigen Unternehmungen zu fördern. Jeder Griff wird ihm jetzt gelingen, und kein Ziel ist ihm zu hoch gesteckt.

Das Jahr der Schlange

Zögernd und vorsichtig, so fühlt der Tiger sich zu Beginn des Schlangenjahrs. Doch soll er sich im Zweifelsjahr den Zeichen der Zeit anpassen und ebenso vorsichtig und umsichtig handeln. Größere Risiken empfehlen sich jetzt nicht, sei es in beruflicher Hinsicht oder in privater.

Das Jahr des Pferdes

Kreativ, angeregt und ständig unterwegs zu neuen Ufern, so lebt der Tiger im Pferdejahr. Mit Schwung wird er immer neue Ideen produzieren und einen unerschöpflichen Vorrat an amüsanten Einfällen haben. Jetzt sollte er all die Reisen unternehmen, von denen er immer schon geträumt hat, denn er wird bereichert und glücklich zurückkehren.

Das Jahr der Ziege

Der Tiger hat im Jahr der Ziege unendlich viele Gelegenheiten, seinen persönlichen Gesichtskreis zu erweitern. Wie ein Magnet zieht er Menschen in seinen Bann und vermehrt seinen Freundeskreis durch wertvolle und interessante Beziehungen. Denn das Gesicht der Ziege ist ausgesprochen freundlich und verleiht dem Tiger in diesem Jahr ein noch charmanteres Auftreten als sonst.

Das Jahr des Affen

Hier wird der Tiger auf mancherlei Widriges stoßen. Denn sein an und für sich schon aufbrausendes Temperament neigt jetzt leider manchmal zu unverhältnismäßigen Ausbrüchen, die den Tiger selbst in Erstaunen versetzen. In den Griff bekommt ein Tiger sich im Jahr des Affen nur dann, wenn er seine Aggression in Arbeit umsetzt. Sie ist jetzt sein bestes Ventil, und er sollte dies unbedingt akzeptieren.

Das Jahr des Hahnes

Jetzt wird der Tiger für all das entschädigt, was er im Affenjahr entbehren musste. Denn sympathisch und gewinnend steht er wieder im Brennpunkt des Geschehens und erweckt Interesse und Aufmerksamkeit beim anderen Geschlecht. Alles scheint plötzlich wieder zu klappen, sowohl in beruflicher als auch in privater Hinsicht.

Das Jahr des Hundes

Der entschlussfreudige Tiger fühlt sich im Hundejahr oft auf merkwürdige Weise labil und wankelmütig. Neben dem Jahr des Affen ist das Hundejahr eines der problematischen für den Tiger.

Doch sollte der Tiger sich dadurch auf keinen Fall entmutigen lassen. Zu keiner anderen Zeit bietet sich ihm nämlich so die Gelegenheit, sich mit seinem eigenen Innenleben auseinanderzusetzen, wie jetzt.

Das Jahr des Schweines

Hat ein Tiger schon längere Zeit eine dauerhafte Bindung erwogen, so sollte er diese jetzt eingehen. Ein bisschen berücksichtigen muss der Tiger allerdings, dass das Schwein seine Launen hat. Und deshalb sollte er seinen Entschluss genauestens prüfen.

Das Schwein ist das letzte Zeichen im Zyklus der Jahre. Um einen neuen Jahreslauf im Zeichen der Ratte antreten zu können, sollte der Tiger jetzt Reserven anlegen. Das gilt sowohl auf finanziellem als auch auf gesundheitlichem Sektor.

Der Hase und seine Eigenschaften

Chinesischer Name des Hasen: Thu
Vom Hasen regierte Stunden: 5.00 bis 7.00 Uhr
Himmelsrichtung: Ost
Vergleichbares Tierkreiszeichen im Westen: Fisch

Eine uralte chinesische Legende berichtet uns, dass der Hase vom Mond abstammt. Noch heute sitzen die Familien in China in heißen, sternklaren Sommernächten zusammen und sehen hoch zum Mond, wo sie den Hasen unter einem Zimtbaum sitzend glauben, das Lebenselixier in den Pfoten haltend, still und anmutig in seiner Haltung. Der Hase verkörpert in China Anmut, Gefühl und Langlebigkeit. Das nachdenkliche und verträumte Wesen des Hasen lässt manchmal den Verdacht aufkommen, er stamme tatsächlich vom Mond ab. Denn sein eindringlichster Charakterzug ist eine leise und feine Zurückhaltung, die aber umso bezwingender wirkt, je länger man sich in seiner Gegenwart aufhält. Dass sich ein Hase in den Vordergrund drängt, wird man kaum erleben.

Taktgefühl und die Ausstrahlung ruhiger Harmonie kennzeichnen Persönlichkeiten, die im Zeichen des Hasen geboren sind. Ihre Antworten überraschen meist durch Sensibilität und Einfühlungsvermögen und überzeugen durch klugen und besonnenen Inhalt. Die Scheu, die sie beim Sprechen zeigen, hätten sie beileibe nicht nötig, doch haben Hasen einen angeborenen Drang nach Distanz und würden niemals eine Entfernung vorschnell aufgeben. Vorsicht und langsame Annäherung heißt das Motto eines Hasenherzens, und auch bei zunehmender Sympathie wird er nur langsam die Tür zu seinem Innenleben öffnen. Dabei steckt er voller Reichtümer, voller Träume und Fantasien. Doch hat ein Hase einmal sein Herz vergeben, wird es kaum einen einfühlsameren und zärtlicheren Partner geben als ihn.

Denn Harmonie ist sein Hauptanliegen im Leben, und er tut alles, um diese Harmonie herzustellen.

Dabei vermeidet er nach Möglichkeit Konfrontationen, und eher wird er sich in sich selbst zurückziehen, als durch Kritik den Hausfrieden stören. Doch sollte man den Hasen keinesfalls unterschätzen, wenn es um die Verwirklichung seiner Interessen geht. Denn hinter der feinen Zurückhaltung steht ein Mensch, der haargenau weiß, was er will. Und es stehen ihm durchaus Mittel zur Verfügung, um ans Ziel seiner Wünsche zu gelangen.

Mit seinem angeborenen Einfühlungsvermögen ist er ein hervorragender Diplomat, der es versteht, die Bedürfnisse anderer Menschen mit seinen eigenen Interessen in Einklang zu bringen. Mit großem taktischen Geschick, mit Ausdauer und Geduld geht ein Hase seinen Weg und klettert langsam die Erfolgsleiter hinauf.

Andere Leute sollten dieses langsame, methodisch genaue Vorgehen beileibe nicht unterschätzen, sondern eher daran denken, dass ein Hase niemals das Kleingedruckte überfliegen wird. Und hat der Hase seinerseits das Gefühl, jemand will ihn übervorteilen oder aus dem Rennen schlagen, so wird er auch hier seine Sensibilität einsetzen, um die Pläne seines Gegners auf langsame Art und Weise zu unterlaufen. Ein Zweikampf mit einem Hasen kann zermürbend sein, denn er wird Haken schlagen und überaus gerissen sein. Man sollte also nie zu früh über ihn triumphieren.

Natürlich hat die außergewöhnliche Sensibilität, mit der ein Hase auf andere eingehen kann, auch ihre Schattenseiten. Denn auf Kritik reagiert er oft überempfindlich. Nach außen hin wird er zwar die Form wahren und sich keinerlei Anzeichen von Betrübtheit anmerken lassen. Doch in seinem Inneren wird dann ein wahrer Sturm entfesselt, eine Verzweiflung, die oft in gar keinem Verhältnis zu dem Gesagten steht. Vollkommen verunsichert, quält der Hase sich damit herum, was der andere gemeint haben könnte, und auf dieser Beziehung wird ein ewiger Schatten liegen.

Denn Hasen sind nachtragend und können nicht leicht vergessen.

Ein Hase kann es oft nicht ertragen, mit ansehen zu müssen, wenn es anderen schlecht geht. Und deshalb wird er es eher vermeiden, mit Menschen in Not zusammenzutreffen. Krankenhausbesuche werden vom Hasen nur unter Aufbietung aller seiner Energien absolviert, und traurige Ereignisse wie Begräbnisse lassen ihn buchstäblich die Flucht ergreifen. Doch ein Hase handelt in solchen Fällen nicht aus Unbarmherzigkeit oder Kälte, sondern aus dem Zwang heraus, sich zu schützen. Zumal keinem geholfen ist, wenn jemand so intensiv mitleidet.

Hasen sind in den meisten Fällen ausgesprochene Familienmenschen, die kein anderes Ziel im Leben kennen, als sich und ihren Lieben das Dasein möglichst angenehm zu gestalten. Von häuslichen Pflichten wollen sie allerdings meist gar nichts wissen und halten deshalb gemessenen Abstand zum tristen Einerlei des Alltags. Vor allem wenn der persönliche Spielraum eines Hasen zu sehr eingeengt wird, verschwindet er schnell durch die Hintertür, indem er sich in Träumen und Fantasien ein angenehmeres Leben erdichtet. Im besten Fall finden die übrigen Familienmitglieder das geheimnisvoll, im schlechtesten zum Verzweifeln. Der Hase ist im Kern nicht zu fassen. Schwipp, ist er wieder nach innen entwischt und träumt von Dingen, in die er anderen nur in den seltensten Fällen Einblick gestattet. Denn in seiner eigenen Welt steht ihm eine ganze Palette fantastischer Abenteuer zur Verfügung, die durch ihre Buntheit den grauen Alltag in den Schatten stellen.

Kurz gesagt, ein Hase verkörpert all jene Dinge, die mit Schönheit, Anmut, Kultur und Harmonie zu tun haben. Als feinsinniger Lebenskünstler, als sensibler Liebhaber des Schönen und als ausgesprochener Romantiker, aber auch als genialer Diplomat wird er sein Lebensziel immer dann erfüllen, wenn er eine ihm entsprechende Umgebung gefunden hat und in einer Partnerschaft lebt, die es ihm ermöglicht, seine tiefe Gefühlswelt auszuschöpfen.

Der Hase in den fünf Wandlungsphasen

Der Hase in der Phase des Metalls
Körperlich und seelisch etwas robuster als andere unter diesem Zeichen Geborene ist ein Hase, der in der Phase des Metalls geboren ist. Weniger ausgeprägt ist dagegen seine Fähigkeit zum Kompromiss und sein diplomatisches Geschick.

Metallhasen sind für einen verantwortungsvollen Posten sehr geeignet. Denn sie besitzen eine gute Beobachtungsgabe und eine geradezu instinktive Sicherheit, wenn es um die Lösung eines Problems geht, denn diese ehrgeizigen Hasen wollen unbedingt vorwärts kommen.

Doch abgesehen von seiner Gabe, mit Intelligenz und klarem Verstandesurteil seinen Weg zu machen, ist der Metallhase auch ein großer Genießer.

Gemeinsam mit anderen Hasen hat der Metallhase jedoch seine starken romantischen Empfindungen.

Der Hase in der Phase des Holzes
Die Holzphase lässt einen Hasen außergewöhnlich großzügig und verständnisvoll sein, manchmal sogar in stärkerem Maße, als ihm selbst gut tut. Holzhasen brauchen viel Sicherheit und materiellen Rückhalt. Deshalb arbeiten sie gerne bei einer Behörde und schaffen sich so die Gewissheit eines lebenslangen Einkommens. Große Sprünge machen sie dabei meist nicht, sondern klettern langsam und vorsichtig und immer mit Rücksicht auf andere die Erfolgsleiter hoch.

Dass der Partner eines solchen Hasen den Himmel auf Erden hat, braucht gar nicht weiter erwähnt werden. Sicher kann er jedenfalls sein, dass er sein ganzes Leben lang auf Händen getragen wird, so vorsichtig und einfühlsam, als sei er ein kostbarer Schatz.

Der Hase in der Phase des Wassers
Noch verletzlicher, noch empfindsamer und scheuer ist ein Hase, dessen Geburt in die Phase des Wassers fällt. Grenzenlos ist sein Gefühl, wenn er einmal den richtigen Menschen an seiner Seite gefunden hat. Fraglos wird er ihn mit seiner Zärtlichkeit und Fürsorglichkeit über-

häufen und niemals eine Bedingung stellen. Nur wenn ihm wehgetan wird, zieht er sich augenblicklich in sich selbst zurück.

Oft hat er eine starke Neigung zur Meditation, um sich in der Stille ungestört dem Fluss der Gedanken hingeben zu können. Schon auf kleinste Störungen reagiert er sehr empfindlich. Ein Wasserhase ist ein perfektes Medium, wenn er sich von seinen subjektiven Anschauungen löst und sich in den Dienst anderer Menschen stellt.

Der Hase in der Phase des Feuers

Wesentlich weniger zurückhaltend als seine Artgenossen ist ein Feuerhase. Mit Schwung und Herzlichkeit springt er ins Getümmel und erwärmt seine Mitmenschen für sich durch seine offene Ausstrahlung.

Dagegen kommt er mit Enttäuschungen sehr schlecht zurecht. Versagt man ihm die Unterstützung oder erkennt man ihn zu wenig an, fühlt sich ein Feuerhase todunglücklich. Denn ohne den Zuspruch anderer Menschen, ohne deren freundliches Entgegenkommen fehlt diesen Hasen die Grundmotivation zum Leben.

Partner dieser Menschen sehen sich oft einer verblüffenden Mixtur von Charme, Scheu, Temperament und Durchsetzungsvermögen gegenüber. Und dass das Dasein an ihrer Seite kaum jemals langweilig wird, dürfte selbstverständlich sein.

Der Hase in der Phase der Erde

Das Element der Erde bewirkt in diesen Hasen eine größere Standfestigkeit und lässt sie immer auf dem Boden bleiben. Sachlich und rational ist die Lebenseinstellung eines Erdhasen, und immer werden seine Schachzüge wohl durchdacht sein.

Mehr als alle anderen Hasen braucht dieser die Sicherheit materieller Stabilität. Deshalb ist er auch sehr beständig in seiner Arbeit und neigt weniger dazu, Entscheidungen zu verzögern. Auch ist er nicht so genusssüchtig wie andere Hasen und legt weniger Wert auf eine schöne Umgebung als sie.

Mit Problemen geht er allerdings ebenso verschwiegen um wie andere Hasen und zieht sich völlig in sich selbst zurück. Allein versucht er dann zu verarbeiten, was ihn beschäftigt, und ist nur schwer aus der Reserve zu locken.

Der Hase und sein Aszendent

Hase mit Aszendent Ratte
Zu der Sensibilität des Hasen gesellt sich hier das besondere Verantwortungsgefühl der Ratte, die es gewohnt ist, für andere mitzudenken. Diese Feinfühligkeit kann in manchen Fällen sogar übersinnliche Dimensionen annehmen. Geborgenheit, die Sicherheit einer Familie, eines Heims, einer Gemeinschaft gehen ihm über alles.

Die Ratte sorgt dafür, dass der Hase auch in materieller Hinsicht seine Pläne verwirklichen kann. Nur auf Verletzungen reagiert er mit einem Höchstmaß an Empfindlichkeit und braucht ausgesprochen lange Zeit, um eine Kritik zu verkraften. Aus diesem Grund hat er völlig Recht, wenn er sein zart besaitetes Wesen hinter seiner reservierten und manchmal schwer zugänglichen Haltung verbirgt.

Hase mit Aszendent Büffel
Menschen, die in diesem Zeichen geboren sind, sind starken Stimmungsschwankungen unterworfen, denn während der Büffel in ihnen stur auf seinen Ansichten und einmal gefassten Meinungen beharrt, schließt der Hase am liebsten Kompromisse und möchte Auseinandersetzungen aus dem Wege gehen. Wird der Hase mit der Gegensatzspannung in seinem Inneren fertig und kann er die Büffelgründlichkeit in den Dienst seines Hasennaturells stellen, so sei ihm empfohlen, einen künstlerischen Beruf zu ergreifen, für den ihn Sinn für Harmonie, Bezug zur Wirklichkeit und eine gewisse Tiefe prädestinieren.

Hase mit Aszendent Tiger
Der empfindsame und scheue Hase gewinnt durch seinen Tigeraszendenten mehr Sprungkraft. Nach anfänglichem Zögern wird er sehr schnell die Initiative ergreifen und mit Mut zum Risiko seine Entscheidungen treffen. Andererseits können Menschen, die in dieser Zeichenkonstellation geboren sind, hervorragend zuhören und sind auch um Erwiderungen nicht verlegen.

Doch auch diese Zeichenkombination ist manchmal problematisch. Die Träumereien des Hasen wollen durch den Tigeraszendenten unbedingt verwirklicht werden, und so sieht der Hase sich manchmal in Dinge verwickelt, von denen er normalerweise die Finger gelassen hätte. Gelingt es ihm, diese Spannungen zu bewältigen und in seinem Leben Traum und Tat den rechten Platz zuzuweisen, kann dieser Hase ein erfülltes und glückliches Leben führen.

Hase mit Aszendent Hase

Beim Hasen ist es vor allem die Fantasie und die große Empfänglichkeit für Eindrücke, aber auch die Ausstrahlung vornehmer Zurückhaltung, die durch den Aszendenten gleichen Zeichens verdoppelt wird.

Diese Zurückhaltung, die auf andere Menschen von Anfang an eine äußerst sympathische Wirkung ausübt, kann sich jedoch bis zu einer Unverbindlichkeit steigern, die es manchmal fast unmöglich macht, an einen Hasen mit Hasenaszendent heranzukommen. Sein eigentlicher Kern ist einfach nicht zu fassen.

Doch wiegt der Hase mit Hasenaszendent diese Eigenschaft durch seine fast unbegrenzte Hingabefähigkeit wieder auf. Denn seine empfindsame, hingabefreudige Seele kennt nichts Schöneres, als anderen Menschen zu helfen.

Hase mit Aszendent Drache

Hase und Drache sind starke Gegensätze, und nicht immer wird diese Kombination in ihrem Träger Harmonie erzeugen.

Aber er kann im Allgemeinen darauf bauen, dass sich diese innere Zerrissenheit mit der Zeit aufhebt. Doch wenn sich der Hase die Drachenenergie zunutze macht, wird die sein ursprünglich scheues und zur Vorsicht neigendes Wesen mit einem starken Willen beflügeln. Ehrgeiz und mehr Mut zum Risiko, aber auch größere Abenteuerlust machen ihn dann zum erfolgreichen Gewinner, doch sein sicheres Auftreten und seine kraftvolle Ausstrahlung bedeuten noch lange nicht, dass er Kritik verträgt. In solchen Augenblicken nämlich wird sich das empfindliche und scheue Hasenherz offenbaren, das mit Bosheiten oder unbedachten Bemerkungen in keiner Weise fertig wird.

Auch in familiärer Hinsicht hat dieser Hase es manchmal etwas schwer. Denn seine Hingabefreude wird durch den Drachen abgeschwächt. Drachen bestehen auf ihren Ichgrenzen und setzen dieses Ich in jedem Fall durch. Der Hase aber ist selbstlos in seinen Motiven. Wo der Drache nach Unterwerfung verlangt, neigt der Hase zu restloser Hingabe. Diese gegensätzlichen Tendenzen können in einem Menschen, der unter dieser Zeichenkombination seinen Lebensweg angetreten hat, zu starken inneren Spannungen führen.

Hase mit Aszendent Schlange

Klugheit, wache Intelligenz und geschliffene Manieren haben Hasen mit diesem Aszendenten. Ihr Auftreten ist immer tadellos, und der Eindruck, den sie in der Öffentlichkeit hinterlassen, ist vorbildlich, wenn auch anfänglich eher ein wenig unterkühlt. Dabei stecken diese Hasen in Wahrheit voller Leidenschaft.

Verträumt und nachdenklich sind Hasen mit Aszendent Schlange, und nicht selten haben sie übersinnliche Fähigkeiten. Überaus tiefgründig sind die Fragen, die sie ans Leben stellen, und mit platten Antworten geben sie sich keinesfalls zufrieden. Doch haben sie durchaus Fähigkeiten auf praktischen Gebieten und verfügen über eine wache Intelligenz.

Hase mit Aszendent Pferd

Die Stimmung eines Hasen mit Pferdeaszendent hängt oft von seinen Mitmenschen ab. Denn die feinfühlige Wesensart des Hasen spürt sofort kleinste Verschiebungen im Verhalten eines anderen und reagiert sehr schnell. Das Pferd ist ausgesprochen sprunghaft und hat Schwierigkeiten, konzentriert bei einer Sache zu bleiben. Das Problem dieser Menschen ist also oft ein Mangel an Festigkeit.

Problematisch sind für diesen Hasen außerdem Zeiten, in denen er zum Alleinsein verurteilt ist. Denn er braucht das Gefühl des Eingebundenseins und die Wärme menschlicher Gesellschaft. Zwar steht ihm ein reichhaltiges Arsenal an Träumereien zur Verfügung, doch ist er angewiesen auf Austausch und Mitteilung.

Hase mit Aszendent Ziege

Zu der zögernden und vorsichtigen Haltung des Hasen gesellt sich die Verspieltheit der Ziege. Das macht den Hasen auf der einen Seite zwar sehr unterhaltsam, doch kann es ihm auch in berufliche Schwierigkeiten bringen. Andererseits gewinnt er durch diese Eigenschaften viele Freunde, die ihm im Notfall helfen.

Hasen, die eine Ziege als Aszendent haben, sind angewiesen auf Sicherheit. Dies gilt weniger in materieller Hinsicht als in emotionaler. Sind sie vorübergehend zum Alleinsein verurteilt, so ist ihnen, als habe man den Boden unter ihren Füßen weggezogen. Denn nur auf dem Hintergrund starker emotionaler Beziehungen haben diese Hasen das Gefühl zu existieren.

Hase mit Aszendent Affe

Der nachdenkliche, verträumte Charakter des Hasen wird durch den Affenaszendenten eigenständiger. Diese Hasen haben von Natur aus großen Charme und wissen ihre Umwelt immer zu bezaubern, um alles zu erreichen, was sie wollen. Und ein Hase mit Affenaszendent will immer etwas, sei es in beruflicher, sei es in privater Hinsicht. Mühelos erobert er die Welt, und mit Leichtigkeit erreicht er, was er sich vorgenommen hat. Dabei verbinden sich der feine Haseninstinkt und der klar vorausblickende Verstand des Affen in einzigartiger Weise. Dass er dabei auf andere Menschen manchmal den Eindruck eines labyrinthisch schillernden Wesens macht, erhöht seine Ausstrahlung nur noch und macht ihn umso reizvoller für seine Umgebung.

Hase mit Aszendent Hahn

Der scheue, romantische Hase hat im aufgeweckten, allem Praktischen zugeneigten Hahn einen harten Gegner. Und so kommt es, dass er manchmal wie ein Wilder arbeitet, spart und alles tut, um seine Schäfchen ins Trockene zu bringen, um dann wieder alle viere von sich zu strecken, viel zu viel Geld auszugeben und sich hemmungslos dem Genuss hinzugeben. Deshalb fällt es diesen Menschen manchmal schwer, eine klare Struktur in ihr Leben zu bringen und sich an selbst gesetzte Regeln zu halten.

Doch verstehen sie es im Allgemeinen ausgezeichnet, dieser Zwiespältigkeit in ihrem manchmal etwas chaotischen Innenleben zu entgehen. Dann sorgen sie in ihrer Umgebung für Frieden und Harmonie.

Hase mit Aszendent Hund

Hasen mit Hundeaszendent sind alles andere als selbstsüchtig. Denn ihr ganzes Sinnen und Trachten bezieht sich auf die Gemeinschaft, und nichts geht ihnen mehr gegen den Strich, als wenn sich jemand nicht nach deren Maßstäben richtet. In den Augen anderer wirken sie deshalb manchmal etwas kleinbürgerlich in ihrer Einstellung, vor allem, da sie traditionelle Werte meist irgendwelchen revolutionären Erneuerungen vorziehen. Doch geht es ihnen mit ihren Ansichten hauptsächlich darum, Altbewährtes im Interesse der Allgemeinheit zu erhalten.

Ein Hase mit Aszendent Hund zieht immer die Ruhe dem Trubel vor, und seine Sicherheit ist ihm wichtiger als irgendwelche Aufregungen, die die Ordnung über den Haufen werfen.

Hase mit Aszendent Schwein

Sehnsucht nach Frieden und Harmonie und eine positive Geisteshaltung sind die typischen Merkmale eines Hasen mit Schweineaszendent. Noch den unmöglichsten Situationen kann der Hase etwas Gutes abgewinnen, und aufgrund seiner optimistischen Einstellung gelingt es ihm auch in den allermeisten Fällen, sich aus verfahrenen Lagen wieder herauszuwursteln. Eine unglaubliche Energie beflügelt ihn dabei, und niemand würde es seiner strahlenden Gewinnerpose ansehen, dass er sich vielleicht gerade auf dem Nullpunkt befindet. Mit dieser sympathischen, offenen und glaubwürdigen Ausstrahlung gelingt es ihm jederzeit, Freunde zu finden. Und Freunde sind ihm auch fast das Wichtigste auf der Welt.

Hase und Partnerschaft

Die Liebe ist für diesen Romantiker unter den chinesischen Tierkreiszeichen ein »Augenblick, gelebt im Paradiese«, ein Zustand, in dem für ihn Traum und Wirklichkeit miteinander verschmelzen und den er oft so heftig in seinen ausschweifenden Fantasien herbeigesehnt hat. Nichts kann den Hasen davon abhalten, diesen himmlischen Moment verewigen zu wollen, auch wenn es auf seine eigenen Kosten geht. Denn um diesen Augenblick des Einsseins zu bewahren, kann ein Hase bis an die Grenzen der Selbstaufopferung gehen.

Einfühlsam und voller Mitgefühl ist ein Hase, wenn einmal der Funke der Liebe in ihm entzündet wurde, und ohne Rücksicht auf sich selbst schenkt er den Interessen seines Partners jederzeit Gehör. Dabei verbirgt er die heftige Zärtlichkeit, die er im Zusammensein mit ihm verspürt, oft hinter einer zurückhaltenden Fassade. Seine äußerliche Haltung steht meist in überhaupt keinem Verhältnis zu den starken Gefühlen, die er in seinem Inneren birgt.

Doch hindert ihn diese Verschwiegenheit keineswegs daran, sich mit ganzer Seele einem Partner hinzugeben. Hier liegt eine Gefahrengrenze für ihn, denn in seiner allzu großen Bereitschaft zu geben, zu dienen und für den anderen da zu sein, kann seine Liebe manchmal masochistische Formen annehmen.

Doch da Hasen im Allgemeinen einen feinen Instinkt haben, werden sie einen Haustyrannen schnell erschnuppern und sich von ihm fern halten.

In anderer Hinsicht begehen Hasen manchmal einen entscheidenden Fehler, wenn sie eine Partnerschaft eingehen. Denn in ihrem Verlangen, möglichst lange den harmonischen und paradiesischen Zustand der ersten Liebe zu erhalten, stehen sie Konfrontationen und offen ausgetragenen Konflikten sehr negativ gegenüber. Flucht ist dann ihr erster Gedanke, und diese Flucht werden sie meist nach innen antreten.

In der Partnerschaft währt seine Hingabefreude nur so lange, wie sie durch romantische Stunden zu zweit aufgewogen wird, und seine selbstlose Opferhaltung hat dann ein Ende, wenn der Partner jeden Tag ein Abendessen zur selben Stunde vorgesetzt haben will. Anfangs kann der Hase diesen Ehe-Eintopf noch mittels seiner fantastischen Ausflüge ins Reich der Träume würzen, doch über kurz oder lang wird er ein reales Abenteuer suchen. Die Prosa des Lebens ist also nicht unbedingt eines Hasen Sache, und sein Partner sollte unbedingt darauf Rücksicht nehmen.

Poesie, Anmut, Schönheit, all das verkörpert ein Hase als Teil einer Verbindung. Ein gemeinsames Heim wird er mit sicherem Geschmack gestalten, und er wird in keinem Fall zurückscheuen, eine Menge Geld dafür auszugeben. Erfährt er darin allzugroße Einschränkung, wird er sich zwar damit arrangieren, aber nicht unbedingt glücklich sein. Er sieht den Sinn einer sparsamen Lebenshaltung zwar völlig ein, und ist tatsächlich sehr wenig Geld vorhanden, wird er ohne große Schwierigkeiten aus einer winzigen Mansarde ein gemütliches Nest zaubern.

Doch Knausrigkeit ohne Not ist ihm zuwider, und die Beschneidung des Lebens auf reine Zweckmäßigkeit und Nutzen kann er nicht ertragen. Ein Hase möchte immer, gleich wo er sich aufhält, dass »ein Lied in allen Dingen« schläft.

Deshalb macht er auch manchmal böse Erfahrungen, wenn er nach dem anfänglichen Rausch erster Verliebtheit plötzlich feststellen muss, dass er neben einem Partner lebt, der sich als tyrannischer Geizkragen entpuppt und der die romantischen Zärtlichkeiten der ersten Wochen längst einer pragmatischeren Lebenseinstellung geopfert hat. Das Erwachen kann dann sehr hart sein, vor allem, da der Hase dazu neigt, seinem Partner nach leidenschaftlicher Hingabe all die Eigenschaften anzudichten, die er gern in ihm sähe. Der berühmte Haseninstinkt ist dann vorübergehend ausgeschaltet, der Hase setzt den Traum anstelle der Wirklichkeit.

Ist es einem Hasen einmal gelungen, den idealen Partner zu finden, der mit ihm die Freuden der Liebe bedingungslos auskosten kann und der seine Hingabebereitschaft nicht ausnützt, dann gibt es keinen, der glücklicher und zufriedener ist als er.

Wer passt zum Hasen?

Hase – Hase
Eines ist sicher: Zu Machtkämpfen wird es zwischen zwei Menschen, die im Zeichen des Hasen geboren sind, sicherlich nicht kommen. In ihrem Zusammenleben herrscht ungetrübte Harmonie, und auch um Gesprächsthemen sind sie niemals verlegen. Dass es dabei kaum je-

mals zu Spannungen und Konflikten kommt, dürfte somit verständlich sein.

Ein Paar, das sich in diesem Zeichen zusammenfindet, weiß sich in seinem Grundbedürfnis eins. Beide wollen nichts als Liebe geben, für den anderen da sein und mit Hingabe die romantischen Seiten des Lebens auskosten. Das Miteinander wird groß geschrieben in ihrem Dasein, und Tendenzen, die dies Miteinander gefährden könnten, werden ignoriert.

Zumindest einer von beiden sollte sich – vielleicht mit Hilfe seines Aszendenten – ein wenig auf die anderen Tatsachen des Lebens besinnen und für etwas Aufregung sorgen. Sonst sacken zwei Menschen im Zeichen des Hasen völlig in ihre Träumereien ab, die sich am Ende ihres Daseins als Schäume entpuppen.

Hase – Drache

Der Drache, ichbetont und etwas herrschsüchtig, findet im Hasen zu Beginn sein ideales Pendant, denn nichts wünscht der Hase mehr, als sich einer starken Persönlichkeit hingeben zu dürfen. Und da der Drache seinerseits gern die Fäden in der Hand hält, wird er alles tun, um den scheuen und zärtlichen Hasen zu gewinnen. Mit seiner einnehmenden Ausstrahlung und seiner Fähigkeit, dem Leben Glück und Erfolg abzutrotzen, kann er den Hasen ganz und gar in seinen Bann ziehen. Auch ist der Drache durchaus nicht abgeneigt, auf die Sehnsüchte und Wünsche eines Hasen einzugehen, und bereitwillig wird er ihn ins Konzert, ins Theater und sogar auf spiritistische Sitzungen begleiten. Zu Konflikten kommt es, wenn der scheue Hase sich allzu oft vom Drachen unterbuttern lässt und all seine Wünsche denen des Partners anpasst. Denn obwohl ein Drache gern die Führung innehat, schätzt er doch auch einen gewissen Widerstand.

Hase – Schlange

Eine sorglose, ungetrübte Partnerschaft erwartet einen Hasen, wenn er sich auf eine Schlange einlässt. Denn große Zärtlichkeit verbindet diese beiden Zeichen, die in der Liebe den Sinn des Lebens sehen. Mit ihrem Hang zum Luxus und ihrer gleichzeitigen Fähigkeit, diesen Luxus mit Intelligenz zu erarbeiten, bietet die Schlange dem Hasen alles, was sein Herz begehrt. Und auch auf seinen Ausflügen ins Reich der Träume kann sie mithalten, denn sie hat die Eigenschaft, sich überall zu Hause fühlen zu können. So kann man die Schlange durchaus als idealen Partner des Hasen bezeichnen.

Beide haben ungeteilten Respekt füreinander. Der Hase ist fasziniert von der Klugheit der Schlange, und umgekehrt liebt diese seine verträumte Nachdenklichkeit, die oft in tiefere Schichten des Lebens eindringt, als es ihr selbst möglich ist. Und obwohl sie sich zu zweit keineswegs langweilen, werden sie bald eine reiche Kinderschar um sich versammeln.

Hase – Pferd

Der Hase ist vom ersten Moment an fasziniert vom Pferd, das in kühnem Galopp alle Hürden und Hindernisse nimmt. Seine ungeheure Sprachgewandtheit, seine Fähigkeit, im Mittelpunkt zu stehen, machen aus dem Hasen einen bedingungslosen Verehrer, der sich seiner ehrfürchtigen Bewunderung keineswegs schämt. Das Pferd aber empfindet eine starke Zärtlichkeit für das scheue und zurückhaltende Wesen an seiner Seite, das in vielen Träumen so anders ist als es selbst.

Allerdings kann es geschehen, dass das Pferd in seiner direkten und manchmal jovialen Art den Hasen verletzt, ohne dass es dies beabsichtigt hat.

Ungebrochen ist das Verhältnis der beiden jedoch, wenn es ums Genießen geht. Beide besitzen eine Vorliebe fürs Ambiente und finden immer wieder Mittel und Wege, ihr Zusammenleben schön zu gestalten. Das Pferd wird dabei für Aufregung sorgen, während der Hase sich eher für die Stunden am Kamin zuständig fühlt.

Hase – Ziege

Verspielt, freundlich und mit viel Sinn für die schönen Seiten des Lebens ausgestattet sind Ziegen. Mit all diesen Eigenschaften können sie einen Hasen rundum glücklich machen, und dies nicht nur für die Dauer einer kurzen und leidenschaftlichen Affäre, sondern ein ganzes Leben lang. Denn haben sich die beiden erst einmal gefunden, werden sie bald feststellen, dass sie optimal zueinander passen.

Dass eine Ziege sich gern im Mittelpunkt einer Gesellschaft befindet, erweckt im Hasen nicht das geringste Neidgefühl. Denn sie will niemals einen anderen Menschen an die Wand drängen, sondern sich lediglich an dessen Wärme und Zärtlichkeit sonnen. Da ihr der Hase reichlich Gefühl und Hingabebereitschaft entgegenbringt, ist für dieses Grundbedürfnis der Ziege in jedem Fall gesorgt. Ihrerseits spart sie ebenfalls nicht mit Leidenschaft und Fürsorglichkeit.

Dass eine Ziege einen starken Hang zum Angenehmen hat und nicht unbedingt auf harte Arbeit erpicht ist, stört den Hasen nicht weiter. Allerdings ist dann die Frage, wer in dieser Partnerschaft für den notwendigen Unterhalt sorgt.

Hase – Affe

Man kann sagen, dass es bei dieser Verbindung in der Hauptsache dem Hasen obliegt, für einen glücklichen Fortbestand zu sorgen. Denn der Affe, der manchmal zu geistigem Hochmut neigt und glaubt, er sitze auf einem höheren Ast als andere, wird sich in den meisten Fällen nicht als der toleranteste Partner erweisen. So muss der Hase versuchen, sein zurückhaltendes Wesen dem Affen zuliebe ein wenig auf Sturm und Drang zu schalten, um ihn bei seinen Unternehmungen zu begleiten.

Doch müssen Hase und Affe nicht gleich die Flinte ins Korn werfen, wenn sie einander begegnet sind und sich ineinander verliebt haben. Im Wissen um ihre gemeinsamen Schwierigkeiten haben sie immer noch die Möglichkeit, etwas aus ihrer Beziehung zu machen. Und außerdem, wo gäbe es die Regel, die nicht von der berühmten Ausnahme bestätigt würde.

Hase – Hahn

Eine Beziehung dieser beiden ist sicherlich nicht einfach. Der nach außen hin eher kühle und zurückhaltende, innerlich aber butterweiche Hase fühlt sich zwar von der Farbenpracht des Hahns angezogen, doch wird er es in den seltensten Fällen so weit kommen lassen, auf ihn zuzugehen. Hier müsste schon der Hahn die Initiative ergreifen. Ob er allerdings hinter der Fassade des Hasen dessen inneren Reichtum erspürt, ist fraglich. Denn da der Hahn sich zumeist auf Futtersuche befindet und in den Zwischenzeiten unbedingt jemanden braucht, mit dem er stundenlang reden kann, fühlt er sich von dem eher nachdenklichen und introvertierten Hasen nicht gerade angesprochen.

Kommt es aber doch nach langem Hin und Her zu einer Partnerschaft, besteht die Gefahr, dass der ordnungsliebende Hahn ständig am Hasen herumkritisiert. Der verletzbare Hase kann dies ewige Nörgeln aber überhaupt nicht ertragen und wird mit Sicherheit die Flucht nach innen antreten, wenn es ihm zu viel wird.

Hase – Hund

Leidenschaft ist sicher nicht die Basis, wenn diese beiden sich entschließen, gemeinsam durchs Leben zu gehen, dagegen entwickeln sie ein hohes Maß an vertrauensvoller Zuneigung.

Beide können sich hervorragend anpassen und die eigenen Wünsche denen des Partners unterordnen. Allerdings fehlt es in dieser Verbindung manchmal an Initiative und Entschlussfreudigkeit, denn beide Zeichen haben nicht unbedingt den Ehrgeiz zu abenteuerlichen Unternehmungen. Dem Hasen reicht es, wenn der Hund in dieser Verbindung meist dafür sorgt, dass die beiden ein solides Auskommen haben. Wert auf Luxus oder einen höheren Standard legen beide nicht.

Wenn Hase und Hund sich zu einer Beziehung entschlossen haben, werden sie in den meisten Fällen bald eine Familie gründen. Beide sind liebevolle, tolerante Eltern.

Hase – Schwein

Ein Schwein geht in seinem Liberalismus sehr weit, so man nicht an seiner Eigenständigkeit rührt. Und da Hasen dies nicht im Sinn haben, gibt es wenige Paare, die so harmonisch zusammenleben können wie diese beiden Zeichen.

Der Alltag bringt ihnen so gut wie keine Probleme. Denn das Schwein strahlt eine große Harmonie und Zufriedenheit aus und würde niemals an seinem Hasengefährten herumkritisieren. Mit großem Vergnügen lässt es sich in die Welt der Fantasie einweihen, die sich ihm im Hasen offenbart. Und der Hase findet im Schwein einen Partner, dem er sich bedingungslos anvertrauen kann. Nur allzu einengend dürfen seine Umarmungen nicht werden, denn manchmal will das Schwein seiner Wege gehen und auf eigene Faust etwas unternehmen. Der Hase sollte dies in keinem Fall als gegen sich gerichtet empfinden, sondern dies Bedürfnis im Schwein unbedingt akzeptieren.

Die Texte zu den hier nicht aufgeführten Kombinationen finden Sie im entsprechenden Abschnitt der bereits behandelten Tierkreiszeichen.

Hase und Beruf

Hasen sind sehr oft künstlerisch veranlagt und haben schon in ihrer Kindheit das Bedürfnis, ihr reiches Innenleben auszudrücken. Da sie nach außen hin eher zurückhaltend sind, brauchen sie ein Medium, das ihre Gefühle zur Sprache bringt, ein Ventil für ihre Fantasie. Die Flut ihrer inneren Bilder drängt an die Oberfläche und verlangt danach, aufgefangen zu werden. Maler und Bildhauer, Schriftsteller und Musiker sind sehr häufig unter Hasenmenschen anzutreffen, zumal ihnen ein solcher Beruf die Möglichkeit gibt, über weite Strecken hin allein zu arbeiten und die raue Wirklichkeit für eine Weile zu vergessen.

Vor allem das bildnerische Gestalten liegt einem Hasen, denn da er wenig Neigung hat, sich direkt auszudrücken, und eher in Symbolen als in Fakten denkt, findet er hier die Möglichkeit, durch bestimmte kompositorische Anordnung, durch Farben und Formen seinen Träumen Gestalt zu verleihen.

Auch mit der Feder kann ein Hase seine inneren Bilder beschwören, sei es im Bereich der Lyrik, des Romans oder auch des Sachbuchs. Dabei kommt es ihm vor allem darauf an, allein an seinem Schreibtisch zu sitzen und ungestört arbeiten zu können.

Er zieht eine Arbeit vor, die seine hohen menschlichen Qualitäten fordert und in der auch sein mangelndes Geschick, mit Zahlen umzugehen, nicht weiter auffällt. Dies sind vor allem Berufe, die seine therapeutische Begabung herausfordern.

Häufig fällt die berufliche Wahl eines Menschen im Zeichen des

Hasen auch auf die Tätigkeit eines Lehrers. Sein großes pädagogisches Können macht es ihm möglich, ein starkes Vertrauensverhältnis zu seinen Schülern aufzubauen. Strafen stehen bei ihm nicht auf der Tagesordnung, und auf autoritäres Verhalten kann er ohne weiteres verzichten. Er schaffte es, eine angstfreie Lernatmosphäre herzustellen und die Kinder dadurch zu größeren Leistungen zu motivieren.

Die Schüchternheit ist eines der größten Handicaps eines Hasen in seinem beruflichen Werdegang. Allenfalls, wenn er sich für die Interessen anderer stark machen kann, legt er sie ab und verblüfft seine Umwelt mit plötzlicher Durchsetzungskraft. Oft findet man unter Hasengeborenen hervorragende Diplomaten oder Politiker, die im Interesse des Gemeinwohls keine Schwierigkeiten haben, etwas zu vertreten. Mit seinem großen Taktgefühl wird der Hase dabei niemanden vor den Kopf stoßen, immer die Formen des Anstands wahren und außerdem ein Auftreten haben, das man schlicht als gentlemanlike bezeichnen kann. Seine Eleganz und seine Höflichkeit machen ihn zum geborenen Botschafter.

In jedem Fall kann man sagen, dass ein Hase seine berufliche Erfüllung immer dann findet, wenn er seine menschlichen oder künstlerischen Qualitäten zum Ausdruck bringen kann. Ob er dabei etwas auf die hohe Kante legen kann, ist ihm egal. Hauptsache, er fühlt sich wohl!

Wer passt zum Hasen in beruflicher Hinsicht?

Hase – Hase

Da sie exzellente Diplomaten sind, viel Taktgefühl und ein vornehmes, zurückhaltendes Auftreten haben, wird das Firmenimage unter ihrer Leitung erstklassig sein. In dieser Hinsicht ist ein Hasenteam unschlagbar.

Ein Nachteil dieser beruflichen Partnerschaft ist, dass Unerfreuliches meist liegen bleibt, weil sich Hasen ungern mit dieser Seite des Lebens auseinander setzen.

Hase – Drache
In dieser beruflichen Partnerschaft ist es immer der Drache, der die Hosen anhat, denn in jedem Fall ist er derjenige, der am besten weiß, wie man Gewinn erzielt. Von sehr langer Dauer ist das gemeinsame Schaffen der beiden aber nicht. Denn der Drache will hoch hinaus, und dem Hasen genügt es meist, wenn er sein Auskommen hat. Und aus diesem Grund werden die beiden sich bald trennen, in beiderseitigem Einverständnis.

Hase – Schlange
Ein ideales Team, in dessen Betrieb ein ausgezeichnetes Klima herrscht, da Hase und Schlange keinerlei Probleme miteinander haben. Zusammen arbeiten die beiden sowohl effektiv als auch Gewinn bringend, wobei meist die kluge Schlange mit ihrem Instinkt für offene Marktlücken die Führung übernimmt. Der Hase dagegen ist begeistert von ihrer Intelligenz, passt sich gerne an und arbeitet ungewöhnlich ausdauernd.

Hase – Pferd
Betritt man das Büro, das ein Hase mit einem Pferd teilt, so wird man etwas verdutzt vor einem ungeheuren Tohuwabohu stehen. Und inmitten dieses Chaos sehen wir einen verschüchterten und verzweifelten Hasen sitzen, der versucht, dieser Unordnung Herr zu werden.

Da dies nicht unbedingt seine stärkste Seite ist, fühlt er sich bei dieser Zusammenarbeit nicht sehr wohl. Das Pferd dagegen ärgert sich über die vorsichtige Art des Hasen, der immer wieder Bedenken hat, wenn es losgaloppieren möchte.

Hase – Ziege
Zwei ebenbürtige Partner haben sich hier gefunden, die aufgrund ihrer harmonischen Zusammenarbeit eine angenehme Atmosphäre im Betrieb schaffen. Der Erfolg des gemeinsamen Unternehmens ist für sie dabei absolut sekundär, Hauptsache, die beiden verdienen so viel, dass sie ihr Auskommen haben. Der vorsichtige und besonnene Hase findet hier in der Ziege vollstes Verständnis.

Hase – Affe
Die Zusammenarbeit dieser beiden Zeichen ist mit Sicherheit nicht die angenehmste. Doch kann, ob er es glauben will oder nicht, der

Affe im Grunde sehr viel vom Hasen lernen. Denn Diplomatie und Geschick im Umgang mit Kollegen und Untergebenen sind nicht unbedingt seine Stärken. Staunend wird er deshalb manchmal erleben können, dass der Hase mit Erfolg Dinge durchsetzt, an denen er selbst scheitern musste.

Hase – Hahn

Ist der Hase gezwungen, mit einem Hahn zusammenzuarbeiten – denn nur unter Zwang wird er dies tun –, balanciert er im Grunde ständig am Rande eines mittleren Nervenzusammenbruchs entlang. Denn der zurückhaltende Hase fühlt sich von dem ununterbrochenen Redestrom, mit dem der Hahn jedes Vorkommnis kommentieren muss, fürchterlich belästigt. Der Hahn dagegen braucht ein Gegenüber, das ihm ebenso lebhaft Antwort gibt, und empfindet den Hasen als muffelige Primadonna.

Hase – Hund

Ein gut gehendes Geschäft werden die beiden miteinander haben, das zwar niemals gigantische Ausmaße annimmt, aber für Hund und Hase vollkommen genügt. Als Kleinunternehmen haben sie ein solides Renommee, für das in erster Linie der Hase Sorge trägt. Und klaglos wird sich der Hund der geschäftlichen Strategie eines Hasen anpassen, denn in dieser Partnerschaft hat immer er die führende Rolle.

Hase – Schwein

Der nachdenkliche Hase wird bald unter diversen, allerdings nur indirekt geäußerten Nörgeleien des Schweins leiden. Finanziell geht es den beiden jedoch sicher optimal, denn ein Schwein findet immer den Trüffel im Wald. Doch ob dies für den Hasen ein ausreichender Grund ist, mit ihm ein Team zu bilden, mag dahingestellt sein.

Die Texte zu den hier nicht aufgeführten Kombinationen finden Sie im entsprechenden Abschnitt der bereits behandelten Tierkreiszeichen.

Hase und Gesundheit

Bösartig ausgedrückt, kann man sagen, dass der Hase wohl der große Hypochonder unter den chinesischen Tierkreiszeichen ist.

Dabei sind durchaus nicht alle Krankheiten, die der Hase in sich zu diagnostizieren glaubt, eingebildet. Denn dank der hochgradigen Empfindlichkeit bezüglich der Vorgänge in seinem Körper registriert er oft ein Unwohlsein, für das die Schulmedizin keine Erklärung findet oder das mit herkömmlichen Mitteln nicht geheilt werden kann. So sind Hasen wohl die Menschen, die am häufigsten unter Migräne leiden, einer Krankheit, die durch die Verdrängung seelischer Probleme zustande kommen kann.

Zum Sport kann man den Hasen am ehesten noch mit Yoga oder Tai-Chi locken, Körperübungen, die einen esoterischen Inhalt haben und Blockaden auflösen. Und gerade in dieser Richtung muss er etwas für sich tun, denn da er sich im Fall von Konflikten gerne zurückzieht und in sich selbst verkriecht, neigt er sehr oft zu Verspannungen und falscher Atmung.

Der Hase in den einzelnen Jahren: Aussichten und Tendenzen

Das Jahr des Hasen

Freuen Sie sich, denn ungetrübte Harmonie erwartet Sie im Jahr des Hasen!

Das Hasenjahr ist mild und angenehm und gönnt dem in diesem Jahr Geborenen nach den aufreibenden Turbulenzen im Zeichen des Tigers eine kleine Verschnaufpause.

Wohlbefinden und harmonische Ausgewogenheit kennzeichnen ein Jahr, das der Hase bestimmt. Eine Tauwetterperiode könnte man diese Phase nennen, in der alle Gegensätze friedlich aufgehoben werden. Und auch die Liebe hat jetzt ihre Sternstunden, denn kein Zeichen ist so romantisch und gefühlvoll wie der Hase. Die Zeichen für den Beginn einer Partnerschaft stehen absolut günstig, und man sollte im Hasenjahr nicht länger zögern. Auch wenn man schon gebunden ist, wird man überrascht sein, wie schnell sich jetzt Missverständnisse in Nichts auflösen können. Dinge, die im Jahr des Tigers noch eine mittlere Raserei erzeugt haben, können einen jetzt nicht mehr aus der Ruhe bringen. Eine Gefahr des Hasenjahrs liegt allerdings in der allzu großen Bereitschaft, dem Gefühl nachzugeben und der Vernunft nur eine Statistenrolle zuzuweisen. Kurze Affären sind dann die Folge, die manchmal auch gleichzeitig stattfinden können. Das Weh und Ach, das diese locker gehandhabten Liaisons dann manchmal hervorrufen, ist der Preis, den Menschen im Jahr des Hasen zu zahlen haben.

Auch im politischen Bereich hat diese Zeit einen Charakter von Entspannung und Frieden. Denn Diplomatie und Geschick im Umgang mit anderen sind Hauptmerkmale eines Hasen. Im Hasenjahr können Menschen vor allem lernen, dass Nachgeben oft schneller zum Ziel führt als Gewalt und dass nicht unbedingt jeder Konflikt gleich zum Knall führen muss.

Das Jahr der Ratte

In erster Linie muss ein Hase jetzt Geduld aufbringen, um Fortschritte zu machen. Eine ideale Zeit für den Hasen, um längerfristige Pläne zu schmieden und an die Zukunft zu denken. Denn da der unmittelbare Handlungsspielraum etwas beschränkt ist und er noch mehr zur Vorsicht neigt als sonst, kann er ruhig aus der Not eine Tugend machen.

Das Jahr des Büffels

Der Hase muss im Jahr des Büffels in den sauren Apfel beißen und schuften. Doch Panik braucht er deshalb keine zu bekommen, denn er wird immer jemanden finden, der, so lautet ein chinesisches Sprichwort, »für ihn den schweren Himmel trägt«. Das heißt, er kann sich jetzt unbedingt auf jemanden verlassen, der mit ihm die Last der Verantwortung teilt.

Das Jahr des Tigers

Der sonst so scheue und zurückhaltende Hase fühlt sich jetzt manchmal auf ihm ungewohnte Weise risikofreudig. Doch sollte er gerade im Tigerjahr schlafende Hunde nicht wecken. Ganz behutsam und diplomatisch sollte ein Hasenmensch jetzt mit sich und anderen umgehen.

Das Jahr des Drachen
Der Hase darf sich freuen, denn jetzt wird er all die berufliche Anerkennung erlangen, auf die er so lange hingearbeitet hat. Der Drache, ein Symbol für Glück und Reichtum, lässt auch die Finanzen des Hasen in die Höhe schellen. Diese Phase sollte der Hase ruhig auskosten, denn auch im Privatbereich stehen ihm jetzt eine Menge Möglichkeiten offen.

Das Jahr der Schlange
Eine Zeit mancher Veränderungen kündigt sich im Jahr der Schlange für den Hasen an. Dies kann sowohl einen Wohnungswechsel bedeuten als auch eine neue berufliche Position. Doch geschehen diese Wechsel nicht rapide, sondern sie bereiten sich langsam und in aller Stille vor.

Das Jahr des Pferdes
Ein großartiges Jahr für den Hasen. Es gibt nichts, was ihm jetzt nicht gelingt. Risikoreiche Investitionen darf er in jedem Fall wagen, und auch im Hinblick auf eine Partnerschaft hat er jetzt den Himmel auf Erden.

Das Jahr der Ziege
Freundschaft, Liebe, harmonische Zusammenkünfte kann ein Hase im Ziegenjahr erleben, und kaum jemals werden diese Beziehungen durch irgendein Problem getrübt. Und auch beruflich gesehen erwarten Hasen jetzt keine größeren Schwierigkeiten. Ein Superjahr für den Hasen!

Das Jahr des Affen
Vorsicht ist die Mutter der Porzellankiste, und dieses Motto sollte sich der Hase im Affenjahr unbedingt zu Eigen machen. Denn der Affe neigt zu waghalsigen Entschlüssen und will oft einen Ast höher hinauf als andere. Wenn der Affe immer wieder seine Handlungsweise beeinflussen will, soll ein Hase stur bleiben und seiner eigenen, ursprünglichen Natur gehorchen.

Das Jahr des Hahnes

Bevor ein Hase eine endgültige Bindung eingeht, sollte er sich das unbedingt überlegen. Denn im Jahr des Hahnes neigt er dazu, seine Unabhängigkeit vorschnell aufgeben zu wollen, was er wahrscheinlich spätestens im Hundejahr bereuen wird. Die Zeit ist in diesem Jahr dafür noch nicht reif.

Das Jahr des Hundes

Im Beruf gibt es zwar keine Veränderungen zu verzeichnen, doch wird er jetzt öfter von Vorgesetzten kritisiert, einfach, weil sein ganzer körperlicher Haushalt nach Entspannung drängt. Doch mit seinem diplomatischen Geschick wird er seinem Chef klar machen, dass er keine Maschine ist und ab und an Verschnaufpausen braucht.

Das Jahr des Schweines

Mit gemischten Gefühlen verlebt der Hase das Jahr des Schweines. Denn ein wenig launisch gebärdet es sich schon und lässt auch im ausgeglichenen Hasen manchmal starke Stimmungsschwankungen aufkommen.

Doch trotz alledem vermag er in diesem Jahr viele Dinge sehr realistisch einzuschätzen und damit seine Zukunft wirklichkeitsnah zu gestalten.

Der Drache
und seine Eigenschaften

Chinesischer Name des Drachen: Long
Vom Drachen regierte Stunden: 7.00 bis 9.00 Uhr
Himmelsrichtung: Ostsüdost
Vergleichbares Tierkreiszeichen im Westen: Widder

Stark und entschieden, kraftvoll und doch anmutig erhebt der Drache sich in die Lüfte. Als König des Himmels und der Erde, als Zeichen, das Sonne und Mond in sich vereint, galt er im alten China als Symbol für Glück, Reichtum und Macht.

Der Drache ist dem Element Holz zugeordnet. Im Holz findet sein Feuer Nahrung, als Rauch wird es zuletzt durch die Nüstern ausgestoßen. Damit verkörpert er wohl in einzigartiger Weise die Kraft der Transformation, der Verwandlung. Ein Drache ist sowohl bodenständig als auch emotional und vergeistigt, er ist tatkräftig und zugleich ungeheuer sensibel in seinen Empfindungen. Kühn und herrschaftlich hebt er sich von der Erde ab, um im Flug den Überblick zu gewinnen. Und mit Leidenschaft und Temperament setzt er seinen Willen durch, wenn ihm etwas am Herzen liegt.

Menschen, die im Zeichen des Drachen geboren wurden, haben meist eine bezwingende Ausstrahlung, ein kraftvolles Auftreten und ein einnehmendes Wesen. Sie sind liebenswürdig und doch bestimmt, sie sind empfindsam und können sich doch ausgezeichnet beherrschen.

Drachen sind in der Lage, eine Situation sofort richtig einzuschätzen. Noch im größten Chaos können sie Handlungsstrategien entwerfen und klare Beschlüsse fassen. Vital, entscheidungsfreudig und ungeheuer leidenschaftlich, mobilisieren sie alle ihnen zur Verfügung stehenden Kräfte und bringen Ordnung in das Durcheinander. Dass sich dabei alle anderen ihrem Willen unterwerfen, ist für sie eine Selbstverständlichkeit.

Wo viel Licht ist, ist auch viel Schatten. Macht ist eine der Grundvoraussetzungen, die ein Drache zum Leben braucht, und ohne jeden Skrupel wird er diesen Machthunger bei sich bietender Gelegenheit befriedigen. Ein Drache übernimmt grundsätzlich die Führung und lässt sich auf einen Konkurrenzkampf gar nicht erst ein. Wird seine Autorität nicht akzeptiert, treibt er seinen Gegner fauchend, Feuer spuckend, wild und ungezügelt in die Enge.

Drachengeborene brauchen Respekt von ihren Mitmenschen, denn daraus beziehen sie im Wesentlichen ihre Selbstachtung, ihre aristokratische Identität. Versagt man ihnen die Anerkennung, fühlen sie sich tief in ihrer Würde verletzt, und auch auf Kritik reagieren sie ausgesprochen empfindlich. Trotz seines Temperaments hat ein Drache nämlich ein sensibles Gemüt und fühlt sich todunglücklich, wenn ihn Menschen, die er selber schätzt, auf irgendeine Weise ablehnen.

Menschen dieses Zeichens verhalten sich immer offen und sind in allen ihren Äußerungen aufrichtig. Ungeschönt und direkt sagen sie, was sie zu sagen haben, und machen kein Geheimnis aus ihren Absichten und Stellungnahmen. Jede Art der Lüge, der Verschleierung und der Taktik ist ihnen aus tiefster Seele verhasst.

Ehrgeizig und tüchtig setzt der Drache sich ein, wenn er von etwas überzeugt ist. Ein Drache ist gern Kapitän und versteht es als ausgezeichneter Stratege, jede Strömung zu nutzen und seine Schiffsbesatzung mustergültig einzuteilen. Dabei liegt er selbst nicht auf der faulen Haut, sondern arbeitet im Schweiße seines Angesichts mit. Sinn und Zweck dieser Arbeit müssen allerdings evident sein und bis zu einem gewissen Grad den Interessen des Allgemeinwohls entgegenkommen. Denn obwohl ein Drache zur Herrschsucht neigt, handelt er stets im Sinne der Gemeinschaft. Und für Menschen, denen ein Unrecht angetan wurde, holt er die Kastanien aus dem Feuer. Wer in Krisenzeiten einen Drachen an seiner Seite weiß, hat schon gewonnen, denn es gibt kaum eine Situation, in der er sich nicht behauptet.

Unbedingt ist auch seine Haltung seiner Familie gegenüber, deren guten Ruf er stets zu erhalten sucht. Denn schließlich geht es um das

Renommee eines Königsgeschlechts, dessen Ehre und Ansehen verteidigt werden müssen. Im Haus dieser Dynastie herrscht deshalb auch meist ein strenges Zeremoniell, das mit pompösen Aufwand betrieben wird. Die Alltagsregeln sind genau festgelegt, und Zuwiderhandlungen haben oft drakonische Maßnahmen zur Folge. Doch wird diese königliche Strenge aufgewogen durch den hohen Grad an Zuverlässigkeit und Treue, die der Drache seinen Anverwandten entgegenbringt.

Drachen sind sehr großzügige Charaktere, die im Geben tiefe Befriedigung erfahren. Sei es in materieller oder in emotionaler Hinsicht – ein Drache wird niemals geizen oder sparen. Da er selbst so reich mit Glück gesegnet ist und da ihm ein großes Maß an Lebensfreude in die Wiege gelegt wurde, kann er bedenkenlos schenken, ohne sich etwas zu vergeben. Aus diesem Grund verzeiht man ihm auch gern sein plötzliches Aufbrausen, seine Koller und seine Vulkanausbrüche, wenn er sich auf den Schlips getreten fühlt. Dies geschieht spätestens dann, wenn man ihm die Rolle des Haushaltsvorstandes abspenstig machen möchte und offen gegen sein Diktat rebelliert. Denn der König unter den chinesischen Tierkreiszeichen tut sich auch im Privatleben schwer, als Gleicher unter Gleichen zu existieren.

Drachen ziehen es sehr oft vor, ein Leben lang ledig zu bleiben, da ein Zusammenleben meist mehr an Kompromissbereitschaft erfordert, als sie aufbringen können, zumal Liebe und Geborgenheit nicht unbedingt ihr größtes Anliegen im Leben sind. Menschen dieses Zeichens können ohne weiteres allein bleiben und lieber in Einsamkeit leben, als in einer Partnerschaft ihren Willen und ihre Kraft zu verlieren.

Zum Drachen gehört auch der große Mut zum Risiko, der gewagte Zugriff, mit dem er Dinge anpackt. Einen Angsthasen an seiner Seite könnte er nicht ertragen, vor allem, wenn dieser versucht, ihm die Flügel zu stutzen. Ein Drache will hart arbeiten, aber auch fliegen und für seine kraftvolle Ausstrahlung Bewunderung erringen. Dazu gehört für ihn, dass der Partner ihm bedenkenlos vertraut und möglichst mit allem einverstanden ist, was er tut.

Der Drache in den fünf Wandlungsphasen

Der Drache in der Phase des Metalls
Aufrichtigkeit und Integrität sind für den Metalldrachen der Maßstab, an dem er alles misst. Wahrhaftigkeit ist für ihn eine Voraussetzung in seiner Beziehung zu anderen. Mit Leidenschaft tritt dieser Drache für seine Überzeugungen und für seine Moralbegriffe ein. Für seine eigene Geradlinigkeit würde er sein Leben aufs Spiel setzen, und er kann nur schwer begreifen, wenn seine Mitmenschen mit diesem Begriff eher locker umgehen. An ihrer Seite zu leben ist ein Risiko, ein Abenteuer, ein gewagtes Spiel. Doch wird der Metalldrache nur Menschen zu Gefährten wählen, die ihm gewachsen sind, um in der Intimität der Zweisamkeit jene Eigenschaften hervortreten zu lassen, die er normalerweise verbirgt: Treue und Zärtlichkeit.

Der Drache in der Phase des Wassers
Wesentlich vorsichtiger als seine übrigen Artgenossen ist ein Wasserdrache. Sein Wesen wirkt weicher und gutmütiger, denn das Element Wasser bewirkt, dass er sehr viel flexibler ist und sich der Gemeinschaft besser anpassen kann.

Eine persönliche Niederlage einzustecken fällt den Wasserdrachen nicht so schwer. Sie können die Dinge in ihrer Relativität erkennen und sehen vor allem auch sich selbst nicht als Maß aller Dinge. Aus diesen Gründen sind sie trotz ihrer starken Willenskraft und ihres Durchsetzungsvermögens sehr umgänglich. Liberal und tüchtig, mit einem ausgeprägten Führungstalent ausgestattet, ist dieser Drache, der in der Phase des Wassers zur Welt gekommen ist.

Der Drache in der Phase des Holzes
Ein Drache, der unter Einfluss des Holzes geboren ist, ist meist eine Forschernatur mit einem brennenden Interesse am Gesetz von Ursache und Wirkung. Absolute Logik bestimmt seine Handlungsweise, dabei sind Holzdrachen alles andere als kalte Verstandesmaschinen, sondern – im Gegenteil – ausgesprochen großherzig. Zwar kennen auch sie die Ambition zu herrschen nur zu gut, doch wählen sie im Zweifelsfall lieber einen Kompromiss, als dass sie andere vor den

Kopf stoßen. Allerdings müssen sie einen Vorteil darin sehen. Wie alle Drachen ist auch dieser ein wenig egozentrisch und tut sich schwer, seine eigenen Interessen zurückzustellen. Doch da er aufgrund seiner logischen Intelligenz Dinge objektiv beurteilen kann, fällt es ihm nicht so schwer, das eigene Interesse zugunsten der Sache zurückzunehmen.

Der Drache in der Phase des Feuers

Oft hat dieses Zeichen eine starke Aura von Autorität und Überlegenheit. Ohne es zu beabsichtigen, schüchtert der Feuerdrache andere mit seinem ungeheuren Selbstbewusstsein ein. Zwar hat er ein sehr offenes Wesen und spricht sein Gegenüber immer direkt an. Doch ohne sich dessen bewusst zu sein, übt er dabei einen gewissen Druck aus und neigt zu diktatorischem Verhalten. Doch wenn er will, kann ein Feuerdrache sogar ausgesprochen bescheiden sein und seine hoch fliegenden Ansprüche zurückstellen. Doch im Allgemeinen wird er erst einmal seine Führungsrolle durchzusetzen versuchen, ehe er sich demütig den Interessen des Allgemeinwohls beugt.

Der Drache in der Phase der Erde

Die Erde stattet den Drachen mit sehr viel Sinn für die Realität aus. Mit Problemen geht er meist nicht so emotional um wie seine Artgenossen, vielmehr versucht er, auf vernünftige Art und Weise eine Lösung zu finden. Und in seiner Arbeit zeichnet er sich durch eine gewisse Beständigkeit aus, wobei er wesentlich weniger strenge Ansprüche an seine Mitmenschen stellt als andere Drachen.

Nach außen wirkt ein Drache dieser Phase eher zurückhaltend und still. Doch hinter seiner bescheidenen Haltung verbirgt er ein gerüttelt Maß an Tapferkeit und Stärke. In jenem Augenblick aber, in dem sein Stolz verletzt wird, macht er unmissverständlich klar, dass er ebenso leidenschaftlich und emotional handeln kann wie seine Namensvettern.

Der Drache und sein Aszendent

Drache mit Aszendent Ratte

Ein Charakter, der meist im Einklang mit sich selbst lebt, ist dieser Drache. Ein Drache, der eine Ratte zum Aszendenten hat, besitzt in ihr eine wachstumsfördernde Kraft, eine Quelle, die nie versiegt. Dies ist mit ein Grund dafür, dass er so leistungsfähig ist und meist erreicht, was er sich vorgenommen hat.

Ein leidenschaftlicher Gerechtigkeitssinn zeichnet Menschen dieser Kombination aus. Dabei stellt ein Drache dieser Zeichenkombination das objektive Rechtsempfinden unbedingt mit den Belangen seines eigenen Ichs gleich, eine Tatsache, die ihn von seinen Namensvettern weitgehend unterscheidet.

Anerkennung ist einem Drachen mit Rattenaszendent lebensnotwendig. Versagt man sie ihm, fühlt er sich todunglücklich. Doch im Allgemeinen steht er auf der Gewinnerseite des Lebens.

Drache mit Aszendent Büffel

Kaum eine Kombination ist günstiger als die des Drachen mit Büffelaszendent. Denn Menschen dieses Zeichens sind ehrgeizig, zielbewusst, diszipliniert und strahlen eine große Kraft aus. Ihr Wille kann Berge versetzen, denn sie sind durch den Drachen beflügelt und gewinnen durch den Büffel größere Schwerkraft.

Ungemütlich wird es allerdings bei dieser Kombination, wenn es zu einer Konfrontation kommt. An seinen Grundsätzen darf man nicht rütteln, und seine Ansichten sollte man lieber gar nicht infrage stellen. Tut man's, ist das die beste Garantie, dass man sich das Leben an der Seite dieses Menschen zur Hölle macht.

Drache mit Aszendent Tiger

Zur besonderen Willensstärke des Drachen gesellt sich die Risikofreude des Tigers, die es ihm möglich macht, fast alle Unternehmungen mit Erfolg durchzuführen.

Dieses selbstbestimmte Wesen will ein Drache-Tiger aber unbedingt ausleben. Der Tiger, dessen größtes Bedürfnis in Freiheit und Selbstständigkeit besteht, unterstützt darin den herrschsüchtigen Drachen auf seine Weise. Ein Problem bei dieser Kombination ist sicherlich, dass eine solche Persönlichkeit niemals die Führung an jemand anderen abgeben kann.

Doch setzt er sich für all diejenigen, die er liebt, mit der gleichen Energie ein, die er für seine eigenen Unternehmen verwendet. Und einer seiner großartigsten Züge ist seine Tapferkeit, sein kontrolliertes Verhalten in gefährlichen oder brenzligen Situationen.

Drache mit Aszendent Hase

Hase und Drache in einer Person erzeugen nicht immer volle Harmonie. Während der Drache siegen und herrschen will, mahnt ihn der Hase eindringlich zur Zurückhaltung. Hasen sind von Natur aus scheu und verschlafen, im Innern dagegen reich an Gefühlen und Fantasien. Das macht es dem Drachen manchmal etwas schwer, seinen Willen durchzusetzen, denn der Hase operiert eher mit Taktgefühl und Anstand und neigt nicht zur rücksichtslosen Umsetzung seiner Pläne.

Wenn es dem Drachen gelingt, sich die beiden Pole seiner Persönlichkeit wirklich bewusst zu machen, finden wir in ihm einen Menschen, dem es weder an liebevoller Hingabebereitschaft noch an Verantwortungsbewusstsein fehlt.

Drache mit Aszendent Drache

Natürlich ist dieser temperamentvolle, an Erfolg gewöhnte Drache mit einer gehörigen Portion Selbstbewusstsein gesegnet. Doch reagiert diese Konstellation noch empfindlicher auf alles, was die natürliche Souveränität infrage stellen könnte. Wenn ein doppelter Drache auch nur im Geringsten gekränkt wird, kennt sein Zorn keine Grenzen.

Das macht Menschen dieser Kombination mitunter zu etwas schwierigen Zeitgenossen. Denn dass ihre Anfälle einen gewissen Schrecken auslösen, ist ihnen meist erst danach richtig klar zu machen. Dann nämlich, wenn sie wieder friedlich, munter und sachbezogen an einem Projekt weiterarbeiten oder ohne jeden Übergang ihr leidenschaftliches Temperament auf erotischer Ebene ausdrücken wollen.

Drache mit Aszendent Schlange

Diese Drachen sind sehr vorsichtig in ihren Entschlüssen. Nachdenklich und überlegt gehen sie eine Sache an, und wenn sie sich entschieden haben, ziehen sie sie mit kontinuierlichem Arbeitseinsatz durch. Misslingt ihnen etwas, sind sie oft tagelang niedergeschlagen und suchen die Schuld oft erst bei anderen, ehe sie sich eigenes Versagen eingestehen.

Menschen, die unter dieser Zeichenkombination durchs Leben gehen, sind meist kreativ und besitzen künstlerische Ambitionen. Außerordentlich wichtig ist für Drachen mit Schlangenaszendent inneres Gleichgewicht. Extreme Hochs und Tiefs können sie nicht gut bewältigen, da sie für jeden spannungsgeladenen Zustand sofort nach Ausgleich suchen.

Drache mit Aszendent Pferd

Großzügig und leidenschaftlich, wild und ungebändigt ist dieser Drache, der mit unerschütterlichem Optimismus durchs Leben geht. Ständig fiebert er neuen Projekten entgegen, die er in Angriff nehmen möchte, und jagt von einer Aktivität zur nächsten. Diesem Macher ist kein Ziel zu hoch gesteckt, und je größer die Herausforderung ist, desto schwungvoller geht er damit um. Problematisch ist lediglich seine Sprunghaftigkeit.

Menschen dieser Zeichenkombination haben aufgrund ihres amüsanten und äußerst charmanten Verhaltens immer eine ganze Menge Bewunderer. Und da sie nicht allzu selbstherrlich sind, fassen Leute auch leicht Vertrauen zu ihnen.

Drache mit Aszendent Ziege

Die Ziege strahlt wie eine kleine freundliche Sonne alles und jeden an und verleiht dem kraftvollen und eher ichbezogenen Drachen eine Anziehungskraft, die als magnetisch bezeichnet werden kann. Wo er auch auftaucht, dieser Drache gewinnt sofort die Sympathie seiner Mitmenschen. Auch als Partner vermittelt er ein tiefes Gefühl von Sicherheit und Geborgenheit. Fürsorglich und mit großer Hingabe steht er dem anderen zur Seite.

Oft bevorzugen diese Menschen eine Karriere im pädagogischen

Bereich, um so ihre einmalige Begabung, feste Prinzipien mit warmer Herzlichkeit zu verbinden, in ihren Beruf einzubringen.

Drache mit Aszendent Affe

Eigentlich sollte man einen Drachen mit Affenaszendent im Pluralis Majestatis ansprechen, da in ihm gleich zwei ungekrönte Häupter hausen. Doch auch ohne größere Formalitäten wird er seine bezwingende Autorität auszudrücken wissen. Affen sind ausgesprochen rasch in ihrer Auffassung und geistig rege. Ihr Intellekt ist sehr hoch angesiedelt, und entsprechend hochnäsig verhalten sie sich manchmal.

Doch treibt diesen Drachen meist eine große Sehnsucht nach Wärme und Geborgenheit innerhalb einer familiären Gemeinschaft. Ein Drache mit Affenaszendent braucht nämlich sehr viel liebevolles Lob und Anerkennung, um seinen Weg nach oben zu bewältigen. Diese Art des Rückhalts ist ihm die stärkste Motivation weiterzugehen.

Drache mit Aszendent Hahn

Amüsant, heiter und lebhaft gibt sich dieser Drache, und mit ungeheurer Redseligkeit weiß er seinem Wesen Ausdruck zu verleihen. Spritzig wie ein Schuss Champagner sind seine Formulierungen, voller Witz und Esprit. Ein Drache mit Hahnenaszendent ist der perfekte Partygänger, und er ist todunglücklich, wenn er sich nicht in Schale werfen kann.

Nur um die Entschlussfreudigkeit dieses Zeichens ist es nicht so gut bestellt. Denn der vorsichtige Hahn, der sich gern von kleinen Körnchen ernährt, bremst den waghalsigen Drachen enorm ab, wenn es darum geht, etwas Neues zu beginnen. Dieser Charakterzug wird allerdings aufgewogen durch ein großes Durchhaltevermögen.

Drache mit Aszendent Hund

Eine Kombination dieser beiden Zeichen erzeugt öfter schon mal gewisse Spannungen. Denn der Hund ist mehr oder weniger der komplette Gegensatz des Drachen. Anpassungsfreudig und treu, bedeutet ihm das Allgemeinwohl mehr als sein eigenes Ego. Und bekanntermaßen verhält es sich ja im Fall des Drachen genau umgekehrt. Zu Fremden wahrt der Hund zuerst immer eine gewisse Distanz, ehe er warm wird und sich öffnet. Dann aber kann man sich seiner unerschütterlichen Zuneigung gewiss sein, auch wenn man manchmal von der leicht dogmatischen Seite dieses Freundes düpiert ist. Denn Hunde neigen zum Missionieren und möchten ihr Interesse am Gemeinwohl gern weiter vermitteln.

Drache mit Aszendent Schwein
Menschen dieser Konstellation haben meist ein sehr anziehendes Wesen. Es sind hochphilosophische Persönlichkeiten, die mit ihrer unaufhörlichen Suche nach dem Wesentlichen auch andere Menschen in ihren Bann ziehen.

Oft besitzen diese Menschen ein sehr imponierendes Wesen. Dabei nimmt die eher tolerante Einstellung des Schweins dem Drachen viel von seiner Selbstherrlichkeit. Schwierig wird es nur dann, wenn jemand diesem Zeichen seine Unabhängigkeit streitig machen will, denn hierin steht das Schwein dem Drachen in nichts nach. Und auch Geduld ist nicht seine größte Stärke. Wenn ihn der Jähzorn übermannt, wächst kein Gras mehr in seiner Nähe.

Drache und Partnerschaft

Mit magischer Anziehungskraft und dem Feuer eines Südländers erobert ein Drache den Menschen, den er sich zum Liebsten erkoren hat. Atemberaubend ist der Drache in dieser Phase der Verführung, denn romantische Liebesschwüre gehören für ihn zum Ritual seiner stürmischen Annäherung.

Ein Mensch, der im Zeichen des Drachen geboren ist, besitzt ein erotisches Charisma, eine unbezwingbare Kraft, einen Zauber, dem sich nur selten jemand entziehen kann. Er ist der geborene Verführer, der mit der Leidenschaft eines Vulkans dem anderen so lange zusetzt, bis der sich nicht mehr anders zu helfen weiß, als nachzugeben.

In der Hitze des Gefechts wird der Drache nicht mit glühenden Bekenntnissen und Schwüren sparen, die er allerdings leider in den wenigsten Fällen einzuhalten gedenkt. Denn ein Drache ist eigentlich ständig auf der Suche nach der großen Liebe, nach der einzig wahren, die alle seine majestätischen Ansprüche befriedigt. Und ehe er ein Verhältnis eingeht, das eher laue Temperaturen aufweist oder sein Selbstverständnis allzusehr untergräbt, bleibt er lieber allein. Und dies mit Entschiedenheit und ohne jede Angst vor der Einsamkeit. Kompromisslosigkeit ist eines der wesentlichsten Merkmale eines Menschen, der im Zeichen des Drachen geboren ist.

Drachen nehmen es mit der Treue nur dann genau, wenn das Spannungsfeld, das Knistern der ersten Annäherung erhalten bleibt. Ist die Glut niedergebrannt, erstickt in einer Beziehung, die nur noch auf Gewohnheit basiert, wendet der Drache sich augenblicklich ab. Sein Feuer braucht Nahrung, um zu brennen. Dass er selbst an einer Trennung keinerlei Schuld trägt, ist für ihn selbstverständlich, und mit königlicher Gebärde wird er sich verabschieden.

Die Liebe eines Drachen erlischt aber auch dann, wenn man sein aristokratisches Selbstverständnis allzu sehr beschädigt hat. Palastrevolutionen sind ihm unerträglich, und Widerspruch duldet er nur in Ausnahmefällen.

Partner eines Drachen müssen diesen Zug in ihm akzeptieren, wenn sie die Verbindung mit ihm aufrechterhalten wollen, und auch als Tatsache hinnehmen, dass er bei Streitigkeiten grundsätzlich immer Recht haben will. Denn im Fall eines Konflikts handelt ein Drachegeborener ichbezogen und subjektiv. Es gehört schon eine Portion diplomatisches Geschick dazu, mit ihm auszukommen. Überlegenheit sollte man in keinem Fall ins Feld führen, wenn man auf Dauer an ihm interessiert ist, und mit Kritik sollte man vorsichtshalber sparsam umgehen.

Doch wenn man nicht unbedingt darauf erpicht ist, aus dem Drachemann einen Pantoffelhelden und aus der Drachefrau ein süßes Heimchen am Herd zu machen, und wenn man mit Huldigungen nicht spart, kann man mit Menschen dieses Zeichens eine überaus harmonische Verbindung führen. Mit Fantasie und sehr viel Know-how sorgt der Drache dafür, dass das erotische Leben nicht an Spannung verliert, und inszeniert immer wieder neue Spielarten der Begegnung. Auch das gesellschaftliche Leben kommt in dieser Verbindung nicht zu kurz, denn Drachen lieben es, große Einladungen zu veranstalten, die einem Galaempfang in einer königlichen Residenz gleichkommen. Aber auch sportlichem Vergnügen sind sie nicht abgeneigt, wobei sie mit Vorliebe wilde und exzessive sportliche Betätigungen wählen. Tiefseefischen, Bergsteigen, Skifahren, aber natürlich auch Drachenfliegen sind bevorzugte Sportarten solcher Menschen, die sie gern in Gesellschaft ausüben.

In familiärer Beziehung sind diese Menschen überaus großzügig, vorausgesetzt, sie führen den Vorsitz. Debatten über Haushaltsgelder oder sparsame Lebensführung wird es im Zusammenhang mit ihnen kaum geben. Dazu sind sie viel zu sehr Menschen, die die »große Geste« lieben. Doch ansonsten führen Drachengeborene meist ein strenges Regiment. Genaue Regeln, Disziplin, Traditionsbewusstsein sind für sie Begriffe, die die Voraussetzungen einer erfolgreichen Dynastie bilden. Ihr Alltag hat durchaus etwas Zeremonielles an sich, wobei Verstöße gegen die Regeln hart geahndet werden. Und seinen älteren Verwandten bringt der Drache sehr viel Verständnis entgegen, denn sein Bewusstsein für Tradition weist ihnen den gerechten Platz innerhalb der familiären Gemeinschaft zu.

Wer einen Drachen zum Partner will, muss zwar mit einem eigensinnigen und jähzornigen Menschen rechnen, doch ebenso sicher kann er sein, dass er mit Leidenschaft, Temperament und Hingabe das Dasein um vieles bereichert.

Wer passt zum Drachen?

Drache – Drache

Hitzig, leidenschaftlich und temperamentvoll werden die beiden aufeinander zugehen und heiße erotische Begegnungen haben. Eine leidenschaftliche Affäre wird daraus entstehen, allerdings wird spätestens nach einer Woche die Kehrseite der Medaille sichtbar werden.

Die Streitigkeiten, die bei einem solchen Paar stattfinden, können einem Außenstehenden geradezu irrwitzig vorkommen. Beide werden dann im Zweifelsfall zu Freunden und Bekannten laufen und, tief gekränkt von den Unverschämtheiten des anderen, ihr Herz ausschütten. Wobei den Freunden oft die strittigen Fragen etwas dubios erscheinen, denn sie können nicht verstehen, dass ein Drache schon die geringste Kränkung als Verletzung seiner aristokratischen Aura empfindet.

Ganz so schlimm ist es dann doch nicht. Denn abgesehen von ihrer Rivalität, haben zwei Drachen eine Menge gemeinsamer positiver Eigenschaften.

Drache – Schlange

Das Geheimnis, das eine Schlange umgibt, weiß sie wohl zu hüten, auch wenn die Beziehung der beiden jahrelang dauert. Dabei ist sie dem Drachen gegenüber ungemein geduldig und weiß seinen temperamentvollen Ausbrüchen wohl zu begegnen. Denn Harmonie ist eines der Hauptanliegen im Dasein einer Schlange, und um dieser Harmonie willen kann sie durchaus einiges in Kauf nehmen. Herrschaftsansprüche wird sie in Gegenwart eines Drachen deshalb klugerweise nicht anmelden.

Romantik und Leidenschaft sind groß geschrieben in diesem Verhältnis. Beide Partner brauchen viel Zuneigung, Zärtlichkeit und Respekt, doch ebenso sehr schätzt jeder von ihnen seine Freiheit. Ab und an müssen die beiden getrennte Wege gehen, doch da sie dies als Tatsache voll und ganz akzeptieren können, gibt es darüber keinerlei Auseinandersetzungen.

Doch kann man sagen, dass diese Partnerschaft eine der farbigsten ist, die ein Drache eingehen kann. Königlich, liebenswürdig und mit einem Sinn fürs Schöne, bilden die beiden ein repräsentables Paar.

Drache – Pferd

Immer wieder von neuem fasziniert das temperamentvolle Pferd den leidenschaftlichen Drachen. Doch auch das Pferd weiß den Drachen zu schätzen, denn dessen konzentrierte Kraft, seine starke und intelligente Ausstrahlung wissen es vorübergehend im Zaum zu halten.

Meist jedoch währt das gemeinsame Vergnügen nicht lange, denn bald schon wird das Pferd gegen die Dominanzansprüche des Drachen aufmucken. Dass die Auseinandersetzungen, die daraus entstehen, nicht von schlechten Eltern sind, ist klar.

Doch muss es nicht so weit kommen. Denn im Ausgleich zu ihren heftigen Disputen besitzen beide einen großen Ideenreichtum, wenn es um Vergnügen und um Abenteuer geht.

Die meiste Zeit wird man die beiden wohl auf großer Fahrt antreffen, denn sie allzu lange in einer Wohnung allein zu lassen erweist sich nicht als günstig.

Zwei hitzige Temperamente haben sich also gefunden, deren Beziehung immer eine Art Gratwanderung ist. Aber was hält die Liebe länger jung als ein wenig Spannung?

Drache – Ziege

Die Partnerschaft zwischen einer Ziege und einem Drachen wird immer ein wenig anstrengend sein, dies gilt vor allem für die Ziege. Denn mit ihrem freundlichen Wesen, ihrem Sinn für Harmonie und ihrer Freude an den angenehmen Seiten des Lebens geht ihr manchmal im Zusammenleben mit einem Drachen die Puste aus. Doch kann man sich sicher sein, dass der Drache immer gern nach Hause kommt, wo er eine Ziege vorfindet, die sich ihre gelegentliche Abgespanntheit niemals anmerken lässt.

Ein inniges Verhältnis haben die beiden, in dem das Wort Rivalität keine Rolle spielt. Denn eine Ziege steht zwar gern im Mittelpunkt, erhebt aber keinerlei Anspruch darauf, das Kommando zu führen. Klaglos kann sie ihrem Partner die Führung überlassen, wobei sie seine manchmal allzu große Strenge den Kindern gegenüber durch ihr sanftes und harmonisches Wesen ausgleicht.

Vertrauen, Zärtlichkeit und gefühlsmäßige Übereinstimmung erwarten einen Drachen, wenn er sich mit einer Ziege einlässt.

Drache – Affe

Funken wird es zwischen einem Drachen und einem Affen auf alle Fälle geben. Denn auf den ersten Blick erkennen die beiden eine hohe geistige Übereinstimmung, und auch seelisch können sie sich miteinander eins fühlen.

Affen sind intelligent und beweglich und können dem kühlen Drachen durchaus das Wasser reichen. Allerdings neigen sie manchmal zu geistigem Hochmut, der dem majestätischen Selbstbewusstsein des Drachen in nichts nachsteht. Doch wenn die beiden es schaffen, das jeweilige Machtmonopol abzugrenzen, muss diese Tatsache nicht unbedingt zum Konflikt führen. Der Drache hat dann die Zügel in der Hand, und der Affe sorgt dafür, dass er, getragen von den starken Drachenflügeln, ständig neue Welten entdeckt.

Vielseitige Interessen, geistige Übereinstimmung und seelischer Gleichklang sind die hauptsächlichen Merkmale einer Partnerschaft zwischen diesen beiden Zeichen.

Drache – Hahn

Schwierigkeiten können in dieser im Grunde harmonischen Verbindung höchstens entstehen, wenn sich Drache und Hahn in ihrem jeweiligen Herrschaftsbereich nicht einig werden können. Grenzübertritte und -überschreitungen kann nämlich auch ein Hahn nicht ausstehen, da er im Zweifelsfall eine ähnliche Egozentrik an den Tag legt wie der Drache. Dabei beansprucht er weniger die Führung, sondern möchte nur sichergehen, dass sein Ich nicht zu kurz kommt.

Aus dieser Sorge um sich selbst vergisst er öfter mal, dem Drachen die notwendige Zufuhr an Bewunderung abzuleisten, und die Folge ist dann ein Krach, der sich sehen lassen kann.

Doch im Wesentlichen sind die beiden sich einig in ihren Lebenszielen. Allerdings sollten sie sich ab und an darauf besinnen, einander für ihre guten Eigenschaften zu loben, denn nichts motiviert sie so wie dies.

Drache – Hund

Obwohl der Hund eines der treuesten und anpassungsfähigsten unter den chinesischen Tierkreiszeichen ist, entwickelt sich die Beziehung zu einem Drachen für ihn in den wenigsten Fällen optimal. Denn der Hund braucht eine andere Art der Sicherheit als die, die ein Drache ihm geben kann, und bevorzugt vor allem stabile Verhältnisse.

Der ständige Wechsel, die ungebrochene Herrschsucht des Drachen machen es dem Hund schwer, ihn wirklich anzuerkennen. Denn der Hund lebt in erster Linie für die Interessen des Gemeinwohls und lehnt jeglichen Eigennutz ab.

Natürlich bestätigen Ausnahmen die Regel, und eine Beziehung zwischen Drachen und Hund muss nicht unbedingt schief gehen. Aber nur dann, wenn der Hund anerkennt, dass der Drache seine eigenen Gesetze schreibt und sie zum objektiv gültigen Maßstab für alles erhebt. Und der Drache müsste begreifen, dass in den Augen des Hundes alle Menschen das gleiche Recht beanspruchen können, und eine Art konstitutioneller Monarchie einführen.

Drache – Schwein

Eine stabile Union kann aus einer Liebesbegegnung von Drachen und Schwein erwachsen. Vor allem dem Schwein muss man es in dieser Partnerschaft hoch anrechnen, dass es seine Rolle blitzschnell erkennt und gutmütig den Part eines loyalen Royalisten spielt. Und da es sehr viel Humor besitzt und außerdem zu Toleranz und Nachgiebigkeit neigt, macht ihm das auch weiter keine Schwierigkeiten.

Nur wenn der Drache sich in seine persönlichen Belange einmischen will, wird das Schwein fuchsteufelswild. Denn das Schwein ist nur so lange verständnisvoll, wie man seine Kreise nicht stört und sich nicht anmaßt, darüber bestimmen zu wollen.

Doch sonst ist das Schwein immer bereit, die mit einem Leben an der Seite eines Drachen verbundenen Gefahren auszuhalten. Und an bewunderndem Lob wird es keinesfalls sparen. Der Drache schätzt diesen verständnisvollen Partner an seiner Seite, der meist fröhlich ist und mit untrüglicher Sicherheit die Trüffel im Wald findet.

Die Texte zu den hier nicht aufgeführten Kombinationen finden Sie im entsprechenden Abschnitt der bereits behandelten Tierkreiszeichen.

Drache und Beruf

Drachen sind darauf angewiesen, ihre Energie in Arbeit umzusetzen. Mit großem Ehrgeiz, mit Fleiß und Tüchtigkeit arbeiten sie auf ihr Ziel hin und lassen nichts unversucht, wenn sie vom Gelingen einer

Sache überzeugt sind. Mit hundertprozentiger Sicherheit wissen sie dabei im Voraus, ob sich ein Risiko lohnt oder nicht, und mit genialem Überblick treffen sie ihre Dispositionen.

Mit ihrer Fähigkeit zum Kalkül, ihrem intuitiven Gespür für Trends und ihrer klaren Übersicht über die Verhältnisse sind Drachen ideal in leitenden Positionen.

Deshalb trifft man Menschen, die im Zeichen des Drachen geboren sind, auch selten in untergeordneter Stellung an. Mit ihrer Begabung, sich in kurzer Zeit einen Überblick zu verschaffen, fühlen Drachen sich oft unterfordert, wenn man ihnen nicht genügend Verantwortung übergibt.

Drachen bevorzugen Berufe, die sowohl Planung als auch intuitives Gespür erfordern, wie beispielsweise die Tätigkeit eines Architekten oder eines Ingenieurs. Liebe zum Detail, exakte Durchführung und einen Blick für Strukturen erfordern diese Beschäftigungen, aber auch das Erkennen gegenwärtiger Trends. Dabei wird ein Drache immer einen Vorstoß ins Unbekannte wagen und sich nicht mit Althergebrachtem zufrieden geben.

Ebenso kann der Arztberuf einen Drachen reizen, vor allem, wenn er in Verbindung mit einem Forschungsgebiet ausgeübt wird.

Mit seiner großen Begabung zur Koordination ist ein Drache auch hervorragend im Managment eingesetzt. Sein Auftreten, seine Sicherheit im Umgang und sein risikofreudiger Zugriff machen ihn zum gefragten Firmenrepräsentanten, dessen Verhalten allein schon gute Abschlüsse garantiert. Seine Ungeduld ist dabei sprichwörtlich. Da er selbst sehr schnell ist, kann er oft unnötige Verzögerungen nicht ertragen. Lange Diskussionen, in denen das Für und Wider eines Unternehmens erörtert wird, schätzt er nicht. Wenn er selbst keine Bedenken hat, ist für ihn die Sache erledigt, und sie wird gemacht.

Dass man einem Drachen auch im Beruf ein gewisses Maß an Huldigung entgegenbringen muss, ist klar. Er braucht diese Anerkennung, diesen Respekt als Ansporn zu weiteren Leistungen, und versagt man sie ihm, reagiert er empfindlich und gekränkt.

Auch Misserfolge kann ein Drache schwer verkraften. Niemand

macht seine Selbstachtung so abhängig vom Erfolg wie der Drache, denn seine Identität bezieht er in der Hauptsache aus seiner Arbeit. Die Arbeit ist das Fundament seines Lebens, und bricht es zusammen, fühlt sich der Drache seiner Grundlage beraubt.

Energisch, tüchtig, fleißig und entschlussfreudig – das sind im Wesentlichen die Attribute, die man dem Drachen zuordnen kann.

Wer passt zum Drachen in beruflicher Hinsicht?

Drache – Drache

Am ehesten gelingt eine solche berufliche Verbindung, wenn beide Drachen zu Beginn klar ihre Kompetenzen abstecken und ein eigenes Ressort leiten. Denn ein Drache braucht das Bewusstsein, selbst das Regiment zu führen, und will kompromisslos das durchsetzen, was ihm richtig erscheint. Nur wenn die beiden Drachen jeweils Herr im eigenen Hause sind, können sie zur Not berufliche Partner werden.

Drache – Schlange

Eine hervorragende Zusammenarbeit kann zwischen Schlange und Drache entstehen – wenn die Basis, das Vertrauen stimmt. Denn beide können gut kalkulieren und das Äquivalent von Einsatz und Profit ermessen. Dass die beiden Kapital anhäufen, ist so gut wie sicher.

Der Schlange bereitet es keinerlei Probleme, dass der Drache manchmal gern das Sagen hat. Denn auf ihre Weise weiß sie mit Situationen so umzugehen, dass sie sich schlussendlich durchsetzt.

Drache – Pferd

Pferd und Drache lieben beide ihre Unabhängigkeit und Freiheit. Das Pferd beurteilt die Arbeit zudem noch unter anderen Aspekten als der Drache. Sie muss in erster Linie Spaß machen. Ist das nicht der Fall, verliert es schnell das Interesse. Unschlagbar als Team sind die beiden jedoch, wenn es ums Risiko geht. Mit Schwung galoppiert ein Pferd vorwärts, während der Drache mit scharfem Kalkül das Resultat errechnet.

Drache – Ziege

Die freundliche, angenehme Ziege ist wider Erwarten ein sehr guter Geschäftspartner für den Drachen. Mit ihrer positiven Ausstrahlung wirkt sie motivierend auf den Drachen, vor allem, da sie ihm sehr viel Geduld entgegenbringt, und im Allgemeinen funktioniert die Zusammenarbeit der beiden hervorragend. Vor allem, weil die Ziege trotz ihres langsameren Tempos nie den Faden verliert und dem Drachen durchaus zu folgen imstande ist.

Drache – Affe

Respekt haben Drache und Affe sicherlich voreinander, doch ist ihr Verhältnis eher kühl und distanziert. Denn beide sind auf ihre Weise Herrschernaturen und besitzen einen gewissen Hochmut. Während der Drache geradlinig sein Ziel verfolgt, neigen Affen zu Sprunghaftigkeit. Nur wenn der Drache sich dazu entschließt, den Affen so zu akzeptieren, wie er ist, haben die beiden eine Chance im Geschäftsleben.

Drache – Hahn

Kein optimales Team, denn ein Hahn braucht ständig einen Ansprechpartner, um gute Ratschläge zu erteilen. Und dem Drachen geht diese Eigenschaft bei der Arbeit mächtig auf die Nerven.

Der Hahn dagegen ist furchtbar gekränkt, weil er beim Drachen auf so viel Sturheit stößt. Denn auch bei der Arbeit bevorzugt er eine freundliche Atmosphäre und erfährt gern Aufmunterung durch seinen Partner.

Drache – Hund

Eine gleichberechtigte Partnerschaft empfiehlt sich für Drachen und Hund in keinem Fall, zumal der Drache den Hund nur als Untergebenen akzeptieren kann. Wenn dieser dann still auf seinem Platz sitzt, die Anweisungen des Drachen klaglos entgegennimmt und am besten seinen Mund hält, stört er den Drachen am wenigsten. Und mit der Zeit wird dieser den bescheidenen, aber wachsamen Arbeiter zu schätzen wissen.

Drache – Schwein

Lange dauert die berufliche Partnerschaft dieser beiden Zeichen zwar nicht, aber auf den ersten Blick scheint zwischen ihnen alles zu klappen. Denn der Drache schätzt die tolerante Lebenseinstellung des Schweins. Doch spätestens dann, wenn die beiden den ersten Geschäftserfolg aufzuweisen haben, möchte sich das Schwein für längere Zeit auf seinen Lorbeeren ausruhen. Den Drachen drängt es nun aber gerade vorwärts, da ihn nichts so sehr motiviert wie ein Erfolg.

Die Texte zu den hier nicht aufgeführten Kombinationen finden Sie im entsprechenden Abschnitt der bereits behandelten Tierkreiszeichen.

Drache und Gesundheit

Da Menschen, die im Zeichen des Drachen geboren sind, voller Energie und Leidenschaft stecken, haben sie auch häufig Probleme mit ihrem Blutdruck. Die Totalität ihres Einsatzes und der eiserne Wille, mit dem sie sich durchsetzen, lassen ihr Herz oft schneller schlagen als das anderer Menschen. Und ist das Gewünschte erreicht, sinkt der Blutdruck ebenso rapide, wie er gestiegen ist. Mit der jähen Veränderung muten Drachenmenschen ihrem Kreislauf mehr zu, als ihnen gut tut. Sie sollten deshalb ab und zu etwas kürzer treten und sich kleine Verschnaufpausen gönnen. Doch sind Drachen im Allgemeinen sehr kräftig und widerstandsfähig.

Der größte Energiespeicher ist für Menschen im Zeichen Drache meist ihr ausgesprochen tiefer Schlaf.

Der Drache in den einzelnen Jahren: Aussichten und Tendenzen

Das Jahr der Ratte

Ein lebhaftes Liebesleben erwartet den Drachen im Jahr der Ratte. Und auch in geschäftlicher Hinsicht hat der Drache jetzt eine Menge zu tun. Denn er besitzt im Rattenjahr den richtigen Riecher für Investitionen jeglicher Art. Aufpassen muss er allerdings, dass er unter diesen günstigen Bedingungen nicht übermütg wird und sich kopflos in Investitionen stürzt.

Das Jahr des Büffels
Drachen spüren im Büffeljahr oft einen gewissen Widerstand, den sie normalerweise nicht kennen. Sie kommen zwar voran, aber zäher als sonst. Der behäbige Büffel besetzt dieses Jahr mit einer Art Schwerkraft und macht es dem Drachen nicht so leicht, sich in die Lüfte zu erheben.

Das Jahr des Tigers
Mit großem Elan, aber auch mit Fleiß und Strebsamkeit kann der Drache jetzt seine beruflichen Wünsche verwirklichen. Doch das Tigerjahr hält außer beruflichem Erfolg auch manchen Beinbruch parat, den der Drache mit mehr Vorsicht und weniger Draufgängertum durchaus vermeiden könnte!

Das Jahr des Hasen
Weder im beruflichen noch im finanziellen Bereich finden jetzt großartige Veränderungen statt, was allerdings aufgrund der liebevollen und harmonischen Atmosphäre in seiner Umgebung für den Drachen nicht weiter schlimm ist. Und er sollte dieses wenig aufreibende Dasein auskosten, denn im Jahr der Schlange erwartet ihn so einiges!

Das Jahr der Schlange
Jetzt kann ein Drache die Karriere machen, von der er geträumt hat, und auch in finanzieller Hinsicht kann er manches Wagnis eingehen, das ihm die Umstände vorher versagt haben. Doch da er seine ganze Energie auf sein Berufsleben ausrichtet, fühlt sich ein Partner schon mal zurückgesetzt.

Das Jahr des Pferdes
Mit großem Schwung stürzt sich der Drache jetzt in den Ausbau seiner beruflichen Karriere. Doch sollte er trotz seines Elans Vorsicht walten lassen, denn manchmal möchte er im Pferdejahr allzu spontan handeln. Der Drache fühlt sich im Pferdejahr häufig ein wenig verwirrt und emotional irritiert, weil seine Herzensangelegenheiten eher im Ungewissen bleiben.

Das Jahr der Ziege
Viel Widerstandskraft und Vorsicht braucht ein Drache im Jahr der Ziege, das unter Umständen nicht das Bequemste für ihn sein wird. All seine kreativen Fähigkeiten muss er jetzt an den Tag legen, um Erfolg zu haben. Vor finanziellen Spekulationen sollte er sich dagegen eher hüten. Und auch in familiärer Hinsicht kann ihm jetzt mancherlei Unangenehmes beschert werden.

Das Jahr des Affen
Es ist ein durchwachsenes Jahr, das solide und ernsthafte Bemühungen von ihm verlangt.

Noch weniger als sonst neigt der Drache im Affenjahr zu Kompromissen, und gerade deshalb muss er jetzt öfter jede Angelegenheit von mehreren Seiten überprüfen. Denn hierin liegt oft der Schlüssel zum Erfolg, sowohl in privater als auch beruflicher Hinsicht.

Das Jahr des Hahnes
Ein hektisches und betriebsames Leben erwartet den Drachen im Hahnenjahr. In beruflicher Hinsicht kann er sich jetzt ein wenig erholen, denn seine ernsthaften Bemühungen sind nicht fruchtlos geblieben. Und damit beginnt eine glückliche Phase für den Drachen, der jetzt auch viel entspannter die Freuden der Liebe und Partnerschaft erleben kann.

Das Jahr des Hundes
Ein schwieriges Jahr kündigt sich dem Drachen im Zeichen des Hundes an.

Ein Drache muss jetzt versuchen, allen Arten der Auseinandersetzung aus dem Weg zu gehen. Das Günstigste, was ein Drache in diesem Zeitraum tun kann, ist, sich Ruhe zu gönnen und einmal richtig auszuspannen.

Das Jahr der Schweines
Mit Beginn dieses Jahres lichtet sich der schwarze Himmel wieder, der so schwer auf dem Drachen gelastet hat. Nach und nach findet er zu seinem seelischen Gleichgewicht zurück und gewinnt aus seinem Privatleben wieder Energie und notwendige Motivation.

Und auch beruflich lösen sich die schweren Wolken langsam auf und geben dem Drachen wieder den Blick frei auf eine heitere Zukunft.

Die Schlange
und ihre Eigenschaften

Chinesischer Name der Schlange: Chiee
Von der Schlange regierte Stunden: 9.00 bis 11.00 Uhr
Himmelsrichtung: Südsüdost
Vergleichbares Tierkreiszeichen im Westen: Stier

Gleich der Schlange, die sich häutet und alte Schichten abstreift, hat ein Mensch dieses Zeichens das Verlangen, in neue Bewusstseinsschichten vorzudringen und hinter den materiellen Erscheinungen den Schöpfungsgedanken zu suchen.

Schlangenmenschen sind nachdenkliche und empfindsame Charaktere, die das »Gras wachsen hören«. Ihre ständige Beschäftigung mit existenziellen Fragen verleiht ihnen charismatische Ausstrahlung, auch wenn sie meist sehr zurückhaltend sind. Doch wirkt ihr innerer Reichtum auf andere und erzeugt starke Funken und Sympathie.

Nach außen hin gibt sich ein Mensch, der in diesem Zeichen geboren ist, gern verschlossen, auch wenn er virtuos den charmanten Smalltalk beherrscht. Das, was ihn wirklich bewegt, die oft erstaunlich präzisen und feinen Beobachtungen, die er anstellt, gibt er ungern preis.

Oft wirkt er deshalb rätselhaft, schillernd und faszinierend. Seine Gesten, seine Haltung, sein ganzes Wesen irritieren seine Mitmenschen, vor allem, wenn er nach anfänglicher Zurückhaltung plötzlich eine Bemerkung macht, die ins Schwarze trifft und eine messerscharfe Beobachtungsgabe enthüllt.

Diese Verhaltenheit zeigt sich auch in der Scheu der Schlange vor allzu rascher Annäherung, vor jovialer Anbiederung, vor billiger Kumpanei. Sie hat immer eine etwas distanzierte, kühle Ausstrahlung und nimmt lieber auf indirekte Weise Kontakt auf, auf eine Art, die auch den raffinierten Umweg nicht scheut. Diese Form des Zugangs beherrscht sie geradezu vollendet, eine erlesene Mixtur aus Kalkül und Spiel.

Allzu Direktes ist ihr wesensfremd, und wird sie damit konfrontiert, zieht sie sich sofort in sich selbst zurück und rollt sich zu einem Kreis zusammen, in den niemand Eingang findet.

Konflikte, Auseinandersetzungen, Stellungnahmen sind deshalb nicht unbedingt ihre Stärke. Bahnt sich ein Streit an, der unbedingt ausgetragen werden müsste, verkriecht sich eine Schlange sofort und wartet bessere Zeiten ab. Der offene Stellungskrieg ist ihre Sache nicht, denn noch im Kampf mit dem Gegner möchte sie in erster Linie Haltung bewahren und das Gesicht nicht verlieren. Streitigkeiten, die einen chaotischen oder bösartigen Verlauf nehmen, bereiten ihr höllische Angst, und schweigend wird sie so lange verharren, bis dem anderen die Sache zu bunt wird. Dann kann sie aber zu radikalen Reaktionen neigen: Sie beißt zu. Und dieser Biss kann tödlich sein.

Es handelt sich hierbei immer um eine letzte verzweifelte Gegenwehr.

Meist verhält sie sich friedlich, mit viel Gespür für die Bedürfnisse von anderen. Diese Wahrnehmungsgabe ist auch der Grund, weshalb Schlangen meist mit einem ausgesprochenen Organisationstalent ausgestattet sind. Sie erkennen instinktiv den besten Platz für den Einzelnen und können hervorragend mit Untergebenen, mit Vorgesetzten und Mitarbeitern umgehen. Sie haben keinerlei Schwierigkeiten, sich anzupassen, da sie das Milieu erschnuppern. Einem Menschen, der in diesem Zeichen geboren ist, würde es nie einfallen, bewusst irgendwo anzuecken oder Konfrontationen zu suchen.

Allerdings muss gesagt werden, dass Schlangen dazu neigen, ihre Umgebung zu manipulieren. Denn das Talent, sich in andere hineinzuversetzen, ist ein zweischneidiges Schwert.

Schlangengeborene sollten sich immer wieder die Frage stellen, ob sie ihre Umgebung lediglich im eigenen Interesse beeinflussen, oder ob sie sich in den Dienst einer höheren Aufgabe stellen. Hat eine Schlange diese Art der Klärung, der Häutung an sich vollzogen, so entwickelt sie oft viel Menschlichkeit und Einsatzbereitschaft. Ob als Arzt, als

Psychologe oder als Geschäftsmann, der seine Mitarbeiter zu motivieren weiß, ein Charakter dieses Zeichens hat ein feines Gespür für andere und kann auf diskrete Weise Hilfen geben.

In Bezug auf sachliche Fragen, auf Entscheidungen, die im Bereich ihrer beruflichen Kompetenz liegen, kennt eine Schlange keine Scheu, sich zu behaupten. Meist äußert sie ihre Meinung selbstbewusst und publikumswirksam. Kühl und zurückhaltend legt sie ihre Überzeugung dar, ohne von Emotionen überschwemmt zu werden. Oft spricht sie dabei sogar ausgesprochen leise, was aber ihren Worten eine unnachahmliche Intensität verleiht.

Schlangengeborene haben sehr viel Sinn für Schönheit, Eleganz und Stil. Reine Funktionalität ist ihre Sache nicht, eine Schlange liebt den Luxus, das Ambiente, aber auch ihre Bequemlichkeit. Ein Schlangencharakter ist geschmäcklerisch, verwöhnt und anspruchsvoll. Sein Lebensstil muss eine fein ausgeklügelte Mischung aus Komfort, Dolce Vita und Geistigkeit sein.

Wie schon erwähnt, ist eine Schlange bei der Partnerwahl durchaus nicht geneigt, nach dem ersten Besten zu greifen. Hat sie sich jedoch einmal entschieden, so gibt es niemanden, der es ihr in der Kunst der Verführung gleich täte. Meist kennt sie eine ganze Palette erotischer Spielarten und entwickelt auf diesem Gebiet auch eine ungeheure Fantasie. Grobheiten hasst sie, sie möchte die Glut langsam schüren und jeden Schritt, jede Annäherung auskosten.

Ein vielfarbiger, oszillierender, in Rätsel gehüllter Mensch, das ist die Schlange. Wie kein anderes unter den chinesischen Tierkreiszeichen trägt sie die tiefe Ambivalenz in sich, die im nahen Beisammensein von Gut und Böse, Schwarz und Weiß, machtbesessener Gier und weiser Zurückhaltung liegt. Sie ist eine Grenzgängerin, die die Möglichkeit hat, das Leben bis in seine letzten Tiefen auszuloten, und die dadurch zu einer Weisheit gelangen kann wie wenige.

Die Schlange in den fünf Wandlungsphasen

Die Schlange in der Phase des Metalls
Überaus scharf, präzise und genau funktioniert der Verstand einer Schlange, die in der Phase des Metalls zur Welt kam. Sie besitzt eine starke Willenskraft und ein hohes Energiepotenzial, beides Eigenschaften, die es ihr ermöglichen, alles zu erreichen, was sie sich vorgenommen hat.

Diese Schlangen haben einen hervorragenden Blick für gute Gelegenheiten und liegen mit ihren Prognosen fast nie daneben. Sie setzen ihre Pläne in aller Stille in die Wirklichkeit um, verschwiegen und rasch, sodass andere kaum Gelegenheit finden, ihnen Einhalt zu gebieten.

Auf der anderen Seite ist diese Schlange ausgesprochen misstrauisch anderen gegenüber, ein Misstrauen, das sich bis zum Verfolgungswahn steigern kann.

Die Schlange in der Phase des Wassers
Wasserschlangen haben sehr viel Gefühl. Doch auch ihr Verstand arbeitet hervorragend. Intellektuelle gepaart mit künstlerischen Ambitionen findet man sehr häufig in diesem Zeichen. Doch haben diese Schlangen auch durchaus die Fähigkeit, pragmatisch zu denken und den materiellen Aspekt des Daseins nicht zu kurz kommen zu lassen.

Wenn sie will, ist eine Wasserschlange äußerst geschäftstüchtig, kann messerscharf kalkulieren und mit großer Geistesgegenwart handeln, wenn die Zeit reif ist. Nach außen hin gibt sich diese Schlange sehr gelassen und ruhig, Dabei ist sie im Grunde ungeheuer verletzlich und kann Kränkungen nur sehr schwer verkraften.

Die Schlange in der Phase des Holzes
Gesunde Urteilsfähigkeit, Umsicht und ein klarer Sinn für den Wert von Dingen sind charakteristische Eigenschaften der Holzschlange. Auch ihr Sinn für Kunst, für Musik, Theater und Malerei ist meist sehr ausgeprägt. Klarheit des Verstandes, verbunden mit Bodenständigkeit, ein hellwacher Sinn fürs Zukünftige und ein feines Sensorium für kaum wahrnehmbare Zusammenhänge, das sind die typischen

Merkmale einer Holzschlange, die sie so anziehend für ihre Mitmenschen machen. Holzschlangen können wortgewaltige Redner sein, die durch gekonnte Formulierung und umfassendes Wissen ihre Mitmenschen in ihren Bann ziehen.

Die Schlange in der Phase des Feuers

Leidenschaftlich, energisch und auch ein wenig herrisch ist die Feuer-
[...] mmer in körperlicher oder geistiger Bewegung ist. Sie
[...] ßerst publikumswirksame Ausstrahlung, ein Feuer, das
[...] und Brillanz.
[...] gen haben Führungsqualitäten, da sie es verstehen,
[...] Begeisterung andere zu motivieren. Problematisch wird
[...] schen allerdings ihr Streben nach Macht und Ruhm.
[...] s zu gelangen, würden sie alles tun, was in ihren Kräf-
[...] das schließt auch verborgene Machenschaften nicht aus.
[...] er Hinsicht sind sie jedoch die geborenen Verführer, die
[...] Leidenschaft ihre Eroberungen machen.

Die Schlange in der Phase der Erde

Ein bodenständiger, vernünftiger, klar sich seiner Grenzen und Fähigkeiten bewusster Mensch, das ist die Erdschlange. Meist lebt sie in Einklang mit sich selbst, weiß um ihre Bedürfnisse und ist sich über die Mittel, sie zu befriedigen, vollkommen im Klaren. Aus allen diesen Gründen strahlen Erdschlangen eine große innere Harmonie aus und haben in den meisten Fällen eine große Schar von Freunden um sich.

In Situationen der Verwirrung und Panik sind diese Charaktere unschlagbar. Mit Weitblick und klarer Vernunft greifen sie in die Geschehnisse ein und sorgen binnen kürzester Zeit für Ordnung.

Die Schlange und ihr Aszendent

Schlange mit Aszendent Ratte

Eine Schlange mit Rattenaszendent besitzt einen unerschöpflichen Vorrat an Ideen und Plänen. Aufgrund ihrer starken Anziehungskraft vermittelt sie auch ihren Mitmenschen viele Impulse und kann leistungsmotivierend auf sie einwirken. Allerdings ist sie selbst ständig angewiesen auf Lob und Anerkennung, um wirklich vorwärts zu kommen. Doch meist hat sie ein derart gewinnendes Auftreten, dass man sich gerne um sie schart und bewundernd zu ihr aufblickt. Da die Ratte jedoch ein wenig zu Eifersucht neigt, hat diese Schlange ab und zu mit solchen Gefühlen zu kämpfen. Auch Neid und Konkurrenzdenken können ein Problem für sie sein, da sie ausgesprochen leistungsorientiert und ehrgeizig ist.

Schlange mit Aszendent Büffel

Strebsam, bodenständig und grundehrlich ist der Büffel, und der Grundtenor seines Daseins ist sein ausgeprägtes Bedürfnis nach Sicherheit. All diese Eigenschaften kommen der Schlange zugute.

Ein Büffel-Schlange-Mensch ist im Allgemeinen sehr verschwiegen. Dafür arbeitet er hart und unverdrossen, beklagt sich wenig und strahlt eine große innere Harmonie aus. Er besitzt erstaunliche Ausdauer, und wenn er eine Sache in Angriff genommen hat, so lässt er nicht davon ab, bis sie zu seiner Zufriedenheit vollendet ist.

Schlange mit Aszendent Tiger

Das Temperament des Tigers ist dem der Schlange direkt entgegengesetzt, sodass ein Charakter dieser Zeichenkombination seine Mitmenschen immer wieder in Erstaunen versetzt. Denn er ist eine faszinierende Mischung aus Leidenschaftlichkeit, Hitze, Eleganz und Zurückhaltung. Diese Schlange hat eine ganz besondere Note, sie schillert in vielen verschiedenen Farben. Schlangen mit diesem Aszendenten sind konfrontationsfreudiger als üblich und scheuen sich nicht davor, mit ihrer Meinung auf den Plan zu treten, auch wenn sie damit unerfreuliche Szenen heraufbeschwören.

Schlangen mit Tigeraszendent haben zudem einen starken Freiheitsdrang und wollen gern unabhängig von ihrer Umgebung sein.

Schlange mit Aszendent Hase

Der Eindruck, den diese Menschen bei anderen hinterlassen, ist vorbildlich. Sie haben ausgezeichnete Manieren und würden nie ein falsches Wort am falschen Platz von sich geben. Dabei wirken sie manchmal etwas kühl, wobei man bei näherem Kennenlernen feststellen kann, dass sich hinter ihrer Fassade ein leidenschaftlicher und romantischer Mensch verbirgt, der sehr zärtlich und liebevoll ist.

Schlangen mit Hasenaszendent haben nicht selten übersinnliche Fähigkeiten. Denn der Hase verstärkt in der Schlange die intuitiven Fähigkeiten und stattet sie mit einem Riecher aus, der andere Menschen nur in Erstaunen versetzen kann. Ihre Fragen sind sehr tiefgründig, dabei intelligent und logisch.

Schlange mit Aszendent Drache

Schlangen mit diesem Aszendenten haben meist eine starke und kraftvolle Ausstrahlung und wissen sich in Anwesenheit von anderen Menschen gut in den Vordergrund zu stellen. Es ist der Drache, der die Schlange zu großen Taten beflügelt und ihr mehr Selbstbewusstsein verleiht.

Schlangen mit Drachenaszendent sind häufig sehr kreativ und besitzen künstlerische Ambitionen. Das Stilbewusstsein der Schlange verbindet sich mit dem sicheren Instinkt des Drachen, sodass sie im Trend immer vorne liegen. Auch ist es schwer, diesen Menschen ein X für ein U vormachen zu wollen, denn sie sind klug, intuitiv, sensibel und sicher in ihrem Urteil.

Schlange mit Aszendent Schlange

Dass Menschen dieser Zeichenkombination meist ungeheuer zart und verwundbar sind, braucht gar nicht weiter erwähnt zu werden. Es kostet sie oft unglaubliche Mühe, sich vor anderen zu öffnen, vor allem, weil sie dadurch diverse Vorteile zu verlieren glauben. Schlangen mit Schlangenaszendent müssen hart an diesem Aspekt ihrer Persönlichkeit arbeiten und versuchen, ihre verborgenen Motive vor sich und anderen zu erhellen. Denn im Grunde gibt es wenig Menschen, die so einfühlsam, so wahrnehmungsbegabt sind wie sie, besitzen sie doch die Möglichkeit, in tiefste Erkenntnisschichten vorzudringen und damit anderen zu helfen.

Schlange mit Aszendent Pferd

Offenheit, gepaart mit raffinierter Zurückhaltung, die Fähigkeit, mit Schwung eine Sache anzugehen und dennoch mit kühlem Verstand die Resultate abzuwägen, ein legerer, eleganter Stil, all das kennzeichnet eine Schlange, die die Eigenschaften eines Pferdes in sich trägt.

Mit ihrer eigenartigen Mischung verschiedener Aspekte neigen Menschen dieser Zeichenkombination dazu, komplizierte Beziehungen einzugehen, die allerdings die Komplexität ihres eigenen Wesens widerspiegeln. Sie sind sehr wählerisch und geben sich nicht leicht zufrieden, auch was das eigene Können betrifft.

Schlange mit Aszendent Ziege

Heiterkeit in Kombination mit einem hohen Grad an Geistesgegenwart, das sind die positiven Eigenschaften einer Schlange, die den Aspekt der Ziege in sich trägt.

Sie besitzt in dieser Kombination Leichtigkeit im Umgang mit Menschen und Dingen, stellt nicht so hohe Ansprüche an Tiefe und Wesentlichkeit und besitzt ein mehr oder weniger glückliches Temperament. Mit Charme und einem zärtlich gewinnenden Wesen versteht sie es, andere Menschen an sich zu binden, und hat dann meist ein intaktes Privatleben.

Schlange mit Aszendent Affe

Affen sind kluge Macher, die haarscharf und logisch kombinieren können. In Verbindung mit einer Schlange ergibt dies einen mittleren Einstein, der auf der Stelle schwierige Probleme entknoten kann und der immer weiß, was er will.

Liebenswürdig und hilfsbereit, so wird ein Mensch dieser Zeichenkombination von seinen Freunden empfunden. Doch da er bei aller Schärfe des Verstandes über das geheimnisvolle Flair der Schlange verfügt und einen unwiderstehlichen Charme entfalten kann, hat er auch bei Vertretern des anderen Geschlechts meist recht viel Glück.

Schlange mit Aszendent Hahn

Geradezu prädestiniert ist dieser Charakter für einen Beruf im pädagogischen Bereich. Auch als Berater oder Politiker ist er hervorragend eingesetzt. Denn seine intuitiven Fähigkeiten, gepaart mit einem großen Sprachtalent, verleihen seinem Auftreten absolute Überzeugungskraft.

Nur um seine Geduld ist es nicht so gut bestellt. Wenn sich eine

Sache in ihrer Durchführung als problematisch erweist, lassen Schlangen mit Hahnaspekt gern alles stehen und liegen. Sind sie sich jedoch klar über ihre Ziele und stehen schon erste Teilerfolge ins Haus, können sie hart arbeiten und sich vollkommen konzentrieren.

Schlange mit Aszendent Hund

Gastfreundlich, bodenständig und gern im Mittelpunkt ist die Schlange mit Hundeaszendent. Sie hat immer ein offenes Haus für Vorüberziehende und ein offenes Ohr für Ratsuchende. Doch Hunde haben keine große Entschlusskraft und warten meist, bis die Initiative von anderen ausgeht. Dieser Aspekt wirkt sich auch auf den Menschen dieser Zeichenkombination aus, denn er hat in jeder Beziehung Schwierigkeiten, Entscheidungen zu fällen.

Wenn die Schlange mit Hundeaszendent sich aber einmal entschlossen hat – mag es sich nun um die Ehe oder eine berufliche Angelegenheit handeln – so gibt sie nicht wieder auf. Sie kämpft bis zum Letzten, auch wenn die Beziehung längst in Scherben ist, der Plan sich als unhaltbar erwiesen hat.

Schlange mit Aszendent Schwein

Eine Schlange mit Schweineaszendent schätzt Herausforderungen nicht. Sie ist eher ein Mensch des Augenblicks, der Gegenwart, und liebt die sinnlichen Genüsse. Oft vergisst sie darüber, dass nach dem Heute wieder ein Morgen kommt, und hat daher häufig ziemliche Ebbe in ihrem Geldbeutel. Denn das Schwein ist im Gegensatz zur Schlange nicht sehr sicherheitsbedürftig und legt auf materielle Güter keinen gesteigerten Wert. Ab und zu versucht die Schlange die Oberhand zu gewinnen, dann fängt der Mensch dieser Zeichenkombination plötzlich wie ein Wilder an, zu sparen und zu rechnen. So kommt es zu einem ewigen Hin und Her zwischen zwei sehr gegensätzlichen Polen in dieser Persönlichkeit.

Schlange und Partnerschaft

Es gibt wohl kaum einen anderen Bereich, in dem die Mixtur aus verfeinerter Lebensart, Sensitivität und Einfühlungsvermögen, eben die

Merkmale der Schlange, besser zur Geltung kämen als in der Erotik. Denn hier kann sie am besten zeigen, was hinter ihrer anfangs so kühlen und verschlossenen Maske sitzt. Partner dieser Charaktere können sich also auf allerhand Überraschungen gefasst machen.

Aus der zunächst so zurückhaltenden, fast scheu und unzugänglich wirkenden Schlange entwickelt sich bei gegenseitiger Sympathie sehr schnell eine leidenschaftliche und hitzige Liebhaberin, die die Freuden der Erotik über alle Maßen schätzt. Wenn eine Schlange sich einmal geöffnet hat, so ist es geradezu atemberaubend, mit ihr zu flirten. Meist kennt sie alle Techniken der Verführungskunst und liebt auch in zärtlichen Stunden das Feine und raffiniert Ausgeklügelte. Nur lau darf eine Beziehung niemals werden, weswegen die Schlange auch alles tut, um die Flamme am Knistern zu halten. Sie versteht es, die Spannung immer wieder herzustellen, und hat ein feines Gespür dafür, wann Distanz angebracht ist, damit das Feuer der Leidenschaft hinterher wieder umso heftiger brennt.

Dabei stellt sie den Anspruch auf Ausschließlichkeit. Ihre Gefühle könnte eine Schlange niemals mit einem Dritten teilen, und erfährt sie, dass sie betrogen und hintergangen wurde, so bedeutet dies für sie eine Katastrophe. Auch selbst bemüht sie sich redlich um Treue, sogar wenn die anfänglich so heißen Gefühle etwas abgeflaut sind. Und geht sie dann doch einmal fremd, würde sie niemals ein Sterbenswörtchen davon verlauten lassen, einerseits, um den Partner zu schonen, und andererseits, weil sie eine gemeinsame Beziehung, die auf Dauer angelegt ist, niemals wegen einer kurzfristigen Affäre aufs Spiel setzen würde.

Wer eine Schlange zum Partner hat, muss sich allerdings auf eine gewisse Launenhaftigkeit gefasst machen. Denn oft sind diese Menschen starken Stimmungsschwankungen unterworfen und halten sich im privaten Bereich wesentlich weniger damit zurück als in der Öffentlichkeit. Vor anderen würde ein Mensch dieses Zeichens allerdings nie einen Streit entfesseln, da er immer bemüht ist, nach außen hin sein Gesicht zu wahren. Nimmt man auf diesen Wesenszug nicht genügend Rücksicht und fängt vor Freunden und Bekannten an, schmutzige Wäsche zu waschen, so kann man damit rechnen, dass die Schlange darauf mit Vorwürfen reagieren wird. Sie hasst es, anderen Menschen allzu viel Einblick in ihre Intimspähre zu gewähren, und braucht den Schutz formvollendeter Konversation, um sich sicher und wohl zu fühlen. Schlangengeborene sind nicht die unkompliziertesten Partner, da sie tausend Rätsel aufzugeben scheinen. Denn auch, wenn sie sich zu jemandem hingezogen fühlen, tun sie sich oft schwer, sich ganz zu öffnen. Sie brauchen das Geheimnis, die Zone, in der sie ganz allein mit sich selbst sind, einen Bereich, zu dem niemand Zugang hat. Zwar sind sie durchaus imstande, sich in den Stunden der erotischen Begegnung ganz hinzugeben, doch brauchen sie mehr als andere Menschen immer wieder die Möglichkeit, sich zurückzuziehen und allein mit ihren Gedanken zu bleiben.

Wie schon erwähnt, sind Schlangen nicht gerne bereit, sich auf Konfrontationen und Dispute einzulassen. Vor dicker Luft ziehen sie sich am liebsten zurück und schalten auf Distanz, so lange, bis frischer Sauerstoff die Atmosphäre wieder gereinigt hat. Vor einem Insistieren auf die Austragung von Konflikten sollte man sich hüten, denn im schlimmsten Fall greift sie dann zum radikalsten Mittel, das ihr zu ihrer Verteidigung zur Verfügung steht, sie stößt blitzschnell hervor und beißt zu. Und da ihr Biss mit Gift getränkt ist, sind die Folgen äußerst schmerzhaft. Schlangen hassen Übergriffe aller Art und können mit allzu direkten Angriffen nicht umgehen.

Doch alles in allem gibt es kaum einen charmanteren Kavalier als die Schlange. Hat man sich einmal über die Grundbedingungen des Zusammenlebens geeinigt, so ist man seiner Streicheleinheiten über Jahre hinweg versichert.

Wer passt zur Schlange?

Schlange – Schlange
Zwei vom gleichen Schlag haben sich hier gefunden, die sich ihr Leben lang hervorragend verstehen können. Beide sind sensibel und besitzen die gleiche Art, auf die Dinge zuzugehen.

Was andere Menschen an der Schlange so irritiert, ihre Verschlossenheit und Zurückhaltung, ist in dieser Partnerschaft kein Problem.

Allerdings haben beide die Neigung, das Unangenehme lieber unter den Tisch zu kehren oder mit sich selbst abzumachen. Vor allem, wenn sie verschiedene Lebensziele haben, kann es zu dicker Luft kommen. Ein reinigender Blitz täte dann manchmal Not, aber ehe sich eine Schlange zu so etwas entschließt, braucht es lange.

Im Allgemeinen halten zwei Schlangen hervorragend zusammen. Und man kann sicher sein, dass sie einen sehr kultivierten Lebensstil pflegen, der eine Stange Geld kostet. Um sich diesen Standard zu erhalten, müssen die beiden leider hart schuften.

Schlange – Pferd

Die Schlange ist vollkommen fasziniert von diesem quecksilbrigen, dynamischen Abenteurertyp, der eine Menge zu erzählen hat. Das Pferd dagegen lässt sich restlos bezaubern von der feinsinnigen Schlangenpersönlichkeit, die sich mit bewundernswert zurückhaltender Eleganz zu geben weiß. Zudem sind beide geistig überaus beweglich und haben sich eine Menge zu sagen.

Erste Schwierigkeiten treten dann auf, wenn das Pferd fortwährend nach Abwechslung lechzt und alle Pläne der Schlange über den Haufen wirft.

Schlange und Pferd müssen, soll diese Ehe klappen, in äußerster Selbstlosigkeit versuchen, den Charakter des anderen zu begreifen, auch wenn ihnen die jeweilige Verhaltensform fremd ist. Das Pferd sollte sich bemühen, den Rückzug der Schlange zu verstehen, denn dies ist ihr einziger Schutz im Fall einer Auseinandersetzung. Die Schlange muss akzeptieren, dass die Bewegung des Pferdes genau umgekehrt verläuft, nämlich vorwärts und mitten hinein in den Kampf. Nur wenn beide dies begreifen, können sie auf Dauer miteinander glücklich werden.

Schlange – Affe

Man kann davon ausgehen, dass es bei diesen beiden Zeichen öfter mal zu Streit und Unstimmigkeiten kommen wird. Sie hegen einen gewissen Argwohn gegeneinander, mag es sich nun dabei um Anwandlungen von Eifersucht oder Konkurrenzdenken handeln. Sobald sie diese Dinge thematisieren, liegen die beiden sich in den Haaren. Zudem fühlt sich der Affe von dem ständigen Bedürfnis der Schlange nach Erotik und Romantik eher verunsichert und reagiert auch schon mal heftig und gereizt, wenn sie ihm zu anhänglich ist. Die Schlange wird durch sein Verhalten sehr verletzt, sie braucht den Austausch von Streicheleinheiten so nötig wie das tägliche Brot.

Optimal verläuft diese Partnerschaft, wenn die beiden Kinder haben. Denn Affen sind ausgesprochen kinderlieb und können ihre ganze Energie in die Erziehung stecken. Außerdem haben Schlange und Affe dadurch etwas mehr Abstand voneinander, was ihrer Beziehung sicherlich nicht schadet.

Schlange – Ziege

Auf den ersten Blick fühlen die beiden eine starke, fast magische Anziehungskraft zueinander. Die Ziege, ein sonniges, freundliches und warmes Wesen, blickt fasziniert auf die nachdenkliche, aber charmante Schlange. Sie verspürt das starke Verlangen, dieses lebende Rätsel bis in seine letzten Tiefen kennen zu lernen, und lässt nichts unversucht, um in seine Nähe zu kommen.

Die Ziege muss in dieser Partnerschaft akzeptieren, dass die Schlange unergründlich bleiben wird, Zeiten des Alleinseins braucht und es hasst, wenn ihr jemand am Rockzipfel hängt. Außerdem sollte sie sich bemühen, ihre innere Sicherheit wiederzufinden, um der Schlange nicht dauernd zu nahe zu kommen.

Noch ein Tipp am Rande: Sollten die beiden tatsächlich heiraten, sei ihnen wärmstens ein guter Steuerberater anempfohlen. Denn beide sind Verschwender und müssen ihren Hang zu großen Geldausgaben wenigstens gut organisieren.

Schlange – Hahn

Bei Schlange und Hahn sprühen die Funken, wenn sie sich begegnen, und die erotische Anziehungskraft der allerersten Begegnung bleibt bei ihnen zeitlebens erhalten. Sie sind ein Herz und eine Seele und haben keinerlei grundsätzliche Schwierigkeiten miteinander. Der aufgeweckte, bunte und fröhliche Hahn erregt sofort die Aufmerksamkeit der Schlange, da er es versteht, sich elegant und manierlich zu verhalten. Und auch der Hahn fühlt sich von der Erscheinung der Schlange sofort angezogen, besonders, wenn sie ihre klugen und scharfsinnigen Bemerkungen macht. Kurz gesagt, es herrscht eine starke seelische Verwandtschaft zwischen ihnen.

Der Hahn ist ein harter Arbeiter, versteht zu sparen und wird in den meisten Fällen dafür sorgen, dass das nötige Kleingeld im Haus ist. Die Schlange dagegen wird die Rolle des Organisators übernehmen und mit ihrem klugen Köpfchen zur Wahrung von Stabilität und Sicherheit beitragen.

Schlange – Hund

Der treue, freundliche und anpassungsfähige Hund hat große innere Schwierigkeiten zu überwinden, ehe er einer Schlange näher kommen möchte. Umgekehrt verspürt auch die Schlange diverse Reserven gegenüber dem Hund. Seine Prinzipien, sein naiver Glaube an das Gute im Menschen fallen ihr gehörig auf den Wecker, und oft stellt sie sich taub, wenn er zum abertausendsten Mal damit anfängt. Über kurz oder lang erlischt die spröde Anziehungskraft, die zwischen den beiden geherrscht hat, und lässt die Beziehung so nach und nach abbröckeln.

Es gibt natürlich auch Ausnahmefälle, in denen die Beziehung zwischen einem Hund und einer Schlange funktioniert. In den meisten Fällen aber bleibt es auf dem Stande null. Hund und Schlange sind einfach zu verschieden, um wirklich eine erotische Beziehung aufzubauen.

Schlange – Schwein

Schweine sind tolerant, nachgiebig und kompromissbereit. Wenn die Schlange etwas durchsetzen möchte, hat sie keine Schwierigkeiten damit. Aus diesem Grund wird sie bald die Führungsrolle in dieser Partnerschaft übernommen haben und das Schwein manchmal übergehen. Ganz zufrieden wird es auch darum nicht in dieser Verbindung, weil es starke Anlehnungsbedürfnisse hat und wenig Distanz braucht. Der freiere Lebensstil der Schlange, ihre Wege, die es nicht kennt, machen aus dem sonst so gutmütigen Schwein einen verzweifelten und eifersüchtigen Partner.

Ideal ist diese Verbindung nicht, denn es gibt tausend Missverständnisse und Unklarheiten. Bei Schwein und Schlange handelt es sich um zwei so gegensätzliche Persönlichkeiten, dass es schon fraglich ist, ob überhaupt ein erotischer Urknall stattfinden kann. Wenn ja, so sind die Stunden zu zweit allerdings gezählt, falls die Schlange sich nicht die Mühe macht, ihrem Partner offener zu begegnen.

Die Texte zu den hier nicht aufgeführten Kombinationen finden Sie im entsprechenden Abschnitt der bereits behandelten Tierkreiszeichen.

Schlange und Beruf

Eine Schlange setzt immer all die ihr zur Verfügung stehende Energie ein, um zu beruflichem Erfolg, zu Ansehen und den damit verbundenen materiellen Gütern zu gelangen. Da sie in den meisten Fällen über einen scharfen, kalkulierenden Verstand verfügt, weiß sie ihre Mittel immer so einzusetzen, dass das Resultat ihr Recht gibt.

Schlangen sind ehrgeizig und würden es niemals ertragen, für längere Zeit in einer Underdogstellung zu bleiben. Dabei legen sie Geduld, Zähigkeit und Ausdauer in einem Maße an den Tag, das andere Menschen oft in Erstaunen versetzt. Sie selbst haben dabei allerdings das Gefühl, eigentlich Versager zu sein, doch würden sie diese Empfindung niemals offenbaren, so wie sie alles, was sie betrifft, gern verbergen und ihre Motive im Dunkeln lassen. Dass Angst vor Misserfolgen meist die stärkste Triebfeder ist, das würden die wenigsten vermuten, die diesen selbstbewussten, gewandten und erfolgsgewohnten Karrieremacher vor sich sehen.

Oft wissen Schlangen allerdings nicht so recht, auf welchem Gebiet sie eigentlich arbeiten wollen. Denn sie sind enorm vielseitig und können sich mit etlichen Bereichen durchaus anfreunden.

Auf der anderen Seite haben Schlangengeborene allerdings ein großes Sicherheitsbedürfnis, weshalb sie auch vor beruflichen Veränderungen in den meisten Fällen zurückschrecken, zumal sie bei ihrem hohen Lebensstandard meist viel Geld brauchen und ungern mit ihren Bedürfnissen zurückstecken. Da Schlangen meist Fingerspitzengefühl für Harmonie und Ästhetik besitzen, sind sie wohl am besten in Berufszweigen eingesetzt, die dieses Talent erfordern. Häufig findet man sie in der Modebranche, als Innenarchitekten, aber auch als Designer oder Grafiker.

Doch auch in Fachrichtungen, die Organisationstalent erfordern, sind Schlangen am richtigen Platz. Mag es sich nun um politische Angelegenheiten handeln oder um Bereich der Wirtschaft, Schlangen sind immer hervorragende Planer, die über das richtige Know-how verfügen und selten Fehlentscheidungen treffen.

Stellt man sich einer Schlange in den Weg, kann sie zu einem höchst gefährlichen Gegner werden. Denn da das eigene Vorwärtskommen für sie oberstes Primat hat, kennt sie keine Skrupel, wenn sie sich durchsetzen muss. Dieser vielleicht nicht sehr liebenswerte Zug ist aber damit zu erklären, dass sie in ihrem Innersten meist weniger selbstbewusst ist, als sie sich nach außen gibt, und dass ihr ganzes Selbstwertgefühl auf Erfolg aufgebaut ist.

Klappt aber alles, so kann man sich kaum einen liebenswürdigeren und anpassungsfähigeren Kollegen vorstellen als die Schlange. Hat eine Schlange einmal das Gebiet gefunden, das ihr breites Spektrum an Wissen und Bewusstsein herausfordert, hat sie kaum Schwierigkeiten, zu Erfolg und Ansehen zu kommen. Und da Geduld eine ihrer positiven Eigenschaften ist, wird sie auch selten die Flinte ins Korn werfen, ehe es so weit ist.

Wer passt zur Schlange in beruflicher Hinsicht?

Schlange – Schlange
Schlangen delegieren bekanntermaßen gern. Es kann also geschehen, dass sie jene Tätigkeiten, die ein wenig mühselig sind, ständig über den Tisch hin- und herschieben und erwarten, dass sie der andere erledigt. Es empfiehlt sich deshalb für die beiden, noch einen dritten Kompagnon hinzuzuziehen.

Das gemeinsame Unternehmen hat jedoch alle Aussichten auf Erfolg, wenn beide Schlangen ihre Karten offen auf den Tisch legen.

Schlange – Pferd
Eine Zusammenarbeit zwischen Pferd und Schlange ist nicht unbedingt empfehlenswert. Die Schlange hat einige Reserven gegenüber ihrem Partner, vor allem, wenn dieser manchmal ganz offen irgendwelche Geschäftsgeheimnisse ausplaudert. Außerdem ist ihr das Pferd zu hitzig, zu dringlich, zu impulsiv. Auf Dauer gesehen, wird also bei dieser beruflichen Verbindung nichts anderes herauskommen als ständige Missverständnisse und ein schlechtes Betriebsklima.

Schlange – Ziege
Ein warmes, fast schon herzlich zu nennendes Klima herrscht in einem Betrieb, in dem Schlange und Ziege miteinander arbeiten.

In einigen Punkten haben die beiden ein paar Kommunikationsschwierigkeiten. Sie können dann einfach nicht so gut Meinungen austauschen, allein deshalb, weil sie sich wesensmäßig eher fremd sind. Doch da sie sonst sehr gut miteinander harmonieren, würden sie dies niemals zu einem Problem aufbauschen.

Schlange – Affe
Schlange wie Affe besitzen eine hervorragende Witterung, was Gewinn bringende Abschlüsse anbelangt. Und auch in Sachen Repräsentation sind beide talentiert. Dennoch ist eine Zusammenarbeit nicht unproblematisch. Der Affe nämlich kann sich infolge der Verschwiegenheit der Schlange oft eines gewissen Misstrauens nicht erwehren. Die Schlange mit ihrem feinen Instinkt spürt dies natürlich und fühlt sich ihrerseits nicht mehr wohl.

Schlange – Hahn
Sinn für Prestige, eine hervorragende Öffentlichkeitsarbeit, das sind im Wesentlichen die Merkmale einer beruflichen Verbindung, wenn die Schlange sich mit einem Hahn zusammentut.

Lästige Buchhaltungsarbeiten wird in dieser Verbindung sicher der Hahn erledigen, während die Schlange eher die Kalkulation übernimmt. Profit werden die beiden aber in jedem Fall machen.

Schlange – Hund
Der Hund fühlt sich durch das Verhalten der Schlange oft zutiefst verunsichert. Die Schlange ihrerseits ist genervt, da der Hund wenig eigene Initiative entwickelt. Man kann davon ausgehen, dass sich die beiden über kurz oder lang trennen werden. Denn die ständigen Misshelligkeiten führen zu nichts, Hund und Schlange sind zu verschieden, als dass sie zu einer effizienten Handlungsweise miteinander finden könnten.

Schlange – Schwein
Um die Finanzen der gemeinsamen Firma wird es nicht so rosig bestellt sein. Zusammen haben die beiden keine gute Hand für Geld. Die Schlange kann zwar einteilen, doch braucht sie jemanden, der dafür Sorge trägt, dass die Organisation auch klappt. Und darin ist das Schwein nicht so begabt.

Die Texte zu den hier nicht aufgeführten Kombinationen finden Sie im entsprechenden Abschnitt der bereits behandelten Tierkreiszeichen.

Schlange und Gesundheit

Ein Mensch, der im Zeichen der Schlange zur Welt gekommen ist, zeigt sich nach außen hin immer in bester Kondition, trotz seines im Grunde eher anfälligen und labilen körperlichen Zustandes.

Das wohl empfindlichste Organ des Menschen, das Organ, das die Grenze zwischen Innenwelt und Außenwelt bildet, ist die Haut. Und da Schlangen bekanntermaßen auf alles sehr empfindlich reagieren, dies aber oft nicht mitteilen, sondern vor anderen verbergen, zeigt sich auf ihrer Körperoberfläche, was eigentlich los ist. Ihre Haut reflektiert alle Signale. Sie rötet sich leicht und neigt zu Allergien oder ähnlichen Hautkrankheiten. Schlangengeborene, die unter diesem Symptom leiden, sollten sich öfter einmal fragen, ob ihr Verhältnis zur Außenwelt durch etwas mehr Offenheit nicht besser würde, auch wenn sie dann einmal Aggressionen, Wut und Trauer zeigen müssten.

Die Schlange in den einzelnen Jahren: Aussichten und Tendenzen

Das Jahr der Schlange

Eine Zeit der Nachdenklichkeit, der stillen Besinnung, aber auch der konkreten Planung erwartet die Menschen im Jahr der Schlange. Eine gute Gelegenheit, um sich über Vergangenes und Zukünftiges Gedanken zu machen und einmal gründlich mit sich selbst ins Reine zu kommen.

Es ist kein Jahr der großen Taten, der Aktion, sondern eher eines der Innerlichkeit, des kultivierten Lebensstils, der Freude an schönen und angenehmen Dingen. Von waghalsigen Unternehmungen sollte man jetzt lieber Abstand nehmen, abwarten und gründlich planen. Denn der Sinn für Methodik für Organisation, die Fähigkeit, eine Sache strukturell zu umreißen, ist jetzt stark ausgeprägt. Auf der persönlichen Ebene hat dieses Jahr viele Überraschungen parat. Allerdings kündigen sich die Entwicklungen nur zögernd an. Auch hier geschieht viel in der Dunkelzone, um plötzlich in der zweiten Hälfte des Jahres offenbar zu werden.

Schlangen haben die Eigenschaft, blitzschnell zuzubeißen. Und so ist auch die Zeit, die unter dem Einfluss dieses Zeichens steht. Plötzlich wird alles, was vorher wie unter Schleiern lag, mit einem Schlag deutlich. Mag es sich nun um eine Erkenntnis handeln, die die ganze bisherige Lebenseinstellung umkrempelt, oder um eine blitzschnelle Entscheidung, eine grundsätzliche Veränderung wird sich immer daraus ergeben.

Das Unerwartete, Plötzliche ist groß geschrieben im Zeichen der Schlange, nachdem zunächst die Tendenzen und Möglichkeiten nicht überschaubar waren.

Das Jahr der Ratte

Viele neue Gelegenheiten bieten sich der Schlange in der Zeit, die dem Zeichen der Ratte zugeordnet ist. Vor allem für ein Weiterkommen im Beruf erweist sie sich als äußerst günstig, da die Schlange jetzt die Möglichkeit zu neuen Kontakten findet. Im privaten Bereich können

2 / 1965

33 / 1955

Bett | SCHRANK

Fenster

WC

Schreib Tisch

Regal

G/os

jetzt die Dinge geklärt und bereinigt werden, die in vorausgehenden Jahren unbewältigt geblieben sind.

Das Jahr des Büffels
Kein sehr bequemes Jahr bahnt sich für die Schlange an, die sich vielen nicht vorhersehbaren Hindernissen gegenübersieht. Und die Schlange fühlt sich nicht selten überfordert, wenn zu allem Übel auch noch persönliche Probleme an sie herangetragen werden. Doch sollte sie einmal versuchen, diesen Konflikten nicht auszuweichen, sondern standzuhalten – es lohnt sich.

Das Jahr des Tigers
Die Schlange verspürt jetzt einen verstärkten Drang zu Selbstständigkeit. Mit allen ihr zur Verfügung stehenden Mitteln versucht sie im Tigerjahr, sich aus einer untergeordneten Stellung herauszuschaufeln. Wenn sie dabei ihren scharfen Verstand richtig einsetzt, wird ihr dies auch gelingen. Doch sollte sie keinesfalls irgendwelche Tricks anwenden, denn dies würde sich negativ für sie auswirken.

Das Jahr des Hasen
Ein wenig riskant ist die Zeit schon, die im Zeichen des Hasen steht. Vor allem, weil die Schlange jetzt verstärkt dazu neigt, sich falsche Hoffnungen und Illusionen zu machen. Die vielen neuen Beziehungen haben etwas Berauschendes für sie und lassen sie öfter mal ihren kühlen Kopf verlieren.

Das Jahr des Drachen
Die Schlange findet jetzt Gelegenheit, eine tragfähige und wichtige Entscheidung zu fällen, die sich auf ihren ganzen Lebensweg auswirken wird. Zumindest muss sie sich über die Konsequenzen im Klaren sein. Doch verspricht gerade der Drache einen günstigen Einfluss, und die Schlange kann sich getrost ihrer Intuition überlassen.

Das Jahr des Pferdes
Besonders im familiären Bereich erwartet die Schlange im Pferdejahr viel Positives. Andererseits hat die Schlange im Pferdejahr ausgesprochen viele Konfrontationen zu bestehen, mag es sich nun dabei um Dispute mit Berufskollegen, dem Chef oder ihrem Partner handeln.

Das Jahr der Ziege
Während der Zeit, die in diesem Zeichen steht, bahnt sich häufig eine berufliche Veränderung für die Schlange an. Sie sollten dies nutzen, denn obgleich sich jetzt manchmal ihre Pläne etwas verzögern, herrscht im Ziegenjahr eine sehr günstige Konstellation. Weichen, die für die Weiterentwicklung wesentlich sind, können jetzt gestellt werden.

Das Jahr des Affen
Mit dem Büffeljahr ist dies eines der schwierigsten für die Schlange. Es ist eine Zeit der Prüfungen, in der die Schlange beweisen kann, was in ihr steckt. Da sie Herausforderungen durchaus gewachsen ist, kann sie dem Affenjahr gefasst ins Auge blicken, sie wird es gut überstehen, das ist so gut wie sicher.

Das Jahr des Hahnes
Ein hervorragendes Jahr, um das eigene Image etwas aufzupolieren. Für Öffentlichkeitsarbeit erweist sich die Konstellation als sehr günstig. Das vom Affenjahr etwas angeschlagene Gemüt bekommt jetzt Balsam auf die Wunden, denn Anerkennung und Lob häufen sich während der Zeit im Zeichen des Hahnes.

Das Jahr des Hundes
Ruhig, gemütlich und häuslich, so geht es in erster Linie im Hundejahr zu. Die Schlange darf jetzt ruhig einmal alle viere von sich strecken und dem gestressten Körper etwas Ruhe gönnen.

Denn für größere Unternehmungen bietet sich das Hundejahr nicht unbedingt an.

Das Jahr des Schweines
Die Schlange fühlt sich im Schweinejahr häufig starken Stimmungsschwankungen ausgeliefert. Und da ihr innerlich ein wenig die Orientierung fehlt, sucht sie verstärkt im Außenbereich Anerkennung und Erfolg. Doch das innere Gleichgewicht muss die Schlange schon in sich selbst herstellen, denn nur so kann sie ihre missliche Lage überwinden.

Das Pferd und seine Eigenschaften

Chinesischer Name des Pferdes: Ma
Vom Pferd regierte Stunden: 11.00 bis 13.00 Uhr
Himmelsrichtung: Süd
Vergleichbares Tierkreiszeichen im Westen: Zwilling

Ein Pferd erkennt man meist an seiner offenen, temperamentvollen Ausstrahlung, an seiner flinken und geschmeidigen Art, mit der es sich durch den Raum bewegt, und an seiner heiteren, unbefangenen Redseligkeit.

Ein lebhafter Abenteurertyp ist ein Mensch dieses Zeichens, dessen höchstes Lebensgesetz die persönliche Freiheit ist. Wild und ungebändigt wie ein Hengst auf der Koppel will er leben und selbst über seinen Bewegungsspielraum bestimmen.

Wenn man ihm diese Freiheit gewährt, kann er ungeheure Kräfte entfalten. Dem Pferd sind keine Grenzen gesetzt beim tollkühnen Galopp auf sein Ziel zu. Je höher die Hürde, je größer die Herausforderung, desto freudiger wird es eine Sache in Angriff nehmen. Alle Versuche, es zu stoppen und durch vernünftige Ratschläge eines Besseren zu belehren, schlagen dann fehl. Im Augenblick seiner Kraftentfaltung ist das Pferd auf diesem Ohr absolut taub und schlägt alle Vorsicht in den Wind. Es hat ein Ziel avisiert und will es, koste es was es wolle, auch erreichen. Mit großem Enthusiasmus setzt es sich dafür ein.

Dabei sind Pferdemenschen meist flexibel und können sich schnell den Gegebenheiten anpassen. Sie reagieren flink und neigen dazu, spontan ihre Entscheidungen zu treffen. Unterstützt werden sie hierin von ihrem sicheren Instinkt und ihrer Intuition, auf die sie sich im gegebenen Moment absolut verlassen können. Die Volltreffer, die sie mit dieser Verfahrensweise landen, geben ihnen meist Recht. Und sollte eine Sache schief gehen, haben sie meist wenig Schwierigkeiten, damit fertig zu werden. Da sie Gegenwartsmenschen sind, grübeln sie nicht lang vergangenen Fehlern nach, sondern setzen mit Schwung auf das Neue, und dies ebenso enthusiastisch wie immer. Ausdauer und Stabilität sind dabei allerdings nicht gerade ihre stärksten Seiten. Pferdemenschen haben oft große Schwierigkeiten, eine Sache von Anfang bis Ende durchzuziehen und mit Gründlichkeit und Gewissenhaftigkeit zu erledigen.

Am liebsten würden diese Menschen sich ihr ganzes Leben auf großer Fahrt befinden. In einer kleinen und engen Wohnung drohen sie zu ersticken, auch wenn sie ihnen noch so viel Sicherheit gewährt. Pferdemenschen liegt die eigentliche Heimat immer in der Ferne. Dass sie deshalb immer auf einen großen Bekanntenkreis angewiesen sind, braucht man nicht weiter zu erwähnen. Sie lieben den Rummel, die äußere Sensation, den Wirbel aufregender Partys und Geselligkeit. Und sie werden dabei immer einen Großteil zum Amüsement beisteuern, wobei ihre bekannte und allseits geschätzte Redseligkeit, ihre Lust an der Formulierung an sich, das Übrige tut. Über kurz oder lang wird das Pferd alle Beteiligten in seinen Bann ziehen und vergnügliche und aufregende Geschichten erzählen, ob sie nun der Wahrheit entsprechen oder nicht. Denn um eine Sache mit dem notwendigen dramatischen Effekt zu versehen oder eine Pointe richtig zu setzen, kann es schon einmal ein wenig übertreiben und die Wahrheit zugunsten einer Formulierung opfern. Dabei versteht es aber durchaus, den Anwesenden Komplimente zu machen und, wenn es will, Dinge in seinem eigenen Interesse zu manipulieren.

Ein Pferd handelt immer impulsiv und nimmt das erste Drittel eines Vorhabens mit großem Schwung in Angriff. Um eine Sache wirklich bis ins letzte Detail zu erforschen, fehlt ihm die Geduld. Es ist spontan und begeisterungsfähig, wenn es auf Entdeckungsreise geht, aber nachlassend in seiner Energie, wenn etwas zur Gewohnheit wird.

Ebenso sprunghaft verhält sich das Pferd in Partnerschaften. Die Flamme der Verliebtheit kann heftig in ihm emporlodern und ebenso schnell wieder verlöschen. In dem Moment, wo die erste Spannung verflogen ist, die Beziehung einen Alltagscharakter angenommen hat, möchte das Pferd am liebsten das Weite suchen.

Manchmal wirft man Menschen dieses Zeichens Egoismus vor, weil sie mit großer Selbstverständlichkeit das Recht, ihre inneren Bedürfnisse zu erfüllen, immer und überall durchsetzen. Nur unter größten Schwierigkeiten lernen sie eine andere Art des Lebens schätzen. Dass es neben Beweglichkeit, Tempo und Leidenschaft noch Qualitäten wie Stabilität, Treue, Verpflichtung gibt, ist ihnen schwer klar zu machen.

Wenn man sich die gezügelte Energie eines Dressurpferdes anschaut, das im Parcours höchste Eleganz entfaltet, kann man schon darüber nachdenken, ob ein klein wenig Zucht nicht zu einer Verfeinerung des Charakters beitrüge. Denn, so muss man leider sagen, Pferdemenschen übertreten manchmal in ihrem unbekümmerten Freiheitsdrang die Grenzen des guten Geschmacks und treten voller Selbstherrlichkeit häufig mal ins Fettnäpfchen. Unbefangen und spontan sagen sie, was sie zu sagen haben, ohne sich weiter darum zu scheren, wie andere das aufnehmen könnten.

Das Pferd kann aggressiv werden, wenn alle seine Mittel, eine Sache durchzusetzen, versagt haben. Schuld an Misserfolgen ist aber meist seine Unstetigkeit, sein Verlangen, auf zu vielen Hochzeiten gleichzeitig zu tanzen. Damit zerstreut es seine Kräfte und kann nicht mit voller Konzentration auf ein Ziel losgehen. Dem Pferd fehlt gewissermaßen das Organisationstalent für seinen Ideenüberschuss, was zur Folge hat, dass ihm die Zeit oft zu kurz erscheint, all seine Pläne zu verwirklichen. Weil aber seine Ideen nach unmittelbarer Umsetzung in die Tat geradezu schreien, nimmt es dennoch alles in Angriff, ohne sich aller Konsequenzen klar zu sein. Die Folge davon ist meist Chaos.

Doch sind Pferdemenschen offene und gerade Charaktere, die mit nichts hinterm Berg halten, was ihnen durch den Kopf geht. Sie sind viel zu spontan und impulsiv, um aus ihrem Herzen eine Mördergrube zu machen. Dass sie immer direkt ihre Meinung sagen, darauf kann man bauen, es ist dies wohl ihr zuverlässigster Zug. Pferdemenschen überzeugen immer durch ihr offenes und natürliches Wesen, durch ihre innere Dynamik und durch ihre ungeheure Gewandtheit.

Das Pferd in den fünf Wandlungsphasen

Das Pferd in der Phase des Metalls

Durch den Einfluss des Metalls kann das Pferd sich eisern gegen all das wehren, was ihm nicht in den Kram passt, und stur seine eigenen Ziele verfolgen. Ein wenig ichbezogen handelt es dabei manchmal schon, doch tut das seiner allgemeinen Beliebtheit überhaupt keinen Abbruch.

Negativ wirkt sich bei diesen Menschen aus, dass sie beinahe wahnhaft in ihrem Freiheitsdrang sind. Doch im Allgemeinen hat das Metallpferd alle Voraussetzungen, um einen festen Platz im Leben zu erreichen. Im besten Fall besitzt es zwei, drei Häuser in verschiedenen Ländern, in denen es sich immer mal wieder aufhält, um die ihm notwendige Abwechslung zu haben. Mit Brillanz und Ideenreichtum schafft es ein solches Pferd, auf der Leiter des Erfolgs ganz nach oben zu klettern und am Ende in schwindelnder Höhe zu stehen.

Das Pferd in der Phase des Wassers

Eine fröhliche und adrette Erscheinung haben diese Menschen, die mit ihrem köstlichen Humor und ihrem feinen Witz ihre Umgebung verblüffen können. Denn dieses Pferd ist geistig sehr rege und besitzt ein hohes intellektuelles Niveau.

Wie alle Pferde bevorzugt auch dieses ständigen Ortswechsel. Sein Reisefieber hält es ständig in Bewegung. Wie das Wasser will es gleichzeitig überall sein und alle möglichen Erfahrungen und Abenteuer in sich aufsaugen.

Unter Umständen kann die Flexibilität des Wasserpferds eine negative Erscheinungsform annehmen, nämlich dann, wenn es völlig inkonsequent und ohne jede Rücksicht auf andere handelt. Menschen, die sich dabei auf ursprüngliche Entscheidungen verlassen haben, fühlen sich dann für dumm verkauft.

Das Pferd in der Phase des Holzes

Holzpferde sind lebhafte und amüsante Unterhaltungskünstler, sie haben jedoch einen gewissen Hang zur Übertreibung und sind manchmal ziemlich maßlos. Doch da sie eine freundliche Ausstrahlung haben, sieht man über diese kleine Schwäche gern hinweg.

Weniger chaotisch als seine übrigen Artgenossen, eignet sich das Holzpferd auch eher zum Mitarbeiter, da es konsequenter und logischer agiert und auch die Interessen anderer mit einbezieht. Geduld hat es dabei allerdings keine. Ein Holzpferd macht immer kurzen Prozess und blickt ohne Nostalgie nach vorne. Läuft etwas schief, kann es sein, dass es die gleichen Fehler immer und immer wieder begeht. Es weigert sich einfach, zurückzuschauen und so möglicherweise den Kern seiner Schwierigkeiten zu entdecken.

Das Pferd in der Phase des Feuers

Feuerpferde sind Heißblütler, deren nie abreißender Strom von gescheiten, aber auch verrückten Einfällen ihre Umgebung in den Bann zu ziehen weiß. Sie besitzen Ausstrahlung, Charme und ausgesprochene Anziehungskraft.

Hat das Feuerpferd aber einmal einen festen Vorsatz gefasst und will es etwas unbedingt durchsetzen, dann neigt es manchmal zu gewaltsamen Übergriffen. Dabei hat es eine überaus vielschichtige Persönlichkeit, die ohne jede Schwierigkeit mehrere Dinge gleichzeitig in Gang bringen kann. Am liebsten würde ein Feuerpferd ein Doppelleben führen, um all seine Interessen, seine Neigungen und Ziele unterbringen zu können.

Das Pferd in der Phase der Erde

Die Erde verleiht diesem Pferd eine gehörige Portion Realismus und Sinn für Tatsachen. Mit präzisem und logischem Verstand seziert es die Fakten und forscht nach den Gründen eines Ereignisses. Auch das Temperament dieses Charakters ist weniger aufbrausend als das seiner Namensvettern. Und da es eher überlegt als spontan handelt, ist es auch nicht so risiko- und entschlussfreudig.

Meist sind Erdpferde ungemein sympathische Mitmenschen, die eine ruhige, gezügelte Ausstrahlung haben. Aber Vorsicht, auch in ihnen schlummert ein Tier, das es gewohnt ist, auf freier Wildbahn herumzugaloppieren!

Das Pferd und sein Aszendent

Pferd mit Aszendent Ratte

Menschen dieser Zeichenkombination sind oft künstlerisch veranlagt und beschäftigen sich viel mit Literatur, Malerei und Musik. Auch auf mitmenschlichem Gebiet sind sie oft besonders begabt und nehmen in ihrem großen Bekanntenkreis eine Mittelpunktstellung ein.

Der Rattenaszendent bewirkt, dass das Pferd etwas weniger risikofreudig durchs Leben geht und auch mal Vernunft walten lässt.

Begeisterungsfähigkeit paart sich hier mit Vernunft, Einsatzfreude und ein wenig Vorsicht. Manchmal ist diese Kombination auch etwas unbequem. Aber in den meisten Fällen bezeugt die liebenswürdige Ausstrahlung dieser Menschen inneres Gleichgewicht.

Pferd mit Aszendent Büffel

Ein Büffel lässt sich nicht hinreißen. Man kann sagen, dass diese Schwerkraft das Pferd vor vielen leichtsinnigen Entschlüssen bewahrt. Seine Risikobereitschaft ist merklich eingeschränkt, und ehe es sich zu etwas hinreißen lässt, wird es sehr viel gründlicher prüfen, ob es sich auch lohnt. Und im idealen Fall vereint dieses Pferd in sich beide Tugenden und Tempo, Mut und Zähigkeit.

Doch ist diese Kombination nicht immer so harmonisch, da sie sehr viel Gegensätzliches in sich vereint. Während das Pferd seine Freiheit liebt, sucht der Büffel die Gebundenheit.

Pferd mit Aszendent Tiger

Kein Tag gleicht dem anderen, und kein Ziel ist zu hoch gesteckt für ein Pferd mit Tigeraszendent. Denn die unabhängige, freiheitsliebende, jagdbesessene Raubkatze unterstützt das Pferd in all seinen tollkühnen Plänen. Deshalb wirkt die Freude, mit der ein Mensch dieser Zeichenkombination auf sein Ziel zurennt, anfeuernd und belebend auf seine Umgebung.

Häufig findet man Flieger und Seeleute, aber auch Journalisten und

Reiseschriftsteller unter Menschen dieser Zeichenkombination. All diese Berufe ermöglichen ein großes Maß an persönlicher Unabhängigkeit in Verbindung mit Risiko und Abenteuerlust. In solchen Bereichen ist dieses Pferd am besten aufgehoben und kann mit fröhlichem und unbesiegbarem Optimismus durchs Leben gehen.

Pferd mit Aszendent Hase

Hasen sind von Natur aus eher scheu und besitzen wenig Sinn fürs Risiko. Die Energie, die Tatkraft des Pferdes wird also etwas gebremst, wenn es einen Hasen zum Aszendenten hat. Positiv ausgedrückt, verhält sich dieses Pferd oft wesentlich taktvoller als seine übrigen Artgenossen, denn der Hase ist der geborene Diplomat.

Schwierig sind für dieses Pferd Zeiten, in denen es zum Alleinsein verurteilt ist. Denn es braucht das Gefühl des Eingebundenseins in die Wärme menschlicher Gesellschaft, um sich wirklich wohl zu fühlen, es ist angewiesen auf Austausch.

Aufgrund seines Charmes, seiner Anziehungskraft wird ein Mensch dieser Zeichenkombination jedoch sicherlich nie lange allein bleiben.

Pferd mit Aszendent Drache

Der Drache, das geflügelte Fabeltier des alten China, verleiht dem Pferd ungeheure Kräfte. All seine Eigenschaften scheinen durch diesen unbesiegbaren Glücksbringer gleichsam verstärkt. Es kann auf der Stelle einen Tatbestand überblicken und sofort entscheiden, wo es langgeht. Diese Entscheidung wird es dann mit aller Kraft durchsetzen wollen, wenn es sein muss, sogar mit Gewalt. Denn Drachen verkörpern Macht und Herrschaft und neigen zu Egozentrik.

Im Allgemeinen haben Pferdemenschen mit Drachenaszendent ein glückliches Temperament, was kein Wunder ist. Es gelingt ihnen fast immer alles. Haben sie doch einmal Pech gehabt, so nehmen sie dies nicht allzu schwer. Mit großem Optimismus, mit Schwung und Begeisterung brechen sie sofort zu neuen Taten auf.

Pferd mit Aszendent Schlange

Der elastische und biegsame Lebenskünstler, der diese Zeichenkombination in sich vereinigt, hat ein äußerst charmantes Auftreten und gewinnt im Nu die Herzen all seiner Mitmenschen.

Umgekehrt ist es aber ausgesprochen verletzbar und nachtragend. Sein Gedächtnis arbeitet dann mit großer Präzision und kann sich noch an jede Kleinigkeit erinnern. Umso merkwürdiger erscheint es deshalb, dass diese Charaktere dazu neigen, überaus komplizierte Beziehungen einzugehen und es sich trotz ihres Charmes in dieser Hinsicht nicht sehr leicht machen.

Das Organisationstalent dieses Pferdes ist sprichwörtlich. Und auch mit Geld kann es relativ gut umgehen, denn der Schlangenaszendent bewirkt, dass es nicht gar so impulsiv Höchstbeträge in unsichere Projekte steckt.

Pferd mit Aszendent Pferd

Ein explosiver Hansdampf in allen Gassen ist dieses Pferd mit dem Aszendenten gleichen Namens. Bewegung, Aktion, Abenteuer sind für dieses Pferd lebensnotwendig.

Mit seinem Witz, seinem ausgeprägten Humor und seinen amüsanten Redensarten bringt es ganze Gesellschaften zum Lachen. Es gibt kaum jemanden, der besser dazu in der Lage wäre, Stimmung zu machen und andere zu motivieren.

Probleme bereitet ihm allerdings sein hitziges Temperament, da es zu heftigen und leidenschaftlichen Zornausbrüchen neigt. Doch auch die gehen schnell vorüber, wie alles im Leben dieses feurigen, tatkräftigen und optimistischen Herzensbrechers.

Pferd mit Aszendent Ziege

Eine interessante, nicht ganz einfache Kombination ergibt sich aus diesen beiden Zeichen. Während das Pferd ständig nach Aktion drängt und kaum zu bremsen ist, bevorzugt die Ziege eine kontemplative und meditative Lebensweise, in der weniger die Handlung zählt als das stille Nachdenken.

Diese Gegensätze im Pferd führen zu großer Zerrissenheit. Denn die Kreativität des Pferdemenschen wird wegen der eher planlosen Wesensart der Ziege oft nicht in genügendem Maße umgesetzt. Im besten Fall wirkt dieser Charakter wie ein Reformer.

Doch sind Pferde mit Ziegenaszendent überaus liebenswürdig, warm und aufnahmebereit, wenn es darum geht, anderen zu helfen.

Pferd mit Aszendent Affe

Fast schon genialisch ist die Ausstrahlung dieses Pferdes, das meist eine tiefe Kenntnis vom Leben besitzt. Mit unermüdlichem Forscherdrang versucht es, innere Zusammenhänge des Daseins zu erfassen, und besitzt ein magisches Talent, sie zu erspüren. Mit dieser Anlage übt es meist eine große Faszination auf andere Menschen aus.

Durch den Affenaszendenten ist dieses Pferd nicht ganz so versessen auf Unabhängigkeit wie andere Menschen seines Zeichens. Denn Affen sind ausgesprochene Familientiere, die mit großer Liebe an ihren Angehörigen hängen.

Vielseitig und begabt, kann es, wenn es will, wie am Fließband neue Ideen hervorbringen.

Ein gutes Image ist für dieses Pferd dabei eine Lebensnotwendigkeit. Dafür kann es auch schon mal das Wohlergehen seines Partners opfern. Denn an diesen wird der Anspruch gestellt, neben ihm repräsentative Pflichten zu erfüllen.

Pferd mit Aszendent Hahn

Ein wenig eitel ist es schon, dieses Pferd, das sich so gern im Lob und in der Anerkennung seiner Mitmenschen sonnt. Doch tut das seiner Liebenswürdigkeit keinen Abbruch, vor allem, da es immer aufnahmebereit für die Belange von anderen ist.

Ein wenig problematisch ist es allerdings um das Innenleben dieses Pferdes bestellt. Denn manchmal fühlt es sich hin- und hergerissen zwischen kühnem Enthusiasmus und dem Drang, stabile Verhältnisse zu schaffen. Einmal arbeitet es mit einer Pedanterie, die ihresgleichen sucht, ein andermal wieder stürzt es sich haltlos in irgendein Projekt, das keine Zukunft hat.

Der Hahnenaspekt ist dem Pferd in anderer Beziehung durchaus förderlich. Durch ihn wird es wesentlich bindungsfähiger, hängt mit rührender Fürsorge an einzelnen Familienmitgliedern und besteht nicht gar so ausschließlich auf seiner persönlichen Unabhängigkeit.

Pferd mit Aszendent Hund

Hunde haben einen ausgesprochenen Gerechtigkeitssinn und treten immer für das Wohl der Allgemeinheit ein. Dieser Aspekt verstärkt im Pferd das Verantwortungsbewusstsein für seine Umgebung.

Ein Pferd mit Hundeaszendent hat immer ein sicheres Auftreten, sobald es sich in der Öffentlichkeit bewegt. Redeschwierigkeiten kennt es nicht, wenn es mit flammender Begeisterung für eine gerechte Sache eintritt und sich zum Anwalt der Kleinen und Unterdrückten macht. Pferde mit Hundeaszendent sind oft hervorragende Rechtsanwälte, da sie in sich Gerechtigkeitssinn, Sprachgewandtheit und Genauigkeit vereinen.

Diese Sicherheit gilt auch für das private Auftreten eines solchen Charakters. Er besitzt meist großen Charme, eine gehörige Portion Humor und macht vor allem auf die Vertreter des anderen Geschlechts großen Eindruck.

Pferd mit Aszendent Schwein

Durch den Einfluss des Schweines wird ein Pferd empfänglich für Genüsse aller Art und gönnt sich auch etwas mehr Zeit. Seine ganze Erscheinung wirkt abgerundeter, weniger dynamisch, weniger ehrgeizig. Doch ebenso wie alle anderen Pferde handelt auch dieses rigoros, wenn es sich etwas in den Kopf gesetzt hat. Vernünftigen Argumenten ist es dann überhaupt nicht zugänglich, es geht stur mit dem Kopf durch die Wand.

Pferde mit Schweineaszendent üben eine unbestimmte, seltsame Attraktivität auf andere Menschen aus, deren Eindringlichkeit etwas Bezwingendes hat. Doch sind sie durchaus warmherzig und dazu fähig, tiefe und dauerhafte Freundschaften zu führen. Belanglosigkeiten öden sie allerdings an.

Pferd und Partnerschaft

Liebe auf den ersten Blick, so lautet die Devise im erotischen Dasein eines Pferdes. Wenn es diesen berühmten Blick mit jemandem gewechselt hat, so läuft es in Sekundenschnelle zur Höchstform auf. Allerdings ist es darauf angewiesen, dass der andere diesen Blick erwidert und gewisse ermunternde Signale gibt. Denn eine kleine Hemmschwelle hat der Pferdemensch dann doch zu überwinden, und zwar seine angeborene Schüchternheit. Hat er allerdings einmal Vertauen gefasst, fegt er jede Vernunft, Vorsicht und Zurückhaltung beiseite. Denn auch in puncto Erotik liebt er die Herausforderung, das Wagnis, den Griff zu den Sternen.

Die Liebe ist ein wichtiges Kapitel im Leben eines Pferdemenschen – solange das Knistern der ersten Begegnung vorhält. Leidenschaft, Zärtlichkeit und Neugier auf das Unbekannte, das sind im Wesentlichen die Motive, die ihn immer wieder die Begegnung mit dem anderen Geschlecht suchen lassen. Es ist das Fremde schlechthin, das ihn reizt, und mag es noch so exotisch sein.

Etwas betrüblich wird es allerdings, wenn die Zeit der ersten Anziehungskraft vorüber ist und sich so etwas wie Gewohnheit in die Beziehung einschleicht, besonders, wenn der Partner auf dieses Gewohnheitsrecht pocht und Besitzansprüche erhebt. Da das Pferd das Gesetz der persönlichen Freiheit und Unabhängigkeit immer und überall für sich in Anspruch nimmt, kann es auch in einer Partnerschaft nicht ertragen, wenn man ihm die Zügel anlegen will. Und als ganz und gar grausig empfindet es, wenn man den Alltag fest strukturieren möchte.

Die Treue zu sich selbst ist für das Pferd oberstes Primat, und es wird diese Treue jeder anderen Art von Verpflichtung vorziehen. Im schlimmsten Fall artet diese Eigenschaft zu maßloser Egozentrik aus.

Dass Liebe sich nur in der Dauer wirklich entfalten kann und dass sie mehr ist als der bloße Reiz des Beginns, dieser Gedanke leuchtet ihm erst sehr spät ein. Nur Pferde, die sich sehr ernsthaft mit sich auseinander setzen, erkennen, dass es auch einen Weg in die Tiefe gibt und dass im anderen trotz jahrelangen Zusammenlebens immer noch tausend Wunder warten. Dazu braucht es allerdings Geduld und Behutsamkeit, was ja bekanntermaßen nicht unbedingt zu den Stärken eines Pferdemenschen zählt.

Partner eines Pferdes haben oft harte Auseinandersetzungen zu bestehen. Pferde sind exzessiv und ziehen eine dramatische Auseinandersetzung immer einem vernünftigen und nüchternen Streitgespräch vor. Sie können richtiggehend ausfallend werden und wundern sich dann, wenn der Partner die Kränkung nach einigen Tagen noch nicht verwunden hat. Denn für den Pferdemenschen ist eine Sache erledigt, wenn er seinem Herzen Luft gemacht hat. An Konsequenzen denkt er dabei nicht, wie meistens in seinem Leben.

Der Lebensgefährte eines Pferdes muß sich im Klaren darüber sein, dass, was im Augenblick des Zorns und der Wut herausbricht, gar nicht so ernst gemeint ist. Das Pferd lässt sich einfach von einem Gefühl mitreißen und vergisst dabei jede innere Zensur. Zügellosigkeit, das ist eine der Hauptschwächen eines Pferdes, und sie äußert sich in allen Bereichen des Lebens. Seine Vergnügungssucht kann sich ins Maßlose steigern, ebenso aber auch seine Arbeitswut. Wie es dabei dennoch die Balance halten kann und sein Leben meisterhaft bewältigt, ist anderen Menschen oft ein Rätsel.

Pferdemenschen brauchen einen Partner, der es versteht, ihr Leben behutsam zu strukturieren, ohne aber zwanghaft auf Ordnung und alltägliche Gewohnheiten zu bestehen.

Pferdepartner brauchen in jedem Fall sehr viel Humor, wenn sie das Leben an der Seite dieses aufregenden und dynamischen Machers wählen. Die Tatsache, dass in der Kasse manchmal eine betrübliche Ebbe herrscht, weil das Pferd unbedingt ins Spielkasino musste, darf sie nicht weiter bekümmern.

Dass ihr Partner dagegen sehr viel Fantasie besitzt und sie nach Jahren noch mit seinen Erzählungen, Witzen und Geschichten bezaubern kann, sollten sie bedingungslos genießen. Denn nur damit geben sie dem Pferd genügend Motivation, die Haushaltskasse wieder auf Vordermann zu bringen. Was sind schon einige Tage Pellkartoffeln mit Quark angesichts der Tatsache, dem charmantesten und aufregendsten, dem zärtlichsten und aufmerksamsten Liebhaber gegenüberzusitzen?

Wer passt zum Pferd?

Pferd – Pferd

Am Anfang ihrer Beziehung fühlen sich die beiden stark angezogen voneinander, erkennen sie sich doch in Grundzügen im anderen wieder. Beide sind abenteuerlustig und gehen gern auf Reisen, beide lieben das Wagnis und die Herausforderung. In den ersten Monaten der Partnerschaft entdecken sie ihre große Übereinstimmung und verstehen sich, vor allem in geistiger Hinsicht, hervorragend.

Doch kann es bald schon so weit sein, dass eines der beiden Pferde zu Ufern aufbrechen will, zu denen es das andere nicht hinzieht. Und da ein Pferd immer all das macht, was es will, wird das eine Pferd eben gehen, das andere aber bleiben. Kommt es häufiger zu solchen Extratouren, haben sich die beiden Pferde bald auseinander gelebt.

Da beide Partner mit derselben Dickköpfigkeit operieren, werden sie häufig lautstarke Auseinandersetzungen haben. Um gut über die Runden zu kommen, müssen die beiden Namensvettern ein außergewöhnliches Maß an Geduld und Toleranz aufbringen.

Pferd – Ziege

Der Ziegenmensch ist sensibel, freundlich und hat ein ausgeglichenes, warmes Wesen. Mit all diesen Eigenschaften versteht er es, das Pferd auf Dauer an sich zu binden, zumal er nie versuchen würde, seinen Partner an die Kandare zu nehmen. Das Pferd hat genügend Spielraum, um sich auszutoben, da die Ziege ihm immer loyal zur Seite steht.

Dazu hat sie allen Grund. Denn das Pferd spart in dieser Partnerschaft nicht mit lobenden Worten und Anerkennung, etwas, was die Ziege braucht wie das tägliche Brot.

Einer Ziege gelingt, was nur wenige Menschen zustande bringen, sie kann Ordnung und Struktur in ihren Haushalt bringen, ohne das Pferd damit zu belästigen. Mit leichter Hand organisiert sie den Alltag und zeigt sich wenig erschüttert, wenn ihr Pferdepartner keine Neigung verspürt, eine gewisse Regelmäßigkeit einzuhalten. Und auch seine Exzesse nimmt sie auf die leichte Schulter. Eine dauerhafte Partnerschaft zwischen den beiden ist in jedem Fall ideal.

Pferd – Affe

Ein intelligenter, geistig dynamischer Partner ist der Affe für das Pferd, wenn die beiden beschließen, auf Dauer zusammenzubleiben.

Eine Beziehung, in der die Vorteile überwiegen, denn abgesehen davon, dass die beiden Energiebündel einander eine Menge zu sagen haben, ist der Affe imstande, die Probleme, die das Pferd oft in Form von Chaos und Unordnung verursacht, mühelos und ohne zu klagen zu beseitigen.

Mit all diesen Vorzügen genießt der Affe für einige Zeit uneingeschränkte Anerkennung durch das Pferd. Nur wenn es zu einer Art Machtkampf kommt, wenn die beiden beginnen, miteinander zu rivalisieren, kann es gefährlich werden.

Doch in den meisten Fällen funktioniert diese Partnerschaft hervorragend, da die Grundvoraussetzungen, große geistige Übereinstimmung, gleiches Tempo und Interesse an allem Neuen, gegeben sind. Dass die beiden ständig auf Reisen sind und neue aufregende Unternehmungen planen, ist selbstverständlich.

Pferd – Hahn

Eine kurze, heftige und leidenschaftliche Affäre ist zwischen Hahn und Pferd durchaus vorstellbar. Denn der farbenfrohe und attraktive Hahn weiß das Pferd durch seine Erscheinung durchaus zu begeistern.

Doch der Hahn ist trotz seiner sensationellen Aufmachung ein fleißiger und strebsamer Arbeiter, der versucht, eine gewisse Ordnung und Stetigkeit in seinem Leben zu erhalten. Wenn er einige Zeit mit äußerst gemischten Gefühlen die Eskapaden des Pferdes beobachtet hat, wird er über kurz oder lang beginnen, heftige Kritik an dessen Lebensstil zu üben. Das Pferd aber stellt sich taub, und nach einiger Zeit wird das Pferd flüchten und sich auf die Suche nach einem Partner machen, der ihm loyaler zur Seite steht.

Der einzige Grund, warum es nicht so weit kommen muss, ist der, dass der Hahn in den meisten Fällen eine große Leidenschaft für das

Wesen seines Pferdepartners empfindet. Er muss jedoch akzeptieren, dass er ohne viel Klagen die Rolle eines Verwalters zu übernehmen hat, der das Chaos des Pferdes so recht und schlecht in Ordnung bringt.

Pferd – Hund

Treu, anpassungsfähig und anhänglich folgt ein Hund dem Pferd, wohin auch immer. Obwohl dem realistischen Hund das Wesen des Pferdes eher fremd ist, wird er doch niemals versuchen, an ihm herumzuerziehen. Dazu liebt er einfach dessen kühnen Schwung zu sehr, seine feurige und gleichzeitig intelligente Art, mit der es Dinge in Angriff nimmt. Das Pferd ist seinerseits manchmal völlig hingerissen von dem subtilen Witz des Hundes, mit dem dieser Ereignisse kommentiert. Denn der Humor ist eine der positiven Eigenschaften eines Hundes, ein Humor, der seine an und für sich kühle und sachliche Art mit einer Prise Salz und Pfeffer würzt. Aufpassen muss das Pferd, dass es die Freiheit, die es bei seinem Hund genießt, nicht missbraucht, ohne sich weiter um den Hund zu kümmern, der sich dann zurückzieht und still leidet. Vielleicht müsste es manchmal ein paar Abstriche machen von seinem Recht auf Unabhängigkeit. Einen loyaleren Partner als den Hund findet es nämlich kaum.

Pferd – Schwein

Mit Heiterkeit, Witz und Charme versteht das Pferd es vom ersten Moment an, das gutmütige und tolerante Schwein für sich einzunehmen. Nur wenn es ums Tun geht, ist die Beziehung nicht ganz unproblematisch. Denn das Schwein vergisst über seinen intellektuellen Spekulationen gern, dass zum Leben auch Arbeit und Einsatz von Energie gehören. Diesen Part muss in der Partnerschaft in jedem Fall das Pferd übernehmen, wollen die beiden nicht verhungern. Manchmal fühlt es sich auch durch die große Anhänglichkeit des Schweins zu stark eingeschränkt. Ansonsten aber ist eine Verbindung zwischen diesen beiden Zeichen in den meisten Fällen sehr gut.

Für Humor ist jedenfalls gesorgt. Und wenn sich die beiden ein wenig Mühe geben, auch die unvermeidlichen Schwächen ihres Partners zu tolerieren und den Respekt voreinander nicht zu verlieren, können sie unter Garantie ein glückliches und harmonisches Leben zu zweit führen.

Die Texte zu den hier nicht aufgeführten Kombinationen finden Sie im entsprechenden Abschnitt der bereits behandelten Tierkreiszeichen.

Pferd und Beruf

Der Einsatz eines Pferdes ist immer hoch, dieses Gesetz gilt auch für sein Berufsleben. Wer wagt, gewinnt, so lautet seine Devise, und mit Ehrgeiz, Kraft und Unternehmungsgeist nähert es sich seinem beruflichen Ziel. Dass es dabei die Lehrjahre am liebsten überspringen und gleich ganz oben anfangen würde, dürfte nach allen bisherigen Ausführungen über diesen unkonventionellen, dynamischen Charakter klar sein.

Meist zeigt sich schon früh im Dasein eines Pferdes seine besondere Begabung im mündlichen und schriftlichen Ausdruck.

Pferdemenschen wählen meist eine Tätigkeit, die außerhalb der Konventionen liegt. Es finden sich viele Dichter, Maler und Bildhauer unter ihnen, die einzig nach ihren eigenen Gesetzen leben, aus eigenem Ideenreichtum schöpfen. Diese Berufe gestatten dem Pferd eine freie Zeiteinteilung und unterwerfen es nicht fremdem Diktat.

Pferdemenschen haben in ihrem Berufsleben oft ziemliche Schwierigkeiten mit ihrer Sprunghaftigkeit. Denn da sie ständig von neuen Projekten begeistert sind, bleiben viele Dinge im ersten Stadium der Verwirklichung liegen. Das Chaos, das dabei entsteht, stört das Pferd allerdings nur selten, da es damit rechnet, dass irgendein dienstbarer Geist sich dieser Dinge annehmen wird.

Mit seinem großen Charme und all seinem Elan wirkt es so ungeheuer anziehend, dass es ihm nie weiter schwer fällt, so jemanden zu finden. Dass dieser bedauernswerte Kollege allerdings keine zwanghaften Ordnungsvorstellungen haben und es damit malträtieren darf, ist selbstverständlich.

Dennoch wird es im Allgemeinen von seinen Kollegen sehr geschätzt. Vor allem seine Aufrichtigkeit, seine Offenheit und seine Direktheit machen es zu einem äußerst beliebten Mitarbeiter. Manchmal allerdings wirkt es höchst amüsant, wenn das Pferd auf unbefangen fröhliche Art die eigenen Leistungen in den Vordergrund rückt und unbekümmert seinen eigenen Lobgesang anstimmt.

Doch im Allgemeinen hat das Pferd ein glückliches Temperament und eine optimistische Einstellung zum Leben. Pferdemenschen, die sich für einen kaufmännischen Beruf entschieden haben, denken immer weit voraus und erzielen deshalb meist auch bessere Resultate als andere.

Pferdemenschen sind Gewinner, die es aufgrund ihres heiteren Temperaments immer schaffen, ganz oben anzukommen.

Wer passt zum Pferd in beruflicher Hinsicht?

Pferd – Pferd

Spannend, aber wenig effizient ist diese berufliche Bindung! Die Ereignisse überstürzen sich, das Büro ist proppenvoll, Aufträge kommen herein, alles sieht so aus, als liefe es bestens. Doch spätestens, wenn sich das Finanzamt meldet, machen die beiden betretene Gesichter, es sei denn, sie beschäftigen wenigstens einen vernünftigen Buchhalter.

Pferd – Ziege

Ziegen sind außergewöhnlich anpassungsfähig und duldsam. Sie kennen ihre Grenzen und wissen, wo sie anfangen, wo sie aufhören müssen. Da sie eine sehr sanfte Art haben, das Pferd auf gewisse Unmöglichkeiten hinzuweisen, muss es nicht gar so störrisch seine eigenen Pläne verfolgen. Die Ziege schafft es, das Pferd zu überzeugen, auch ohne jeden Druck.

Bei diesen beiden Zeichen wechselt das Kommando. Die Energie bleibt im Fluss, es herrscht ein Gleichgewicht der Kräfte. Ein Pferd kann sich gar keinen besseren Partner wünschen als die Ziege!

Pferd – Affe

Zu allerlei Krisen wird es bei dieser Partnerschaft kommen, auch wenn sich die beiden Zeichen an Intelligenz und Durchsetzungsvermögen in nichts nachstehen.

Doch da sich der Affe immer gern ein wenig schlauer dünkt als die übrige Menschheit, neigt er dazu, das Machtmonopol an sich zu reißen. Und wenn es dahingehend ausartet, dass er seine Direktiven auch dem Pferd erteilen möchte, sieht die Lage bös aus.

Pferd – Hahn

Ab und zu muss das Pferd allerdings das Selbstbewusstsein des Hahns ein wenig aufmöbeln, weil dieser manchmal zu Schüchternheit neigt. Doch letztlich finden sich hier zwei ebenbürtige Partner, die sich gegenseitig volle Anerkennung geben können.

Der letzte Schliff ist allerdings nicht gerade ihre stärkste Seite. Der Hahn ist zwar beständiger als das Pferd und gibt sich schon auch mal mit Kleinkram ab, doch allzu großartig ist es damit auch wieder nicht bestellt.

Pferd – Hund

Ein hohes Maß an Toleranz verlangt diese Zusammenarbeit von beiden Partnern. Denn im Gegensatz zum Pferd stellt der Hund äußerst bescheidene Ansprüche. Das Pferd jedoch möchte nach den Sternen greifen. Andererseits vermittelt der Hund dem Pferd eine gewisse Beständigkeit, ein Wesenszug, der ihm fehlt. Profit machen die beiden jedoch sicher miteinander.

Pferd – Schwein

Zwei Zeichen, die in den meisten Fällen übereinstimmen. Sie kommen wunderbar miteinander aus und können sich gegenseitig motivieren. Humor ist groß geschrieben in diesem Betrieb, in dem ständiger Trubel herrscht.

Das Schwein kann in seiner toleranten Art das Pferd auf viele Dinge hinweisen und beraten. Da es sich keineswegs wehrt, gegebenenfalls beim Pferd in die Lehre zu gehen, und auch selbst Tatkraft entwickelt, herrscht zwischen den beiden ein sehr ausgewogenes Verhältnis.

Die Texte zu den hier nicht aufgeführten Kombinationen finden Sie im entsprechenden Abschnitt der bereits behandelten Tierkreiszeichen.

Pferd und Gesundheit

Vor allem in Zeiten seelischer Krisen müssen Pferde ihre Probleme in Bewegung umsetzen. Denn das Potenzial, das sie in sich tragen, muss ausgelebt werden. Geschieht dies nicht, beginnen sie zu grübeln und finden keine Möglichkeit abzuschalten. Überanstrengung, Erschöpfung und Hypernervosität sind die Folge.

Auch unter Stimmungsschwankungen haben Menschen dieses Zeichens häufig zu leiden. Sie sind labil, und da sich ihr ganzes Sensorium meist nach außen richtet, sind sie in ihrem Gefühlsleben abhängiger von Einflüssen als andere Menschen.

Auch im Bereich der Neben- und Stirnhöhlen sind Pferde ausgesprochen sensibel. Die Nase ist im Grunde genommen das empfindlichste Organ dieser Menschen, und deshalb reagieren sie auch besonders anfällig auf feuchte Witterung oder Schwankungen des Luftdrucks.

Doch sind Pferdemenschen im Allgemeinen ziemlich robust und besitzen meist einen athletischen Körperbau. Sie sind sportlich und halten ihren Körper fit.

Das Pferd in den einzelnen Jahren: Aussichten und Tendenzen

Das Jahr des Pferdes

Eine aufregende, lebhafte und alles in allem heitere Zeit verspricht ein Jahr zu werden, das im Zeichen des Pferdes steht. Das Leben ist hektisch, voller Abenteuer und Überraschungen, genauso wie Pferde das Dasein schätzen.

Aber auch für das berufliche Vorwärtskommen erweist sich diese Zeit als ausgesprochen günstig. Es fällt jetzt nicht schwer, Entscheidungen zu treffen, denn Pferde sind instinktsicher und intuitiv. Allerdings sollte man deshalb aufpassen, dass es der Aktivitäten nicht zu viele werden. Denn in diesem Jahr kann es schon durchaus einmal vorkommen, dass man vor Erschöpfung zusammenbricht. Doch kann man im Pferdejahr endlich einmal all die verrückten Dinge tun, von denen man sonst nur zu träumen wagt.

Auch auf die Weltwirtschaft hat das Pferd einen günstigen Einfluss. Industrie, Produktion und Handel erleben einen sprunghaften Aufschwung. Nicht langsames Wirtschaftswachstum kennzeichnet diese Zeit, sondern plötzlicher Anstieg. Der Kauf von Aktien ist jetzt ausgesprochen empfehlenswert. Dass man trotzdem ein wenig Vorsicht walten lassen muss, liegt darin begründet, dass das Pferd zur Maßlosigkeit neigt.

Der Einfluss dieses impulsiven, wilden und ungebändigten Tiers verstärkt das Selbstvertrauen und beflügelt Tatkraft und Einsatz. Dabei setzt man den Erfolg einfach voraus und hat ihn damit praktisch in der Tasche. Und sollte es dennoch einmal nicht so klappen, wird man sich nicht lange wehleidig auf dem Boden krümmen, man steht auf und galoppiert weiter.

Das Jahr der Ratte
Sowohl privat wie auch im Beruf und in finanziellen Angelegenheiten hat ein Pferd jetzt keine ganz so glückliche Hand. Im Grunde ist das Jahr der Ratte eines der schwersten für das Pferd. Alles, was es normalerweise nicht mag, muss es jetzt beachten: Konventionen, Maß und Zurückhaltung. Nur so kommt es im Rattenjahr leidlich über die Runden.

Das Jahr des Büffels
Das Pferd kann aufatmen, denn alles geht nun glatter, zügiger vorwärts. Es muss zwar hart arbeiten, denn ein Büffel stellt hohe Anforderungen. Doch verspürt es jetzt große Kraft, um seine Angelegenheiten zu regeln, und geht langsam, aber stetig vorwärts. Nur auf seine Gesundheit muss es jetzt unbedingt achten.

Das Jahr des Tigers
Für den Pferdegeborenen ist das Tigerjahr in fast jeder Beziehung optimal, besonders aber, was die Gesundheit angeht. Pferde haben jetzt

eine erhöhte Widerstandskraft und rappeln sich in Kürze wieder hoch, sollten sie tatsächlich einmal auf der Nase liegen.

Das Jahr des Hasen
Ein behutsames, mildes Jahr erwartet das Pferd in der Hasenzeit, die es vor manchem Unglück bewahrt. Reisen, Erweiterung des kulturellen Horizonts, schöne Stunden zu zweit, all dem sollte sich das Pferd jetzt einmal hingeben und es genießen. Aber nicht übertreiben, ein wenig arbeiten muss es schon auch, damit es nicht den Anschluss verliert!

Das Jahr des Drachen
Ein durchwachsenes Jahr bricht an, in dem viele unsichere und ungeregelte Angelegenheiten die Geduld des Pferdes auf eine harte Probe stellen. Und diverse seelische Belastungen nagen an seiner sonst so robusten Gesundheit.

Ein fester Arbeitsrahmen ist jetzt nicht das Schlechteste für ein Pferd, gibt ihm dieser doch im schwierigen Drachenjahr Halt und innere Festigkeit.

Das Jahr der Schlange
Es ist eine arbeitsreiche Zeit, die das Pferd im Schlangenjahr erwartet. Jetzt kann es zeigen, wozu es fähig ist, immer unter der Voraussetzung, dass es hart schuftet. Denn in den Schoß fällt ihm nichts.

Sein Innenleben sollte das Pferd jetzt zu stabilisieren versuchen, damit es nicht gleich bei jeder Gelegenheit umkippt. Denn labil ist das Pferd in diesem Jahr.

Das Jahr der Ziege
Irgendwelche Probleme ernsthafter Natur wird der Pferdegeborene im Ziegenjahr kaum haben. Denn sowohl im Berufsleben wie auch im Privatbereich zeigt er durchweg gute Tendenzen. Das Pferd findet vor allem in seiner Tätigkeit volle Anerkennung, was es ungeheuer motiviert.

Das Jahr des Affen
Dies ist ein ausgesprochenes Glücksjahr für das Pferd, denn jetzt gewinnt es endlich das große Los, von dem es so lange schon geträumt hat.

Die Kasse erlebt einen sensationellen Aufschwung, dies kann eine Schenkung, eine Erbschaft oder der plötzliche Gewinn aus einer früheren Kapitalanlage sein. Im Beruf muss das Pferd allerdings einen harten Kurs einschlagen und stur seine Ziele verfolgen.

Das Jahr des Hahnes

Das Pferd fühlt sich in diesem Jahr auf eine bestimmte Weise plötzlich reif und erwachsen. Und mit mehr Ernst und Verantwortungsgefühl nimmt es die Dinge in Angriff. Das heißt allerdings nicht, dass seine natürliche Heiterkeit dadurch getrübt ist. Im Gegenteil!

Das Pferd sollte im Hahnenjahr seinem angeborenen Instinkt voll vertrauen.

Das Jahr des Hundes

Dieses Jahr bietet sich dazu an, einmal etwas gründlicher über eine mögliche weitere Ausbildung nachzudenken. Denn das Pferd fühlt jetzt einen starken Drang, seine Kenntnisse zu erweitern und zu vertiefen.

Finanziell erwarten das Pferd jetzt ein paar Rückschläge. Es sollte sich aber weiter keine Sorgen machen, da es bald schon wieder auf die Beine kommt.

Das Jahr des Schweines

Im Schweinejahr gelingt dem Pferd so gut wie alles. Abgesehen vom beruflichen Erfolg, reißt man sich auch geradezu um diesen charmanten und strahlenden Partygast. Mit einem Wort: Die Welt liegt dem Pferd im Jahr des Schweines zu Füßen!

Und steht die Richtung fest, auf die es seine Energie lenkt, so steht dem Erfolg nichts mehr im Wege.

Die Ziege und ihre Eigenschaften

Chinesischer Name der Ziege: Yan
Von der Ziege regierte Stunden: 13.00 bis 15.00 Uhr
Himmelsrichtung: Südsüdwest
Vergleichbares Tierkreiszeichen im Westen: Krebs

Die Fähigkeit zum Mitgefühl und zum teilnehmenden Verständnis ist diesen Menschen in die [...] Es gibt kaum ein anderes Zeichen, das so berufen sch [...] Seele seiner Mitmenschen hineinzuversetzen, wie das [...]ft, mütterlich und geduldig kann sie stundenlang zu [...]emand Kummer hat. Und ihr Bedürfnis, dem anderen [...]ken, ist rechtschaffen, aufrichtig und tief.

Die Ziege ist der »barmh[...]er« im Zyklus der chinesischen Tierkreiszeichen, das [...]ingabe und Fürsorglichkeit, für ein selbstloses und [...] das keine Unterschiede macht zwischen den Mensche[...]n Ziegengeborene meist auch ein sehr warmherziges [...]haftliches Naturell, eine Ausstrahlung, die vollkommen vertrauenerweckend wirkt.

Die Ziege ist in ihrem Verhalten eher rezeptiv, eher zurückhaltend und passiv als aktiv und dynamisch. Sie verkörpert das Prinzip des Empfangens, des Weiblichen. Und bei aller Freundlichkeit und Heiterkeit ihres Naturells kann sie im tiefsten Innern auch sehr pessimistisch und schwermütig sein. Da sie wenig Kraft besitzt, dem Kummer ihrer Mitmenschen zu wehren, sondern alles auffängt, was ihr entgegengebracht wird, überwältigen sie bisweilen Gefühle von Weltschmerz, von Traurigkeit und tiefer Melancholie.

Das Gefühl ist die Hauptsache im Leben der Ziege, ein Umstand, der sie zwar sehr anziehend wirken lässt, der ihr selbst aber manchmal schwer zu schaffen machen kann. Denn bei aller freundlichen

Gelassenheit, die sie an den Tag legt, ist es doch um ihre innere Stabilität nicht so gut bestellt. Da sie kaum rationale Mittel zur Verfügung hat, ihrem tiefen Empfinden für andere Grenzen zu setzen, wird sie oft empfindlich gestört in ihrem Gleichgewicht. Aus diesem Grund braucht eine Ziege immer eine starke Schulter, an die sie sich anlehnen kann, ein Du, das die Führung übernimmt.

Dieses Du muss vor allem jene Bereiche des Lebens strukturieren, in denen die Ziege keine allzu große Begabung hat. Wie schon gesagt, sind Grenzen und rationale Verhaltensmuster ihre Schwachstellen, und sie besitzt keinerlei Disziplin, wenn es darum geht, den Alltag zu organisieren. Zeitpläne, strikte Vorschriften, die Forderung nach Pünktlichkeit sind ihr ein Greuel, da sie allzu hart in ihr eigentliches Lebensgefühl eingreifen. Und vollkommen in Verzweiflung gerät eine Ziege, wenn sie unter Druck arbeiten muss, da dann ihr ganzer Mangel an systematischer Arbeitsmethode zutage tritt.

Man kann davon ausgehen, dass eine Ziege einen Garten besitzt, der eine wahre Pracht ist. Blumen in Überfülle, lauschige Plätzchen, Lauben und Bäume werden ihn schmücken und so den Schönheitssinn der Ziege voll befriedigen. Auch ist sie meist ein häuslicher Charakter, der nichts Schöneres kennt, als das Zuhause so auszustatten, dass man sich darin wohl fühlen kann.

Ihr Muttertrieb, dieser Drang, andere mit ihrer Fürsorge zu umgeben, kann aber zuweilen erdrückende Züge annehmen. Die Ziege hat dann ein fast schon zwanghaft zu nennendes Bedürfnis, andere mit ihrer Liebe zu überschütten, wobei sie oft nicht die Gesetze der Distanz wahrt. Wie eine Mutter entlässt sie dann die Kinder nicht aus ihren Fittichen, sondern versucht, sie in ihrem warmen Nest fest zu halten.

Für Reibung, Auseinandersetzung, Konfrontation hat eine Ziege nicht viel übrig. Sie sucht in erster Linie Frieden und Harmonie und vermeidet solange es geht einen Streit.

Normalerweise ist ihre Methode, sich durchzusetzen, eher die des passiven Widerstands. Etwas direkt einzufordern, klar und präzise ihre Wünsche zu äußern, ist nicht nach der Ziege Sinn. Reagiert der andere nicht auf ihr häufiges Flehen, ihr schmeichelndes Fragen, so wird sie kurzerhand ein anderes Register ziehen, sie leistet so lange passiven Widerstand, bis der andere vollkommen zermürbt klein beigibt. Mag es sich nun dabei um eine Arbeit handeln, die die Ziege so lange gekonnt vernachlässigt, bis man sich auf ihre Bedingungen einlässt, oder um eine sehr private Situation, meist erreicht sie auf diesem Wege das, was sie sich vorgenommen hat. Dabei entwickelt dieses milde und freundliche Wesen eine erstaunlich zähe Ausdauer. Es weiß, dass es damit rechnen kann, dass der andere irgendwann umfällt, und muss daher keinerlei andere Druckmittel einsetzen. Deshalb sollte man die Ziege bei aller Herzenswärme nie unterschätzen. Denn oft genug verbirgt sich unter ihrer Oberfläche ein eiserner Wille, der sich erst dann offenbart, wenn sich widrige Umstände ergeben.

Ziegen sind ein wenig verwöhnt und brauchen viel, um die Tristesse des Alltags zu ertragen. Mag dies nun ein besonders schöner Teppich, eine Hollywoodschaukel, ein Schwimmbecken oder ein französisches Bett sein, die Ziege ist immer anspruchsvoll, wenn es um ihre direkten körperlichen Bedürfnisse geht. Als Luxusgeschöpf lässt sie sich dann gern von vorn bis hinten bedienen, so sich ihr Partner dazu zur Verfügung stellt. Denn meist hat er an und für sich schon eine Menge zu tun, da die Ziege ihm gern die gesamte Disposition des Tages inklusive die Mühsal des Geldverdienens überlässt. Und auch die Verwaltung der Finanzen obliegt meist ihm, was in diesem Fall eine durchaus vernünftige Lösung ist. Denn der Ziegengeborene hat nicht unbedingt die glücklichste Hand fürs Geld, sondern gibt eine Menge für seine vielfältigen Bedürfnisse aus.

Auch Zuhören und helfendes Verstehen ist ja eine große Leistung, die viel Energie abverlangt, mit Geld aber nie aufzuwiegen ist. Dass ihr Partner sich jederzeit in ihre Arme flüchten und neue Kraft schöpfen kann, ist ihr eine Selbstverständlichkeit. Ein feinsinniger und freundlicher Charakter, das ist die Ziege. Und wenn sie nicht gerade vom Weltschmerz gepackt ist, sieht man sie meist munter, ein heiterer und geduldiger Mittelpunkt des Hauses.

Die Ziege in den fünf Wandlungsphasen

Die Ziege in der Phase des Metalls
Sehr viel mehr Selbstvertrauen als ihre übrigen Namensvettern hat die Ziege, die in der Phase des Metalls zur Welt gekommen ist. Sie weiß, was ihre Talente wert sind, und nimmt voller Ehrgeiz ihre Angelegenheiten in Angriff. Doch hinter dieser selbstbewussten Schale steht meist ein äußerst verletzbares Wesen. Auch die Metallziege leidet unter eifersüchtigem Besitzanspruch ihrem Partner gegenüber und tut sich schwer, dieser Gefühle Herr zu werden. Einen Seitensprung könnte diese Ziege nie tolerieren, und so versucht sie alles, damit er nicht stattfindet. Allerdings ist es gerade dieses Verhalten, was ihn letztlich fördert oder herbeiführt. Eine vertrauenerweckende Persönlichkeit ist diese Ziege, deren Lebensziel nicht nur Harmonie und Frieden sind. Karriere ist für sie in den meisten Fällen sehr wichtig.

Die Ziege in der Phase des Wassers
Die Wasserziege kann sich schwer gegen äußere Einflüsse wehren und ist bereit, alles anzunehmen, was ihr begegnet. Sie wirkt mit ihrer harmonischen Ausstrahlung sehr anziehend auf ihre Mitmenschen.

Doch da sie so leicht beeinflussbar ist, geht sie manchmal vollkommen falsche Wege – einfach in der Nachfolgeschaft eines Führers, der sie faszinieren konnte. Es fällt ihr dann schwer, zu ihren eigenen Zielen zurückzukehren.

Wie geschaffen ist diese empfindsame, liebenswürdige Persönlichkeit für einen Beruf im sozialen Bereich. Es gibt kaum jemanden, der besser Kontakt knüpfen könnte als sie und leichter Zugang zu den verborgenen Seiten anderer Menschen fände.

Die Ziege in der Phase des Holzes
Zuvorkommend, gut gelaunt und unendlich sympathisch, so wirkt eine Holzziege. Sie strahlt immer eine gehörige Portion Optimismus aus, eine hoffnungsfrohe und heitere Zuversicht. Und meist gibt ihr das Leben Recht.

Im Innersten weiß sie haargenau, was sie wert ist. Doch um mit ihren Pfunden zu wuchern, ist sie viel zu freigiebig. Sie ist einfach glücklich, wenn sie in anderen aufgehen kann. Sie selbst jedoch kann ganz gut allein zurechtkommen und ihre Angelegenheiten tatkräftig anpacken. Dabei versucht sie auch immer eine Verbesserung der Lebensumstände zu schaffen, die es ihr ermöglichen könnte, auf großem Fuß zu leben, zumal sie materielle Sicherheit braucht, um sich ihren Optimismus zu erhalten.

Die Ziege in der Phase des Feuers

Initiative und Elan besitzt die Ziege, die in der Phase des Feuers zur Welt gekommen ist. Ihre Vitalität und Begeisterung wirken meist ansteckend. Sie ist unschlagbar, wenn es darum geht, Argumente für ihre Sache zu finden. Ob sie das Projekt dann allerdings auch wirklich durchzieht, ist schon fraglicher. Da Ziegen im Allgemeinen jedoch zäh und ausdauernd sind, bleiben wenigstens drei von fünf Plänen normalerweise nicht im ersten Stadium stecken.

In ihrer negativen Erscheinungsform neigen diese Ziegen allerdings zu unrealistischem Wunschdenken und sind deshalb leicht entmutigt, wenn sich nicht alle ihre Blütenträume erfüllen. Auch leiden sie manchmal unter heftigen Stimmungsschwankungen.

Die Ziege in der Phase der Erde

Die Erdziege hat eine sehr gelassene und selbstsichere Ausstrahlung. Sie weiß um die Bedeutung eines festen Fundaments und wird deshalb nie so verschwenderisch mit ihrem Geld umgehen, wie dies normalerweise bei einer Ziege der Fall ist.

In Bezug auf ihre Arbeit handelt diese Ziege ebenso verantwortungsbewusst. Sie nimmt ihre Pflichten ernst und kann sich bestens in geregelte Abläufe eingliedern. Planung, Ordnung, Struktur, das sind für Erdziegen keine Fremdwörter.

Doch auch diese Ziege ist sehr hilfsbereit und immer für andere da.

Im Allgemeinen ist die Erdziege ein äußerst friedliebender Charakter, der bei aller Zurückhaltung andere sehr beeindrucken kann,

Die Ziege und ihr Aszendent

Ziege mit Aszendent Ratte
Intuitiv, einfühlsam und ungeheuer herzlich ist diese Ziege, die durch die Eigenschaften der charmanten und fleißigen Ratte in jeder Hinsicht Unterstützung erfährt. Ratten sind klug und haben ein überaus feines Gespür für andere Menschen. Sie entwickeln diesen Charakterzug, da sie in Rudeln leben und meist für die große Zahl ihrer Anverwandtschaft mitsorgen müssen. Aus diesem Grund hat die Ratte viel Verantwortungsbewusstsein, das sie befähigt, für andere Sorge zu tragen.

Es gesellt sich somit zu der Fürsorglichkeit der Ziege der Familiensinn der Ratte. Sie ist fein, herzlich, intelligent und vergisst bei aller Lust am schönen Leben nicht, dass es auch verdient sein will. Ziegen mit Rattenaszendent sind realistisch in ihrem ganzen Denken und versuchen, ihre Zukunft vorsorglich zu planen.

Ziege mit Aszendent Büffel
Es finden sich in diesem Charakter zwei sehr gegensätzliche Pole: die Ziege schätzt nichts so sehr wie ein angenehmes Leben, der Büffel jedoch möchte am liebsten sein Lebtag lang arbeiten. So fühlt sich die Ziege manchmal zwischen zwei Extremen hin- und hergerissen. Doch wenn sie diese beiden Extreme unter einen Hut bringen kann, erweist sich diese Zeichenkombination sogar als ausgesprochen günstig. Der Büffelaspekt wird dann lediglich etwas bremsend auf ihre Verschwendungssucht einwirken.

Klug, sensibel, realistisch und freundlich, das ist die Ziege mit Büffelaszendent. Traditionsbewusstsein, Familiensinn und eine herzliche Ausstrahlung machen aus ihr eine gewinnende Persönlichkeit.

Ziege mit Aszendent Tiger
Die Eigenschaften dieses Zeichens verleihen der häuslichen Ziege sehr viel mehr Mut. Ihr Spielraum ist wesentlich weiter, da sie ständig bestrebt ist, den engen Rahmen zu sprengen. Und natürlich kann es dabei schon mal hoch hergehen, denn Tiger sind leidenschaftliche und temperamentvolle Charaktere. Ziegen mit Tigeraszendent sind große

Romantiker, die viel Wert auf Zärtlichkeit, Leidenschaft und emotionales Verständnis legen. Und wenn jemand an ihr gutes Herz appelliert, sind sie kaum zu bremsen in ihrer Hilfsbereitschaft. Hierbei wird ihr Einfühlungsvermögen durch eine tüchtige Portion Tatkraft ergänzt.

Dem Charme dieser Menschen kann niemand widerstehen. Sie sind brillant, temperamentvoll und warmherzig, eine Kombination, die auf andere ungemein anziehend wirkt.

Ziege mit Aszendent Hase

Natürlich ist es für diese Ziege besonders problematisch, beruflich Karriere zu machen. Denn zu ihrer eigenen Verspieltheit kommt die Scheu des Hasen, der viel von dem, was ihn bewegt, vor der Öffentlichkeit zurückhält. Schüchtern und introvertiert gibt sich ein Mensch dieser Zeichenkombination, man braucht sehr lange, bis man an ihn herankommt.

Emotionale Sicherheit bei einem Partner ist für diesen Charakter eine Voraussetzung, um überhaupt leben zu können. Das Singledasein ist eine Qual für ihn, sollte er überhaupt je in die Lage kommen, sich damit auseinander setzen zu müssen.

Musisch, sinnlich und in der äußeren Erscheinung meist auf ganz besondere Weise attraktiv, das ist die Ziege mit Hasenaszendent. Überwindet man ihre Barrieren, wird man erstaunt sein von dem Spektrum an Gedanken und Gefühlen, das sich offenbart.

Ziege mit Aszendent Drache

Der Drache verleiht der eher weiblichen Ziege patriarchalische Züge, wodurch sie eine Menge an Sicherheit gewinnt. Aber auch ihr Instinkt, ihre feine Nase wird durch den Drachenaspekt unterstützt, es gibt kaum etwas, was diese Ziege nicht schon im Voraus wittern könnte. Und so fällt es ihr auch meist nicht weiter schwer, auf der Karriereleiter nach oben zu klettern, selbst wenn die häusliche Umgebung dadurch manchmal etwas vernachlässigt wird.

Auch kann der Drache planen. Menschen mit dieser Zeichenkombination bevorzugen oft Berufe im pädagogischen Bereich, die Führungskraft und Herzlichkeit verbinden.

Ziege mit Aszendent Schlange

Die Schlange symbolisiert in China Weisheit und Anmut. Doch auch Klugheit und Geschicklichkeit gehören zu ihren Stärken, ebenso eine ungeheure Wendigkeit. Die Ziege gewinnt durch sie mehr Sicherheit in ihrem Auftreten, wiewohl sie meist recht zurückhaltend bleibt.

Meist besitzt diese Ziege ein hohes intellektuelles Niveau und ein Interesse an existenziellen Fragen. Dass sie dabei ein bequemes Leben auch nicht ablehnt, ist bei diesem Aszendenten klar. Die Schlange wird unschöne Arbeiten delegieren, während die Ziege heiter und verträumt in den Tag hineinlebt.

Ziege mit Aszendent Pferd

Eine interessante, nicht ganz einfache Kombination ergibt sich aus diesen beiden Zeichen. Denn das temperamentvolle und ungestüme Wesen des Pferdes, das ständig nach Aktion drängt und kaum zu bremsen ist, steht teilweise in krassem Widerspruch zum heiteren und eher kontemplativen Wesen der Ziege. Während sie kein anderes Ziel im Leben kennt, als zu Hause in Frieden und Freude zu leben, drängt es das Pferd ständig vorwärts und hinaus in die Ferne.

Kontaktschwierigkeiten kennen Ziegen mit Pferdeaszendent kaum, sondern wissen andere sofort durch ihren Elan, ihre Vitalität zu fesseln. Auch sind sie redegewandt und als brillante Erzähler geschätzt. Dass sie auf Partys der strahlende Mittelpunkt sind, ist für diese Ziegen nur selbstverständlich.

Ziege mit Aszendent Ziege

Anhänglich, kinderlieb und hingabebereit ist eine Ziege mit dem Aszendenten gleichen Namens. Dabei ist sie sehr leicht verletzbar und reagiert empfindlich auf abfällige Bemerkungen.

Vor Problemen steht diese Ziege wie vor einem Berg, der niemals zu bewältigen ist. Schicksalsgläubig hofft sie zwar, dass etwas geschieht, doch selbst die Sache in Angriff nehmen, damit tut sie sich äußerst schwer. Eine Ziege mit Ziegenaszendent braucht immer einen starken Beschützer, der ihr alle Hindernisse aus dem Weg räumt. Rührend sorgt sie dann für Kinder und Partner.

Den Unterhalt zu verdienen fällt solchen Ziegen allerdings

schwer, denn bekanntlich liegt ihnen geregelte Arbeit ja nicht unbedingt.

Ziege mit Aszendent Affe

Familiensinn und Durchsetzungsvermögen, das kennzeichnet im Wesentlichen die Ziege mit Aszendent Affe. Ihr Leben zu organisieren bereitet ihr wenig Schwierigkeiten, abgesehen davon, dass sie teilweise ein wenig sprunghaft in ihren Interessen ist. Doch besitzt sie die Fähigkeit, praktisch zu denken. Diese Ziege liebt den intellektuellen Hochleistungssport, den geistigen Höhenflug, wobei der Affe in der Ziege sicherlich dafür sorgen wird, dass auch der materielle Hintergrund stimmt.

Im Allgemeinen haben diese Menschen ein glückliches Temperament und schauen optimistisch in die Zukunft. Sie strahlen innere Harmonie und Fröhlichkeit aus, sind klug, rasch in ihrer Auffassungsgabe und meist sehr selbstsicher.

Ziege mit Aszendent Hahn

Gleich der Ziege bedarf auch der Hahn einer starken Führung, einer Schulter, an die er sich anlehnen kann Deshalb werden Menschen, die im Zeichen der Ziege einen Hahn zum Aszendenten haben, kaum allein bleiben. Die Organisation ihres Alltags würde sie zu viel Kraft und Nerven kosten, vor allem, da der Hahn manchmal ein wenig unrealistische Pläne hat. Ein Partner, der diese Ziege immer wieder auf den Boden zurückholt, ist deshalb geradezu lebensnotwendig. Da sie ihn mit ihrer lebhaften und spritzigen, dabei warmen und freundlichen Ausstrahlung todsicher findet, muss sie sich darum keine großen Gedanken machen. Eine Ziege mit Hahnenaszendent ist ein Herzensbrecher, der jede Spielart der erotischen Begegnung beherrscht.

Ziege mit Aszendent Hund

Etwas solider als die übrigen Vertreter ihres Zeichens ist eine Ziege, die den Hund zum Aszendenten hat. Obwohl sie nach außen oft so zerbrechlich und zierlich wirkt, besitzt sie doch innerlich sehr viel Widerstandskraft und Willen. Doch braucht auch ein Charakter dieser Zeichenkombination unerhört viel Anerkennung und Zuwendung seitens seiner Mitmenschen. Dass auch sein Freundeskreis nicht klein bleibt, ist selbstverständlich.

Als Pädagogen sind diese sensiblen Menschen sicher hervorragend eingesetzt, da sich bei ihnen viel Herzensgüte findet. Sympathisch, anziehend und gefällig, so wirkt die Ziege mit Hundeaszendent auf die meisten Menschen, denen sie begegnet, und diesen ersten Eindruck wird sie kaum Lügen strafen, wenn man sie näher kennen lernt.

Ziege mit Aszendent Schwein
Nüchtern, geistesgegenwärtig, produktiv ist diese Ziege, die sich jedoch bei allem realistischen Einschätzungsvermögen auch als sehr empfindsam erweist.

Eine Ziege mit Schweineaszendent ist erfolgsorientierter als andere Ziegen, denn auch das Schwein legt viel Wert auf Luxus, auf schönes Essen, auf Behaglichkeit und romantische Atmosphäre. Um sich dies zu ermöglichen, wird ein Charakter dieser Zeichenkombination wacker und ehrgeizig arbeiten, obwohl das Schwein nicht immer fleißig ist.

Auch ist diese Ziege nicht unbedingt angewiesen auf einen Partner. Sie tut, was sie will. Diese Freiheitsliebe setzt sie auch im anderen voraus.

Sie ist jovial, freundlich und herzlich, wobei sie durchaus Fähigkeiten besitzt, auf andere sehr intensiv einzugehen.

Ziege und Partnerschaft

Verletzlich, scheu und äußerst zaghaft, so nähert sich eine Ziege dem Partner ihrer Wahl. Liebenswert und romantisch wirkt sie, wenn sie versucht, diese Schüchternheit zu überwinden und einen Kontakt herzustellen. Die Ziege kann sich im Grunde vollkommen auf ihren Charme verlassen, mit dem sie ihre gesamte Umwelt zu bezaubern weiß. Redselig ist sie dabei allerdings nicht, sondern eher still und abwartend. Doch mit ihren intelligenten und warmherzigen Fragen wird sie ihren Gesprächspartner so auftauen, dass er Dinge von sich preisgibt, die er sonst im Leben nicht sagen würde. Doch darf er sich getrost den Fragen der Ziege stellen, denn jedes Geheimnis ist gut aufgehoben bei ihr.

Es ist eine unglaubliche Intimität, die eine Ziege sofort herzustellen weiß, auch wenn sie eigentlich so scheu ist und diverse Hemmschwellen zu überwinden hat. Doch siegt meist ihr natürliches Interesse, ihre herzliche Bereitschaft für den anderen und lässt sie etwas an Courage gewinnen.

Der Wunsch nach einer Ehe ist für eine Ziege selbstverständlich. Sie sehnt sich nach einem sicheren Hafen, einem Hort der Geborgenheit, einer Heimat, nach Innigkeit, nach gegenseitiger Fürsorge, nach der sicheren Vertrautheit zwischen zwei Menschen, die sich schon lange kennen. Dabei ist sie durchaus nicht temperamentlos, was die Liebe betrifft, eher im Gegenteil. Doch als Basis muss immer eine tiefe Empfindung füreinander da sein, eine bedingungslose Zugehörigkeit. Trieb ohne Gefühl, das ist für die Ziege ein Fremdwort. Und deshalb wird sie auch eine erotische Begegnung, deren Dauer abzusehen ist, eher verschmähen.

Natürlich kann eine Ziege, wenn sie dieser Tatsache nicht ins Gesicht sieht, schon manche Enttäuschung erleben. Denn in ihrer Naivität ist sie versucht, auf diverse Windbeutel hereinzufallen und auf gekonnte Schmeichelei zu reagieren. Dass der andere es dabei nur auf eine heiße Nacht abgesehen haben könnte, ist ihr in ihrer Blauäugigkeit nur sehr schwer klar zu machen.

Hat sie jedoch einmal den Partner fürs Leben gefunden, versteht sie es, ihm ein Dasein voller Glück und Zufriedenheit zu bereiten. Aber sie braucht, wenn sie vom Weltschmerz überwältigt wird, eine gewaltige Portion Zuspruch, Aufmunterung und Zärtlichkeit, um wieder auf die Beine zu kommen.

Auf der anderen Seite jedoch findet man kaum jemanden, der so bedingungslos zu Hilfe eilt, wenn der Partner Unterstützung braucht. Liebevoll und doch zurückhaltend, fürsorglich und mit unendlicher Zärtlichkeit versucht die Ziege, ihm dann zu geben, was ihm fehlt.

Dass die Ziege treu ist, braucht nach all dem kaum noch erwähnt zu werden. Jedoch ist dies eins der schwierigeren Kapitel im Dasein einer Ziege, sie neigt nämlich ihrerseits zu krankhafter Eifersucht, und mag der Anlass noch so irreal sein. Die Ziege weiß zwar um diese Schwäche und versucht verzweifelt, sie zu unterdrücken. Doch letztlich siegt ihr tiefes Bedürfnis herauszufinden, dass der Partner sie noch liebt. Sie kann einfach nichts dagegen machen, sie muss es tun.

Szenen im üblichen Sinn würde sie jedoch nie machen, sondern sich still und verletzt zurückziehen, was unter Umständen für den anderen weitaus schlimmer sein kann. Die Ziege kann, wenn sie es darauf anlegt, tagelang schmollen, wobei ihr die Qual, die sie dadurch verursacht, meist gar nicht bewusst ist. Doch ein Dasein, in dem die Beweise der Zärtlichkeit allzu oft ausfallen, das ist nichts für sie. Eine Ziege will schmusen und sich restlos angenommen fühlen, nur dann kann sie die heitere Harmonie ausstrahlen, die sie so anziehend und zauberhaft für andere macht.

Rein äußerlich verläuft das Leben einer Ziege meist in traditionellem Rahmen: Ehe, Kinder, Haus und Garten. Damit kann sie vollkommen glücklich werden und sich aus der Tiefe ihrer Seele heraus voll entfalten.

Nichts liebt sie so sehr wie ihr behagliches Zuhause, den Bereich der Intimität. Sie kann vollkommen in der Elternschaft aufgehen, in der Fürsorge für ihre Kleinen, die demzufolge meist sehr behütet aufwachsen. Das Leben dieser Kinder ist meist voller Harmonie und Heiterkeit, denn niemand versteht es so gut wie die Ziege, eine Atmosphäre zu schaffen, in der man angstfrei zu dem werden kann, was man wirklich ist.

Abschließend sei gesagt, dass eine Ziege wohl nur in Ausnahmefällen allein bleibt. Denn ihr ganzes Wesen ist auf Fürsorge ausgerichtet, auf die Hingabe an ein Du, auf den Dienst am Nächsten. Die Ziege ist die große Liebende unter den Tierkreiszeichen. Ihre Kraft bezieht sie im Wesentlichen daraus, für andere da sein zu dürfen.

Wer passt zur Ziege?

Ziege – Ziege

Mitgefühl, Verantwortungsbewusstsein und tiefes Verständnis für den anderen sind die großen Begriffe, die ein Verhältnis zwischen Ziegengeborenen prägen. Es gibt wohl kaum zwei Menschen, die so nah und innig vertraut miteinander umgehen können wie sie. Beide kümmern sich jeweils um das Wohlergehen des anderen, das ihnen als wichtigstes Anliegen am Herzen liegt.

Eine Schwachstelle innerhalb dieser Partnerschaft ist jedoch ihr tiefes Bedürfnis nach Luxus und üppiger Lebensführung. Um sich diesen Überfluss leisten zu können, müsste zumindest einer von beiden ein wenig Organisationstalent entfalten und Sinn für Pünktlichkeit, Ordnung und klare Grenzen entwickeln. Über kurz oder lang können sie sonst im schaurigsten Chaos sitzen, das aus unbezahlten Rechnungen, alten Steuererklärungen und Vollstreckungsandrohungen besteht.

Meist wird es aber doch nicht ganz so schlimm werden, wenn sich die beiden gehörig zusammenreißen. Als Team können sie durchaus einiges erreichen, wobei sie alles teilen, die Mühen wie auch die Freuden.

Ziege – Affe

Der schlaue, bewegliche Affe fühlt sich durch das liebevolle Einfühlungsvermögen der Ziege sehr sicher und geborgen. Die Leichtigkeit, mit dem die Ziege sich seinem Rhythmus anzupassen versteht, fasziniert ihn ebenso wie ihr glückliches und heiteres Naturell. Die Ziege ihrerseits bewundert den scharfen Verstand ihres Affenpartners und gibt ihm rückhaltlos Bestätigung.

Manchmal allerdings wird ein Affe ein wenig misstrauisch, dass man ihm so viel Liebe und Wärme entgegenbringen kann. Dann fängt er an, die Ziege zu provozieren, einfach um ihre Grenzen auszureizen. Sie wird zunächst geduldig Rede und Antwort stehen, doch im Innersten fühlt sie sich zu Tode verletzt. Der Affe sollte sich daher besser besinnen und sich einmal fragen, warum er so wenig Vertrauen schenken kann.

Doch im Allgemeinen herrscht in dieser Verbindung tiefe Harmonie. Eine innige und vertrauliche Basis, eine große körperliche Anziehungskraft und ein warmer herzlicher Umgangston, das sind die wesentlichen Merkmale einer Partnerschaft zwischen Affe und Ziege.

Ziege – Hahn

Ziege und Hahn haben auf der Stelle einen starken Draht zueinander, wenn sie sich begegnen. Ein Problem entsteht in dieser Partnerschaft, wenn die Ziege dem Hahn zu wenig Widerstand bietet. Sie neigt dazu, alles am Hahn zu akzeptieren, und mag das, was er erzählt, noch so fantastisch und weitschweifig ausfallen. Der Hahn aber verliert dadurch immer mehr den Boden unter den Füßen, weil seiner Redseligkeit nicht Einhalt geboten wird. Ab und zu weiß er deshalb gar nicht mehr, wo er ist, und sucht verzweifelt nach einem Kontra. Die Ziege aber kann dieses Bedürfnis nicht verstehen, ihr größtes Anliegen ist Harmonie.

Eine weitere Schwierigkeit in dieser Beziehung ist, dass beide ein starkes Anlehnungsbedürfnis haben. Sie brauchen eine starke Schulter und suchen im jeweils anderen die Führung.

Die Partnerschaft zwischen einem Hahn und einer Ziege bleibt also meist nur unter größten Schwierigkeiten stabil.

Ziege – Hund

Ein Hund ist immer ein großer Realist, der mit vernünftigen und klaren Vorstellungen durchs Leben geht. Die Ziege dagegen lebt in erster Linie im Bereich der Emotion, ein Umstand, der es den beiden schwer macht, zueinander zu gelangen. Zwar ist auch ein Hund sehr anpassungsfähig und treu, doch braucht er dazu klare Ordnungen, ein festes Ziel, das Wissen, dass sein Partner weiß, wo es langgeht.

Aber auch geistig haben Ziege und Hund sehr wenig miteinander gemein. Der Hund macht aus der Sorge um das Allgemeinwohl ein Dogma, während die Ziege mit ihrem großen Herzen in Fürsorge für andere aufgeht. Was ihr Bedürfnis ist, ist ihm Prinzip, und so wird er sie öfters mit Moralpredigten belästigen. Darum sind auch die Gespräche zwischen den beiden meist von einem tiefen Missverständnis durchdringen, sie gehen einfach von unterschiedlichen Voraussetzungen aus.

Sollten sich trotz all dieser innerlichen Widerstände ein Hund und eine Ziege entscheiden, miteinander zu leben, so ist äußerste Vorsicht geboten. Denn ihre Partnerschaft ist zerbrechlich wie Glas und ständig von der Gefahr bedroht, zu scheitern.

Ziege – Schwein

Zwischen Schwein und Ziege besteht ein grundsätzliches Verständnis füreinander. Und so kommt es, dass es bei den beiden meist fröhlich zugeht, dass ein ungezwungener Ton herrscht, der andere Menschen geradezu magnetisch in den Schoß ihrer Familie zieht.

Manchmal jedoch mangelt es dieser Partnerschaft ein wenig an Tiefe, da allzu viel Energie in Geselligkeit und Amüsement gesteckt wird. So geschieht es, dass Schwein und Ziege sich manchmal gegenübersitzen und nicht mehr so recht wissen, was sie einst zusammengeführt hat. Es ist deshalb unbedingt notwendig, dass die beiden ab und zu Pausen einlegen und Gespräche zu zweit führen. Denn im Grunde sind sie ein ideales Paar, zumal das Schwein niemals versuchen würde, Kritik an der Ziege zu üben. Geschieht dies doch einmal, so tut es dies so unüberlegt und freundlich, dass es nicht weh tut und die verletzbare Ziege sich nicht allzu sehr gekränkt fühlt.

Die Texte zu den hier nicht aufgeführten Kombinationen finden Sie im entsprechenden Abschnitt der bereits behandelten Tierkreiszeichen.

Ziege und Beruf

Wie schon öfter erwähnt, ist eine Ziege in der Hauptsache dazu prädestiniert, die schönen Seiten des Lebens wahrzunehmen und zu pflegen. Arbeit schmeckt ihr nicht unbedingt. Natürlich bestätigen Ausnahmen die Regel.

Dabei sind Ziegen ausgesprochen schöpferische Menschen, die großen Gefallen daran finden, ihre Fantasie in die Wirklichkeit umzusetzen. Alles was mit Ästhetik zu tun hat, reizt die Ziege ja ungemein, und wenn sie dabei auch ihr Fingerspitzengefühl, ihren Sinn für Form und Gestaltung zur Anwendung bringen kann, geht sie mit Lust und Energie, aber auch mit einer gehörigen Portion Zähigkeit ans Werk. Es sind vor allem Maler oder Bildhauer, die man in diesem Zeichen findet, Menschen, die ihre inneren Bilder umsetzen und dabei tiefe Erfüllung finden.

Auch im Bereich des Gartenbaus oder der Innenarchitektur kann man viele Ziegen finden. Die Gestaltung schöner Räume ist der Ziege ein tiefes Anliegen, ein Bedürfnis, das sie, sollte sie es nicht beruflich umsetzen, immer auch im Alltag verwirklicht.

Unter Zeitdruck kann eine Ziege allerdings nicht arbeiten, darüber muss man sich im Klaren sein, wenn man sie zu einer Tätigkeit heranzieht. Sie mit Terminen zu quälen ist die beste Garantie dafür, dass sie die Tätigkeit kurzerhand niederlegt, wenn man sich nicht schließlich doch auf ihre Bedingungen einlässt. Dazu gehört absolute Freiheit und Zeit, die Möglichkeit, sich die Arbeit so einzuteilen, wie sie es möchte.

Dennoch sieht man sie gern an ihrem Arbeitsplatz, denn sie kann ein freundliches und angenehmes Betriebsklima schaffen.

Auf sachlichem Gebiet allerdings ist sie manchmal etwas unsicher und flatterhaft. Sie weiß nicht so recht, wie sie eine Sache anpacken soll, zögert lange und kann anderen schon manchen Verdruss bereiten mit ihrer Initiativlosigkeit.

Streit ist eins von den Dingen, die eine Ziege verabscheut. Drohender Konfrontation geht sie gern aus dem Weg oder überspielt sie. Manchmal ist es deshalb schwer, sie zu packen, vor allem, weil sie ja sehr diplomatisch ist.

Eine Ziege kann man leicht übers Ohr hauen. Da sie in allen Menschen nur das Beste voraussetzt, fehlt ihr die Vorstellungskraft dafür, dass jemand im eigenen Interesse andere austrickst. Und letztlich wird sie es nie verstehen, dazu ist ihr Glaube an das Gute im Menschen einfach viel zu fest verankert.

Doch merkwürdigerweise wirkt die Ziege genau aus diesen Gründen überaus motivierend auf ihre Mitarbeiter. Unter all den Karrieremachern, leistungsbesessenen und machthungrigen Menschen gibt es jemanden, dem dieser Aspekt des Daseins einfach egal ist. Eine Ziege möchte ihre Energie anders einsetzen, im Kontakt mit Menschen, in der Bereitschaft, ihnen gegenüber hellwach und offen zu sein für ihre Nöte.

Ohne es zu wollen, wird sie so zu einer Art Betriebspsychologin, und sollte sie sich noch nicht überlegt haben, diese Fähigkeit beruflich zu nutzen, so sollte sie dies unbedingt tun.

Wer passt zur Ziege in beruflicher Hinsicht?

Ziege – Ziege

Wenn zwei Ziegen sich zu einer beruflichen Zusammenarbeit entschließen, sollten sie sich das angesichts ihrer Verschwendungssucht vorher haargenau überlegen. Doch ist die Atmosphäre zwischen diesen beiden Kollegen ausgezeichnet.

Allerdings müssen die beiden Ziegen vorher klare Absprachen miteinander treffen, um zu vermeiden, dass die Arbeit liegen bleibt.

Ziege – Affe

Da der Affe an der Seite dieser Mitarbeiterin all seine positiven Eigenschaften entwickeln kann, spart er auch nicht mit Lob und Anerkennung für sie.

Eine gute Zusammenarbeit, ein Unternehmen, das in die Höhe schießt, Profit und Ansehen, das ist es, was eine Ziege erwartet, wenn sie sich mit einem Affen beruflich verbindet.

Ziege – Hahn

Ob die freundliche und gelassene Ziege mit diesem harten Arbeiter zurechtkommt, ist etwas fraglich. Denn ihre fatalistische Einstellung, ihr Mangel an Initiative können den Hahn schon mal an den Rand des Wahnsinns bringen. Zwar hat er einen guten Blick, kann zielstrebig arbeiten, ist intelligent und gründlich. Doch im Grunde braucht er einen Partner, der den großen Überblick hat, und das ist die Ziege mitnichten.

Ziege – Hund

Nicht leicht tun sich Hund und Ziege miteinander, wenn sie gemeinsam ein Unternehmen gründen oder als Kollegen den Arbeitsplatz teilen. Denn ihre Arbeitsorganisation ist sehr unterschiedlich. Der Hund möchte gern vernünftig planen und übersichtliche Geschäfte abwickeln. Die Ziege dagegen bleibt in dieser Verbindung ein wenig träge und zäh, weil die Art des Hundes sie nicht in Begeisterung versetzen kann.

Ziege – Schwein

Eine gute, fast ideal zu nennende berufliche Partnerschaft entsteht zwischen diesen beiden Zeichen, jedoch nur, wenn sie den beruflichen und privaten Bereich strikt trennen. Sonst kann man Schwein und Ziege ständig im Caféhaus antreffen, wo sie genussvoll ein wenig zu tief ins Glas schauen.

Die Texte zu den hier nicht aufgeführten Kombinationen finden Sie im entsprechenden Abschnitt der bereits behandelten Tierkreiszeichen.

Ziege und Gesundheit

Hat die Ziege ihren berühmten Weltschmerz, fühlt sie sich müde, schlapp, ausgelaugt, und es fehlt nicht viel dazu, dass sie sich mit Fieber oder einer anderen Erkrankung ins Bett legen muss. Die Ziege ist ein Somatiker, wobei vor allem Krankheiten wie Allergien, Heuschnupfen und dergleichen eine große Rolle spielen. Aber auch Probleme, die durch den Anstau von Gefühlen verursacht werden, können der Ziege zu schaffen machen. Ihr Kreislauf funktioniert häufig nicht ganz so gut, wie er sollte.

Akupunktur könnte dabei als Regulativ dienen und das gestörte Gleichgewicht wieder ins rechte Lot bringen.

Wenn die Ziege wirklich krank darniederliegt, braucht sie sehr viel Aufmunterung, um sich nicht in Weltuntergangsstimmung zu verlieren.

Die Ziege in den einzelnen Jahren: Aussichten und Tendenzen

Das Jahr der Ziege

Entspannung, Muße und Genuss sind angesagt während der Zeit, die unter Einfluss der Ziege steht. Jetzt sollte man sich unbedingt das süße Leben gönnen, nach dem man schon so lange große Sehnsucht verspürt. Die Ziege verstärkt im Wesentlichen Gefühl und Empfindsamkeit. So sucht man jetzt vor allem die Wärme innerhalb einer Gemeinschaft. Sehnsucht nach Geborgenheit, das starke Verlangen, in einer innigen Partnerschaft Befriedigung zu finden, füllen jetzt das Dasein aus.

Mit Geld geht man jetzt sehr viel großzügiger um als gewohnt, und für manch einen kann dies ein böses Erwachen zur Folge haben. Doch sind der Kreativität, der Produktion im künstlerischen Bereich im Ziegenjahr keine Grenzen gesetzt.

Mit Kritik muss man sich jetzt intensiv auseinander setzen, auch wenn man nach außen Konfrontationen lieber aus dem Weg geht. Dafür tobt innen der Sturm umso heftiger. Wenn jemand nicht ganz fest auf zwei Beinen steht, hat er es unter Umständen sehr schwer während dieser Zeit. Doch kann schonungslose Selbsterkenntnis langfristig ja durchaus zu einem Reifeprozess führen.

Aber alles in allem zeigt das Ziegenjahr ein heiteres Gesicht, denn dem Genuss sind keine Grenzen gesetzt. Ein warmes, herzliches Klima herrscht im Ziegenjahr, und dies in jeder Beziehung. Todfeinde dürfen jetzt aufatmen, der kalte Krieg ist vorbei, die Mauern dürfen fallen, der Himmel klart auf.

Das Jahr der Ratte

Ein günstiges Jahr erwartet die Ziege unter dem Einfluss der Ratte. Allerdings wird sich viel Unerwartetes ereignen. Neue Freundschaften inspirieren die Ziege und erweitern ihren geistigen Horizont. Und auch in der Liebe kann sich jetzt einiges zum Guten wenden. Probleme überwindet sie spielend. Sie steckt voller Hoffnung und sieht optimistisch in die Zukunft.

Das Jahr des Büffels

Die Ziege braucht jetzt viel Zeit und Geduld, wenn sie ihren Seelenfrieden behalten will. Denn manchmal neigt sie jetzt zu unüberlegtem Handeln und Fehleinschätzungen. Viel Gymnastik, Wanderungen, Schwimmen helfen jetzt, die vom Büffeljahr strapazierten Nerven wieder zu beruhigen.

Das Jahr des Tigers

Auch im Jahr des Tigers wird die Ziege stark beansprucht. Leistung und Energie sind angesagt in dieser Zeit.

Obwohl die Ziege sich jetzt manchmal ungewohnt schwungvoll erlebt, sollte sie am besten schrittweise vorgehen und jeden Entschluss haargenau überprüfen.

Die sich ergebenden Gelegenheiten muss sie jedoch rechtzeitig beim Schopf packen, damit die günstige Ausgangslage hält, was sie verspricht.

Das Jahr des Hasen

Die Konstellation dieser Zeit verspricht eine starke Verbindung von Berufs- und Privatleben. Zum einen kann dies heißen, dass sich jetzt der Partner der Ziege verstärkt für sie einsetzt und sogar mit ihr zusammenarbeitet, zum anderen, dass die Ziege ein starkes Bedürfnis nach Anerkennung verspürt.

Das Jahr des Drachen

Eine hektische, turbulente Zeit, in der sich die Ziege in einem Zustand permanenter Erregung befindet. Sie sollte unbedingt versuchen, auf dem Boden zu bleiben. Wenig Freizeit hat sie, die arme Ziege, denn der Drache verlangt viel Einsatz von ihr.

Dennoch geht alles ein wenig mühsam voran.

Das Jahr der Schlange

Ziemliche Ambivalenzen machen der Ziege im Schlangenjahr zu schaffen. Im Allgemeinen verspricht das Schlangenjahr jedoch keine ungünstige Entwicklung. Die Ziege braucht nur einen starken und guten Berater, der sie geduldig durch all die Wirrsal führt. Allein sollte sie nichts in die Hand nehmen, denn das kann sie viel kosten.

Das Jahr des Pferdes
Viel Neues, Aufregendes, Unerwartetes kündigt sich mit dem Pferd an. Die Ziege darf sich freuen, denn mit ihm bestimmen wieder günstigere Einflüsse ihr Dasein. Am Arbeitsplatz kann es zu einem unerwarteten Aufstieg kommen, aber auch in privater Hinsicht kann sich jetzt sehr viel positiv verändern. Es ist eine Zeit, in der sie sich vertrauensvoll ihrer Intuition überlassen kann.

Das Jahr des Affen
Fleißig und zuverlässig muss die Ziege jetzt sein, um Anerkennung von ihren Mitmenschen zu erhalten. Und vor Problemen darf sie jetzt nicht einfach die Augen zumachen und ihre Lösung dem Schicksal überlassen. Viele Erwartungen muss sie jetzt auf das Machbare herunterschrauben, dann geht nämlich auch im Affenjahr alles wie von selbst.

Das Jahr des Hahnes
Ein heiteres, abwechslungsreiches Jahr kündigt sich unter dem Einfluss des Hahnes an. Und wenn die Ziege in den vergangenen Zeiten nicht versäumt hat zu säen, kann sie jetzt für ihre Mühe belohnt werden. Eine prachtvolle Ernte ist angesagt. Auf finanzieller Ebene zeichnen sich rapid steigende Tendenzen ab.

Das Jahr des Hundes
Ein unerwarteter Ortswechsel kann im Hundejahr stattfinden, etwas, womit die Ziege nicht gerechnet hat. Doch braucht sie jetzt einen neuen Anfang, damit sich angestauter Druck löst. Eine Ziege hat im Hundejahr mit Weltschmerz und Depression zu kämpfen. Sie sollte sich deshalb viel Ruhe und Erholung gönnen und einmal richtig ausspannen.

Das Jahr des Schweines
In diesem Jahr können sich für die Ziege einige finanzielle Sorgen ergeben. Zumindest muss sie mit diversen Einschränkungen rechnen. Vielleicht sollte sie sich einmal überlegen, eine dauerhafte Kooperation in Erwägung zu ziehen. Auf gesundheitlichem Sektor muss die Ziege jetzt überaus vorsichtig sein.

Der Affe und seine Eigenschaften

Der chinesische Name des Affen: Hou
Vom Affen regierte Stunden: 15.00 bis 17.00 Uhr
Himmelsrichtung: Westsüdwest
Vergleichbares Tierkreiszeichen im Westen: Löwe

In der chinesischen Astrologie zeichnet sich der Affe in erster Linie durch seinen unermüdlichen, kaum zu bremsenden Bewegungsdrang aus. Mit Kraft und Eleganz erklettert er schwindelerregende Höhen und schwingt sich anmutig von Ast zu Ast. So hoch hinaus wie er kommt keiner. Zudem gehört der Affe zu den wenigen Tieren, die den aufrechten Gang beherrschen. Und wahrscheinlich weist diese Tatsache schon auf die hoch entwickelte Intelligenz hin, die Menschen dieses Zeichens eigen ist.

Denn ein Affe trägt in sich alle Ansätze zum Genie. Probleme, die anderen Kopfschmerzen machen, löst er im Handumdrehen, und mögen sie noch so verzwickt sein. Schlau und gewitzt geht er dabei vor, und je größer die Herausforderung, desto besser. Der Affe liebt es, seine Klugheit unter Beweis zu stellen.

Menschen, die in diesem Zeichen geboren sind, bleiben ständig in Bewegung, sei es in körperlicher oder geistiger Hinsicht. Vor allem dies macht die starke Faszination aus, die sie auf andere ausüben. Ihr stets waches und aufnahmebereites Wesen befindet sich sozusagen ständig auf dem Sprung und entdeckt überall Neues, Fremdes, Interessantes. Das macht den Dialog mit ihnen so fesselnd und anregend. Zumal sie nach außen hin eine gute Haltung wahren und eine natürliche Würde an den Tag legen, die Menschen oft haben, wenn sie sich innerlich stark und sicher fühlen. Affen sind meist sehr höflich und beherrschen die Regeln des Anstands aus dem Effeff. Niemals würden sie die Kontrolle über sich verlieren.

Ein wenig hochmütig ist der Affenmensch jedoch schon, vor allem wenn er bessere Leistungen erbringt als andere. Er neigt dazu, sich immer ein wenig schlauer zu fühlen als seine Mitmenschen. Affen haben einen natürlichen Anspruch auf den Vorsitz und nutzen gern jede sich bietende Gelegenheit, diesem Anspruch gerecht zu werden. In dieser Hinsicht sind sie nämlich ungeheuer ehrgeizig und können nur schwer akzeptieren, wenn ein anderer ihnen den Rang abläuft. Neid ist eine der negativen Erscheinungen, mit denen weniger glückliche Affen zu kämpfen haben. Sie werden diese Gefühle zwar immer vor anderen verbergen und Gelassenheit vortäuschen, in ihrem Innern aber finden große Kämpfe statt.

Affektiert wirkt der Affe aber niemals in seinem natürlichen Stolz. Sein Glaube an die eigenen Fähigkeiten ist völlig aufrichtig und besteht meist zu Recht.

Menschen, die in diesem Zeichen zur Welt kamen, besitzen ein sehr flexibles Organisationstalent, das es ihnen ermöglicht, sich jederzeit veränderten Umständen anzupassen. Schwierigkeiten in der Zusammenarbeit kennen sie kaum, sofern man für ihre Ideen, ihre Vorschläge Interesse zeigt. Affen haben oft mehrere berufliche Karrieren in ihrer Biografie zu verzeichnen, weil sie durch ihre Herausforderungen gereizt werden und ihr Sinn für Beständigkeit nicht sonderlich ausgeprägt ist. Schauspieler, Journalisten, Schriftsteller, aber auch Rechtsanwälte oder Sportler finden sich häufig unter diesem Zeichen. Berufe, die kein Schmalspurdenken vertragen, sondern Wendigkeit, Anpassungsvermögen und geistige Regsamkeit erfordern.

Trotz seines hohen intellektuellen Niveaus bleibt der Affengeborene meist auf dem Boden der Tatsachen. Seine Argumente sind immer objektiv, und nur selten lässt er sich in einer sachlichen Diskussion von Emotionen regieren. Nur wenn er sich übergangen und damit beleidigt fühlt, kann er frech und aggressiv werden oder aber kalt und zynisch. Unter Umständen sehen sich seine Mitmenschen dann einem gnadenlosen Gegner gegenüber, der keine Skrupel kennt, jemanden fertig zu machen.

Denn je höher der Ast, auf dem er sitzt, desto mehr ist er der ständigen Angst ausgesetzt, zu stürzen. Die alte Weisheit, dass Macht einsam macht, gilt auch für den Affen, sofern er seinem Ehrgeiz nicht rechtzeitig Zügel anlegt. Doch andererseits hat er auch ein feines Wissen darum, wie er die Herzen seiner Mitmenschen zurückerobert, und schämt sich nicht, bei Gelegenheit schüchterne Annäherungsversuche zu wagen.

Sprühender Witz, der sie in jeder Gesellschaft über andere hinaushebt, kennzeichnet die Affengeborenen. Sie sind leidenschaftliche Partygänger, können sich unter Menschen hervorragend amüsieren und nächtelang durchfeiern. Dass der Affe dabei heftig flirtet, ist anzunehmen, ob allerdings nur mit einer Person, ist eher zu bezweifeln. Denn Affen sind meist große Herzensbrecher, die das erotische Spiel durchaus zu schätzen wissen.

Hat ein Affe sich jedoch zu einer Bindung entschlossen, ist er meist treu. Denn trotz seiner ehrgeizigen Ziele ist er ein Familienmensch, der sich gern im Kreis seiner Lieben aufhält. Kinderlos bleibt ein Affe wohl kaum, denn er besitzt eine angeborene »Affenliebe« für seine Nachkommenschaft und bemüht sich rührend, ihr Sicherheit und Wohlstand zu verschaffen. Affen sind sehr zärtlich und sparen nicht mit Beweisen ihrer Zuneigung, ob mit Worten oder mit Taten.

Etwas problematisch ist es allerdings um die Fähigkeit zur Konsequenz beim Affen bestellt, denn bei aller Begabung neigt er zu Sprunghaftigkeit und ist ständig der Versuchung ausgesetzt, neue Nüsse knacken zu wollen. Nur wenn ihn etwas wirklich fesselt, ist er in der Lage, eine Sache wirklich von Anfang bis Ende durchzuboxen, wobei er all seine Energie einsetzt. Er kann dann sogar große Geduld entwickeln und immer wieder neue Handlungsstrategien entwerfen, um sein Unternehmen erfolgreich abzuschließen.

Ordnung ist für den Affengeborenen das halbe Leben. Das betrifft die private wie auch die berufliche Ebene. Chaotische Schreibtische, überfüllte, unordentliche Schränke sind dem Affen ein Gräuel, da er gern rationell vorgeht und keine Zeit mit Suchen verbringen möchte. Einbauschränke, raffinierte Konstruktionen und ausgetüftelte Stauräume, dies sind meist die Wohnelemente, an denen man den Affen auf Anhieb erkennt.

Alles in allem ist dieser Vertreter der chinesischen Tierkreiszeichen ein liebenswürdiger, charmanter, dabei ungemein wendiger und durch seine Klugheit fesselnder Karrieremacher, dessen Hauptinteresse darin liegt, sein Leben lang geistig rege zu bleiben.

Der Affe in den fünf Wandlungsphasen

Der Affe in der Phase des Metalls

Der kultivierte, unabhängige und kraftvolle Affe, der unter Einfluss des Metalls zur Welt kam, hat ein unstillbares Bedürfnis nach Sicherheit und Ordnung. Im Allgemeinen sind Metallaffen sehr schöpferisch veranlagt und ziehen Berufe vor, die die Fähigkeit des konstruktiven Denkens erfordern. Da Metallaffen ausgesprochen praktisch veranlagt sind, legen sie großen Wert auf Rentabilität und Funktionstüchtigkeit ihrer Produkte. Dass sie ihre Entwürfe von Anfang bis Ende alleine fertigen und jede fremde Hilfe oder Einmischung ablehnen, ist selbstverständlich.

Ein fähiger, dabei temperamentvoller Charakter ist ein Affe in der Phase des Metalls. Er überzeugt durch Kenntnis und eine gewinnende Ausstrahlung und besitzt alle Eigenschaften, die ihn zum Gewinner machen.

Der Affe in der Phase des Wassers

Weltgewandt, offen und hilfsbereit ist der Wasseraffe, der mit großer Geduld und einigem Geschick seine Ziele im Leben verfolgt. Ausgesprochen gewandt manövriert er sich noch durch die schwierigsten Situationen und umgeht Barrieren lieber, anstatt sie niederzureißen.

Meist haben Wasseraffen eine unnachahmliche Ausstrahlung, eine gewisse Originalität und großen Charme. Wasseraffen besitzen Führungsqualität, da sie logisches Denken und Einfühlungsgabe in sich vereinen.

Gerade auf zwischenmenschlichem Gebiet haben Wasseraffen ungeheure Fähigkeiten. Wasseraffen sollten dieses Talent unbedingt nutzen und eine Tätigkeit im sozialen Bereich wählen.

Der Affe in der Phase des Holzes

Ein ausgeprägter Pioniergeist zeichnet diesen Affen aus, der ruhelos nach seinem richtigen Platz im Leben sucht. Holzaffen haben viel Sinn für Prestige und ruhen nicht, ehe sie einen gewissen Standard erreicht haben. Ehrgeiz, Erkenntnisdrang und hohe Ansprüche an sich selbst kennzeichnen diese Charaktere, die immer eine reizvolle Aufgabe brauchen, um Erfüllung zu finden.

Holzaffen haben eine starke Intuition und einen wachen Geist. Sie können meist genau einschätzen, was um sie herum vorgeht, und oft den Lauf der Dinge vorhersehen. Tollkühn ist ein Holzaffe nicht, eher darauf bedacht, sich stetig weiterzuentwickeln und wie ein Baum von der Wurzel bis zur Spitze vollgesogen zu sein mit Nahrung.

Der Affe in der Phase des Feuers

Sein Selbstbewusstsein, seine Sicherheit im Auftreten und seine Entschlossenheit lassen einen Feueraffen meist eine herausragende Position unter seinen Mitmenschen einnehmen. Dabei ist er warmherzig und ehrlich in seinen Gefühlen. Und auch in erotischer Hinsicht haben diese Menschen eine unwiderstehliche Anziehungskraft. Das Feuer verleiht diesem Affen sehr viel Vitalität und Schwung. Dennoch kann er sich meist sehr gut beherrschen und sachlich argumentieren, ohne aggressiv zu werden.

Auf der negativen Seite äußern sich Führungsqualitäten in einer ziemlichen Überheblichkeit, gepaart mit Eigensinn und Streitsucht. Feueraffen müssen aufpassen, dass ihr Bedürfnis nach Macht und Anerkennung nicht ihre positiven Eigenschaften verzehrt.

Der Affe in der Phase der Erde

Friedlich, verlässlich und meist ein wenig reserviert, so gibt sich der Erdaffe. Er besitzt ein hohes intellektuelles Niveau und zeichnet sich durch seine scharfen und logischen Gedankengänge aus. Gründlich und pflichtbewusst kann er sich mit großer Selbstlosigkeit für wohltätige Zwecke einsetzen. Denn Helfen ist diesem Affen ein Grundbedürfnis.

Meist haben diese Menschen neben ihrer sozialen Tätigkeit ein starkes Interesse an ihrer Weiterbildung. Sie bleiben ungern auf einer Stufe stehen und sind bemüht, ihre Kenntnisse ständig zu erweitern. Dabei arbeiten sie gründlich und weniger sprunghaft als andere Affen, da sie großes Interesse an der Vertiefung, am wirklichen Durchdringen der Dinge haben.

Der Affe und sein Aszendent

Affe mit Aszendent Ratte

Temperamentvoll, unternehmungslustig und voller Schwung ist ein Affe, der eine Ratte zum Aszendenten hat. Dabei besitzt er einen feinen Riecher und kann rechtzeitig ermessen, ob eine Sache Erfolg verspricht oder nicht.

Durch den Einfluss des intuitiven und strebsamen Nagetiers ist dieser Affe nicht ganz so tollkühn bei seinen Aktionen. Denn Ratten legen Wert auf eine solide Basis, arbeiten hart und besitzen einen gewissen Hang zur Beständigkeit.

Die Ratte in ihm fühlt sich verantwortlich für ihre Nächsten. Dass dieser Affe ein Familienmensch ist, braucht gar nicht erst erwähnt zu werden. Er zeigt sich fürsorglich, zärtlich, treu und loyal.

Menschen dieser Zeichenkombination haben außerdem meist sehr viel Humor und Fantasie.

Affe mit Aszendent Büffel

Dieser Aszendent unterstützt zwar im Affen den starken Drang, vorwärtszukommen, doch erschwert er ihm auch so manches. Das fleißige und bedächtige Lasttier arbeitet zwar unermüdlich und ohne viele Worte zu machen, doch ist es nicht besonders fantasievoll.

Wie der Affe besitzt auch der Büffel viel Familiensinn. Allerdings äußert sich dieser beim Büffel weniger in verbalen Beweisen der Zuneigung oder in körperlicher Nähe, sondern darin, dass er alles tut, um seiner Familie Wohlstand und Stabilität zu sichern. So arbeitet dieser Affe sich wacker für seine Nächsten ab, ohne viele Worte darum zu machen.

Affe mit Aszendent Tiger

Affen mit Tigeraszendent sind meist warmherzige und liebevolle Partner, die trotz aller Leidenschaft eher zur Treue neigen. Eins ihrer Probleme ist jedoch ihre maßlose Eifersucht, die sie jeden auch noch so geringfügigen Verdacht nähren lässt.

Doch im Allgemeinen wird dieser blitzgescheite, temperamentvolle und warmherzige Affe sehr geschätzt. Er hilft jederzeit gerne anderen aus der Patsche. Denn trotz seiner Zornesausbrüche besitzt er ein butterweiches Herz, das sofort in Hilfsbereitschaft dahinschmilzt, wenn es jemandem schlecht geht.

Dass ihm sein kühler und wacher Verstand dabei sehr von Nutzen ist, dürfte klar sein. Affen mit Tigeraszendent sind hervorragende Strategen, die für jede verfahrene Situation einen Ausweg wissen.

Affe mit Aszendent Hase

Wer in dieser Zeichenkombination geboren ist, hat von Natur aus großen Charme und eine sehr distinguierte Ausstrahlung. Denn der Hase ist der vollendete Diplomat und unterstützt auf diese Weise den Affen in all seinen Handlungen. Mit Taktgefühl und sicherem Instinkt erreicht er, was er erreichen will. Doch verbirgt sich hinter diesem Auftreten ein kühler Verstand, sofern es sich um berufliche Belange handelt.

Das Familienleben ist für diese Affengeborenen sehr wichtig. Oft bemerkt man mit Überraschung, dass dieser Mensch, der im Beruf immer kühlen Kopf bewahrt, im Kreise seiner Lieben wie ausgewechselt erscheint. Denn warm und liebevoll kümmert er sich um seine Angehörigen und hat immer ein offenes Ohr für ihre Probleme.

Affe mit Aszendent Drache

Eigentlich sollte man einen Affen mit Drachenaszendenten im Pluralis Majestatis ansprechen, da sich in ihm gleich zwei ungekrönte Könige vereinen. Dass dieser Affe alle Qualitäten in sich vereinigt, die ihn zu einer Führungsposition drängen, ist klar. Und mit Intelligenz, Scharfblick und Durchsetzungsvermögen boxt er sich nach oben, manchmal ohne Rücksicht auf Verluste.

Diesen Affen treibt meist eine große Sehnsucht um nach Wärme und Geborgenheit in einer Familie. Und er wird so lange suchen, bis er eine Heimat gefunden hat. Ein Affe mit Drachenaszendent braucht nämlich sehr viel Lob und Anerkennung, um seinen Weg nach oben zu bewältigen. Diese Art emotionalen Rückhalts ist ihm die stärkste Motivation weiterzugehen.

Affe mit Aszendent Schlange
Kühl und überlegt handelt dieser Affe, doch mit einem unnachahmlichen Charme weiß er seinen Willen zu vertreten. Denn Schlangen sind besonders feinsinnig und bewegen sich meist sehr elegant. Was Klugheit angeht, stehen sie dem Affen in nichts nach.

Affen mit Schlangenaszendent wissen meist haargenau, was sie wollen. Sie agieren zwar etwas langsamer, doch bewegen sie sich sehr sicher auf ihre Ziele zu. Taktisches Geschick, aber auch eine gehörige Portion Lebensweisheit spielen dabei eine große Rolle. Unschlagbar ist meist der köstliche Humor dieses Affengeborenen, der es ihm ermöglicht, nicht gar so ehrgeizig seine Zwecke zu verfolgen, sondern auch einmal in Selbstironie zu verfallen.

Affe mit Aszendent Pferd
Das Pferd im Affen erhöht sein Tempo. Noch rascher, noch effizienter, noch dynamischer will er handeln und Resultate sehen. Allerdings sind Pferde etwas leichtsinnig und gehen Risiken ein, ohne die Folgen zu bedenken. So steckt dieser Affe meist in waghalsigen Unternehmungen, aus denen er nur schwer wieder herausfindet. Ein wenig Chaos gehört bei einem Menschen dieser Zeichenkombination unbedingt dazu. Auch der Freiheitsdrang eines Affen wird durch das Pferd verstärkt.

Wenn er sich doch eines Tages schweren Herzens entschließt, zum Standesamt zu gehen, kann man sicher sein, es klappt meist nicht!

Affe mit Aszendent Ziege
Ausgesprochen heiter und familiär gibt sich ein Affe, der eine Ziege zum Aszendenten hat. Doch hat auch dieser Affe ein großes Energiepotential, das es ihm ermöglicht, sich tatkräftig für seine eigenen Ziele einzusetzen. Dabei ist er pflichtbewusst und weiß sein Geld gut anzulegen.

Ein wenig eigen ist dieser Affe schon, wenn es um seine Statussymbole geht. Er zeigt sich gern in protzigen Autos oder trägt Kleider von berühmten Modemachern. Ein Affe mit Ziegenaszendent will zeigen, was er hat.

Schwierigkeiten und Konflikte sind für diesen Charakter nicht leicht zu bewältigen. Er braucht lange Zeit, bis er negative Erfahrungen und Spannungen verdaut hat. Und auch schnelle Entscheidungen sind nicht unbedingt seine Stärke.

Affe mit Aszendent Affe

Ein Affe mit Affenaszendent braucht das Gefühl von Macht und muss demzufolge alle Dinge selbst entscheiden. Ihn beeinflussen zu wollen hat dabei überhaupt keinen Sinn.

Emotional reagiert er jedoch, wenn er einen Menschen wirklich ins Herz geschlossen hat. Unter Umständen gibt er noch sein letztes Hemd her und lässt sich – allerdings ohne es zu merken – hemmungslos ausnutzen.

Doch alles in allem ist dieser Affe meist eine hoch entwickelte Persönlichkeit und sehr klug in seinen Ansichten und Urteilen.

Selbstbewusst, sicher und überzeugt, dass er es zu etwas bringen wird, so geht ein Affe mit Affenaszendent durchs Leben. Einen ausgeprägten Familiensinn hat er auch und liebt seine Kinder über alles. Die sind es auch, die ihm noch am ehesten auf der Nase herumtanzen dürfen!

Affe mit Aszendent Hahn

Der unkonventionelle, abenteuerlustige Affe arbeitet unverdrossen an der Verbesserung seines Lebensstils. Er ist fleißig und überaus kompetent, sachlich und gründlich.

Affen mit Hahnenaszendent werfen ihr Geld jedoch gern für unnützen Kleinkram zum Fenster hinaus, um an wichtigeren Stellen dann wieder ängstlich zu sparen. Notwendige Investitionen wagt dieser Affe nur unter schwersten Bedenken, während er für Schmuck, Kleidung und Luxusgegenstände immer ein offenes Portemonnaie hat. Seine Familie und seine Freunde können sich immer auf ihn verlassen, denn er ist überaus hilfsbereit und tatkräftig. Und auch in puncto Erotik hat man in ihm einen guten Partner, denn Leidenschaft, Zärtlichkeit und Einfühlungsvermögen sind seine Stärken.

Affe mit Aszendent Hund

Nüchternheit ist das wesentliche Kriterium, das einen Affen mit Hundeaszendent ausmacht. Er bleibt immer auf dem Boden der Tatsachen und denkt folgerichtig, klar und sachlich. Auch ist er wortgewandt und humorvoll, wobei er nie die Grenzen des Anstands außer Acht lässt. Seine Mitmenschen fühlen sich sehr angezogen von diesem höflichen und aufmerksamen Zuhörer, der für jedes Problem ein offenes Ohr hat.

Der Hund ist sehr treu und anhänglich und steht loyal zu seinem Partner. Dieser Aspekt unterstützt den angeborenen Familiensinn des Affen und macht aus ihm ein zuverlässiges und fürsorgliches Familienmitglied.

Schwierigkeiten bereitet diesem Affen nur mitunter sein Mangel an Entschlusskraft. Er überlegt oft lange hin und her, bis er sich zu manchen Entscheidungen durchgerungen hat.

Affe mit Aszendent Schwein

Eine kraftvolle Ausstrahlung haben diese Affen, die mit Ellbogen und Intelligenz, mit Strebsamkeit und wachem Verstand auf ihr Ziel lossteuern.

Affen mit Schweineaszendent haben meist ein klares Weltbild und einen unverrückbaren Standpunkt. Allerdings sind sie, wenn es um die Tat geht, nicht unbedingt rücksichtslos, sondern können anderen auch einmal die Vorfahrt lassen, solange das nicht überhand nimmt. Denn ehrgeizig sind auch diese Affen und streben eine Spitzenposition an. Doch das Schwein sucht immer wieder die Annehmlichkeiten des Daseins und kann schon mal wochenlang auf der faulen Haut liegen. Wenn er diese beiden Pole wirklich in den Griff kriegt, wird er mit Sicherheit das erreichen, was alle Affen wollen, nämlich Erfolg.

Affe und Partnerschaft

Mit Charme und Fröhlichkeit, aber auch mit Mut und zähem Eroberungsdrang nähert sich ein Affe seinem zukünftigen Partner. Wenn er sich von jemanden wirklich angezogen fühlt, nutzt er jede sich bietende Gelegenheit, um auf ihn zuzugehen. Schüchternheit ist dabei nicht unbedingt sein Problem, denn auch in erotischer Hinsicht hat der Affe ein starkes Selbstbewusstsein. Affengeborene legen viel Wert auf starke seelische und geistige Übereinstimmung. Mit einem Dummerchen an ihrer Seite würden sie verzweifeln, da niveauvolle Gespräche bei ihnen mit zum erotischen Liebesspiel gehören.

Hat ein Affe sich einmal entschlossen, zum Standesamt zu gehen, so wird man kaum jemanden finden, der in der Folge treuer zu seinem Partner, aber auch zu seiner Familie steht als er. Er trägt gern die Verantwortung für seine Nächsten und schämt sich auch nicht, dies vor allen anderen zu bekennen. Ohne ein Wort der Klage rackert er sich ab, um ein gemütliches Heim für seine Familie herzurichten, und es erfüllt ihn mit Stolz, wenn ihm dies gelingt. Doch auch an anderen Beweisen seiner Zärtlichkeit lässt er es nicht fehlen. Denn er liebt körperliche Nähe und spart nicht mit Streicheleinheiten.

Ein wenig problematisch geht es dann zu, wenn man ihn nicht als Big Boss akzeptiert. Denn er legt gern die Regeln für das gemeinsame Alltagsleben fest und hat seine festen Prinzipien. Mit Partnern, die ebenso hartnäckig sind wie er, kann es deshalb schon zu größeren Streitigkeiten kommen. Denn meist reagieren Affen, wenn sie sich nicht gerade in der Öffentlichkeit bewegen, sehr emotionell und können gewaltige Auseinandersetzungen heraufbeschwören. Und nicht nur dies, da sie nachtragend sind, sparen sie auch nicht mit kleinen Racheakten wie Liebesentzug oder tückischen Attacken. Auch wenn sie der Partner in Gegenwart von anderen kritisiert, packt Affen die kalte Wut. Sie möchten gern ihr Image vor anderen gewahrt wissen und können es deshalb überhaupt nicht ertragen, wenn man sie bloßstellt.

Trotz ihres Anspruchs, die Zügel in der Hand zu halten, sind Affen sehr hilfsbereit im Haushalt und können mit großem Verständnis auf ihren Partner eingehen. Am stärksten tritt aber ihre ursprüngliche Liebesfähigkeit zutage, wenn man sie mit Kindern zusammen sieht. Sie können stundenlang mit ihnen spielen und über die Kleinen völlig in Verzückung geraten.

Affeneltern sind wohl die kinderliebsten, die es gibt. Doch trotz ihrer Toleranz, ihrer eigenen Verspieltheit, ihrer gutmütigen Zärtlichkeit sind sie doch auch vorbildlich, wenn es um die Erziehung geht. Affen wollen, dass ihre Kinder einmal ebenso hoch hinauskommen wie sie selbst. Die besten Kindergärten und Schulen sind deshalb gerade gut genug für sie.

Ab und zu fällt es Partnern von Affen schwer, mit deren angeborener Sprunghaftigkeit zu Rande zu kommen, haben sie doch schlichtweg für alles Interesse und lieben es nicht, die Hände in den Schoß zu legen. Manchmal stellen sie damit harte Anforderungen an ihre Umwelt, die mit diesem flotten Tempo nicht mithalten kann. Vom Fitnesstrainer geht's auf die Vernissage, anschließend kommt eine kurze Geschäftsberatung bei einem Arbeitsessen, kurz darauf muss eine Party besucht werden, die wichtige Kontakte verspricht, so oder ähnlich sieht manchmal der Tagesablauf eines Affen aus. Seine Energie scheint unerschöpflich, wenn er ein wichtiges Ziel ansteuert, was zur Folge hat, dass die Entspannung, die Stunden zu zweit manchmal völlig gestrichen werden.

Doch sind Affen in den meisten Fällen sehr bemüht, ihre Partnerschaft harmonisch zu führen und zu verstehen, wo ihre eigenen Schwächen und Fehler liegen. Wenn sich ein Affe wirklich angenommen und bestätigt fühlt, wenn er in wesentlichen Zügen unterstützt wird, gibt es nichts Schöneres für ihn, als seiner Familie zur Seite zu stehen. Denn Affen sind sehr geschickt in handwerklichen Dingen und wissen im Handumdrehen, wo der Fehler sitzt, wenn die Sicherung mal durchgebrannt ist. Für all diese Angelegenheiten kann man dem Affen ruhig die Verantwortung überlassen, er wird sie tragen und darüber glücklich sein.

Wer passt zum Affen?

Affe – Affe

Zwei Affen entdecken einander meist zu genau die vorhandenen Schwächen. Beide neigen zu Ungeduld, sind jähzornig, auffahrend und haben ein nervöses Temperament. Streit, Missverständnisse, gegenseitige Beschuldigungen gehören bei ihnen zur Tagesordnung, wenn sie nicht zwei friedliche Aszendenten in die Beziehung einbringen. Vor allem, dass sie sich gegenseitig übertreffen wollen und oft mit Neid auf die Erfolge des anderen reagieren, macht das Zusammenleben der beiden Affen so schwierig.

Es gehört viel Mut dazu, wenn sich zwei Affen auf eine dauerhafte Beziehung einlassen, und vor allem der feste Vorsatz, die Probleme miteinander zu lösen und in größtmöglicher Ehrlichkeit zu bewältigen. Denn wenn sich zwei Affen ein gemeinsames Ziel stecken und versuchen, solidarisch zu handeln, können sie wunderbar miteinander arbeiten, zumal sie meist über den gleichen Intelligenzquotienten verfügen und von daher ebenbürtig sind.

Doch wie schon erwähnt, das Problem der Konkurrenz wird bei Partnern dieses Zeichens immer wieder auftauchen und heftige Gewitter heraufbeschwören. Wenn es die Affen jedoch schaffen, darüber zu lachen, dann ist viel gewonnen.

Affe – Hahn

Der Hahn legt großen Wert auf seine äußere Erscheinung und findet gern Beachtung auf diesem Gebiet. Der Affe dagegen möchte gern wegen seiner Intelligenz bewundert werden. So gesehen, geraten sich die beiden nicht ins Gehege, sondern können einander voll akzeptieren. Der Punkt ihrer häufigen Auseinandersetzungen ist woanders zu finden, da nämlich, wo es um den alltäglichen Kleinkram geht, um Geld und Organisatorisches. Der Hahn fühlt sich vom Affen häufig kontrolliert, was seine Auslagen und seine Lebensführung anbelangt. Da der Affe alles immer am besten weiß, neigt er dazu, am Hahn herumzukritisieren und sich als dessen Erzieher aufzuspielen.

Pausen und Distanz sind für diese Beziehung lebensnotwendig.

Denn im Großen und Ganzen üben die beiden schon eine gewisse Anziehungskraft aufeinander aus, wenn sie sich nicht allzu sehr in die Vorlieben des anderen einmischen. Leben und leben lassen, so sollte das Motto in dieser Beziehung lauten.

Affe – Hund

Der Hund empfindet nichts als Bewunderung für den patenten, schnellen und dynamischen Affen, der es so hervorragend versteht, das gemeinsame Leben zu organisieren. Ihm selbst fehlt es nämlich an Eigeninitiative, weshalb er nichts dagegen hat, sich ganz nach den Interessen des Affen zu richten. Widersprüche sind selten aus seinem Mund zu hören, eher schon mal kluge und tiefsinnige Antworten, die selbst den Affen verblüffen können. Denn hat er irgendein Problem, kommt er mit etwas nicht ganz zurecht, so braucht er sich nur an seinen Hundepartner zu wenden, dessen differenzierter und vielschichtiger Kommentar oft einen Weg zur Lösung offenbart. Der Affe hat im Hund einen loyalen Berater, der ihn immer dann auffängt, wenn er den Mut zu verlieren droht.

Eine warme, zärtliche und innige Beziehung bauen Affe und Hund miteinander auf, in der beide ihre besten Eigenschaften entfalten können.

Affe – Schwein

Wenn der Affe dem Schwein zum ersten Mal begegnet, schlägt der Blitz ein. Unwiderstehlich fühlt er sich zu diesem charmanten, unkomplizierten und gutmütigen Charakter hingezogen. Er ist bezaubert von seiner Heiterkeit, seiner gelassenen Ausstrahlung und seiner Gabe, andere so sein zu lassen, wie sie sind.

Doch die Hingabefreudigkeit des Schweins hat zur Folge, dass der Affe sich nicht mehr allzu viele Gedanken darüber macht, was er von ihm verlangen darf, und bisweilen den Pascha spielt. Und da das Schwein in den wenigsten Fällen aufbegehrt, schleicht sich so langsam und allmählich eine Rollenverteilung ein, die die beiden in eingefahrene Verhaltensmuster zwängt. Zwar liebt der Affe den Elan des Schweins, seine Tatkraft, auch seine philosophischen Gedankengänge, doch muss er aufpassen, dass er nicht selbst all diese positiven

Charakterzüge einengt oder gar erstickt. Denn das Schwein hat nicht oft die Möglichkeit zu erkennen, was mit ihm geschieht; es vertraut blind, und erst nach und nach wird ihm an der Seite des Affen etwas mulmig.

Die Texte zu den hier nicht aufgeführten Kombinationen finden Sie im entsprechenden Abschnitt der bereits behandelten Tierkreiszeichen.

Affe und Beruf

Ungemein ehrgeizig und fleißig arbeitet er von Beginn an. Ein Affe sucht sich sofort innerhalb seines Tätigkeitsbereiches einen Stützpunkt, einen netten Mitarbeiter oder einen Vorgesetzten, bei dem er problemlos lernen kann. Auf diese Weise verschafft er sich die notwendigen Informationen und kann bald schon mit Kenntnissen aufwarten, die seine Kollegen in Erstaunen versetzen. Der Affe wird sich geschmeichelt fühlen, denn er schätzt Lob und Anerkennung sehr.

Doch bald wird der Affe diese Kenntnisse nutzen, indem er überalterte und unrationelle Methoden hart kritisiert. Dass er die Fehlerstelle längst festgestellt hat und ohne weiteres imstande ist, die Ursachen für uneffektive Arbeitsweise zu benennen, ist klar. Denn der Affe hat einen wachen Blick und gibt nicht Ruhe, bis er innere Zusammenhänge völlig erfasst hat. Auf diese Weise gelingt es ihm meist, sich sehr schnell in die oberen Etagen emporzuarbeiten, denn Vorgesetzte schätzen diese Fähigkeit am Affen sehr. Zumal er auch ein ausgezeichnetes Organisationstalent hat und noch in das wildeste Chaos Ordnung bringen kann. Er denkt ausgesprochen systematisch, rational und effektiv.

Im Übrigen kann er meist auch sehr gut mit Geld umgehen und hat ein Gespür dafür, was er als Äquivalent für seine Leistung verlangen kann.

Im Allgemeinen kann man mit dem Affen hervorragend zusammenarbeiten, wenn man seine Vorschläge ernst nimmt und ihm die ihm gebührende Achtung entgegenbringt. Hat man seine Sympathie einmal erlangt, wird er auch jederzeit seine Hilfe anbieten und nicht mit Rat und Tat sparen. Er tut dies spontan, wird es aber sorgsam registrieren. Eine Hand wäscht die andere, so lautet die Devise des Affen, und er setzt in aller Selbstverständlichkeit voraus, dass dies akzeptiert wird.

Affen verspüren trotz ihres Drangs zu Macht und Ansehen wenig Lust zur Selbstständigkeit, wenn sie nicht einen Partner neben sich wissen. Denn sie brauchen den Kontakt mit anderen Menschen und schätzen es nicht sehr, einsam im stillen Kämmerlein zu arbeiten.

Als Reporter ist der Affe hervorragend eingesetzt. Aber auch in Berufen, die die Fähigkeit zur Systematik verlangen, sind Affen bestens aufgehoben. Mag er sich nun als Verlagsdirektor, Musikproduzent, Maschinenbauingenieur oder Kriminalinspektor versuchen, der Affe wird garantiert auf der Erfolgsleiter hochklettern.

Wer passt zum Affen in beruflicher Hinsicht?

Affe – Affe
Die beiden erkennen sich meist auf den ersten Blick als gleichrangige Partner und respektieren sich gegenseitig voll und ganz. Sie sind eigentlich ständig auf Achse, um Aufträge an Land zu ziehen. Dabei entwickeln sie eine ungeheure Energie, und auch die gute Laune wird bei ihnen groß geschrieben. Wenn sie ihre Neigung zu Rivalität und Konkurrenzdenken bewusst kontrollieren, kommt auch der Meinungsaustausch nicht zu kurz, und sie können viel voneinander lernen.

Affe – Hahn
Zwar weiß der Affe in dieser Verbindung genau, wie er mit dem Hahn umgehen muss, doch der Hahn steht dem scharfen Verstand der Affen meist hilflos gegenüber. In einigen Fällen kann diese Partnerschaft aber durchaus gut gehen. Der Hahn ist ein wenig eitel und kennt sich meist gut in der Modebranche aus. Wenn er dem Affen aufgrund

seiner Kenntnisse etwas entgegenhalten kann, entwickelt sich die Zusammenarbeit vielleicht doch noch zu beider Zufriedenheit.

Affe – Hund
Während der Affe blitzschnell die Lösung für ein Problem gefunden hat, arbeitet sich der Hund noch wacker zu den Ursachen vor. Aus diesem Grund herrscht zwischen den beiden ein reger Austausch, der in der Hauptsache darin besteht, dass der Affe dem Hund die Dinge erklären muss.

Vielleicht machen die beiden zusammen zwar keinen Profit, aber unter Umständen entsteht aus dieser beruflichen Partnerschaft eine echte, tiefe Freundschaft.

Affe – Schwein
Die Kasse stimmt bei diesen beiden Zeichen, es sei denn, der Affe verhält sich in dieser Verbindung wie ein Erbsenzähler. So befürchtet er manchmal – und dies zu Recht –, dass das Schwein zu viel auf den Putz haut. Dies kann unter Umständen zu Streitigkeiten und zu schlechter Stimmung führen. Doch im Allgemeinen arbeiten die beiden sehr gut zusammen. Das Schwein hat einen klaren Verstand und kennt manche Tricks, die dem Affen bisher unbekannt waren.

Die Texte zu den hier nicht aufgeführten Kombinationen finden Sie im entsprechenden Abschnitt der bereits behandelten Tierkreiszeichen.

Affe und Gesundheit

Affen haben ein ausgeprägtes Körperbewusstsein, ohne dabei etwa in Hypochondrie zu verfallen. Mit ihrer erstaunlichen Regenerationsfähigkeit, ihrer Aktivität und Bewegungslust erreichen sie meist ein biblisches Alter und sehen noch mit neunzig topfit aus. Ratsam ist es für den vitalen Affen, in seinem hektischen Leben auf eine tiefe und ruhige Atmung zu achten. Östliche Meditationspraktiken können da manchmal Wunder wirken, und der Affe sollte durchaus einmal versuchen, sich darin zu üben, zumal diese Methoden eine durchschlagende Wirkung auf den Gesamtorganismus haben, die Konzentration und damit die Spannkraft erhöhen. Denn um all das zu leisten, was ein Affe sich vorgenommen hat, braucht er einen langen Atem, will er nicht hechelnd ans Ziel kommen.

Der Affe in den einzelnen Jahren: Aussichten und Tendenzen

Das Jahr des Affen

Ein Jahr der sprunghaften Veränderungen, des Glücks und der Lebensfreude. Im Affenjahr sollte man alle Pläne methodisch durchspielen, bevor man Entscheidungen fällt. Und da der Affe sich vor allem durch seine außergewöhnliche Klugheit und Intelligenz auszeichnet, fällt dies auch nicht weiter schwer. Doch auch die Fähigkeit zur Improvisation kommt während dieser Zeit nicht zu kurz, die voller Überraschungen steckt und Erfindergeist, Entscheidungsfreudigkeit und die Fähigkeit zum raschen Zugriff verlangt. Im Bereich der Politik und der Diplomatie geht es jetzt manchmal zu wie bei der Pokerrunde in einem Hinterzimmer von Chicago. Und dies betrifft auch die Hochfinanz oder das private Geschäftsleben. Im Affenjahr kann jeder einmal sein Glück versuchen und als Gewinner daraus hervorgehen. Und wenn nicht, erholt man sich schnell von der Niedergeschlagenheit und nimmt Neues in Angriff.

Wer zuerst kommt, mahlt zuerst, so könnte man das Motto bezeichnen, das über diesem Jahr steht. Je schneller man zugreift, desto eher bestehen Chancen, das Spiel zu gewinnen. Zögern, langes Abwägen, Besonnenheit haben jetzt wenig Sinn. Doch sollte man mit Logik und Vernunft an die Dinge herangehen, dann wird man jedem Konjunkturtief rasch ein Ende setzen.

Das Jahr der Ratte

Affen verspüren jetzt manchmal eine unbestimmte, aber starke Sehnsucht nach Veränderung. Und sie glauben auch, dass sie diese Veränderung selbst initiieren können. Zusätzliche Energie, das Empfinden einer ganz starken Kraft macht ihnen dies möglich.

Tendenzen für eine bessere Position kündigen sich jetzt an, vor allem was das Berufsleben betrifft. Ein wenig vorsichtig müssen sie mit ihrer Partnerschaft umgehen. Denn die ist im Rattenjahr zerbrechlich wie Glas. Häufige Konfliktsituationen können jetzt durchaus eine größere Krise heraufbeschwören.

Das Jahr des Büffels
Affen müssen im Büffeljahr eine harte Geduldsprobe bestehen. Denn Resultate ihrer Leistungen zeigen sich nicht sofort, und sie haben das Gefühl, nicht vom Fleck zu kommen.

Ein bisschen weniger Ehrgeiz wäre jetzt besser, zumal es auch um das gesundheitliche Wohlergehen des Affen in dieser Zeit oft nicht gut bestellt ist.

Das Jahr des Tigers
Der Affe ist in dieser Zeit ein wenig überreizt. Ständig fühlt er sich angegriffen und neigt zu Selbstverteidigung. Er hat jetzt nicht die günstigste Position und muss sich um Gleichgewicht bemühen.

Doch abwarten, spätestens im Herbst nimmt das Jahr eine günstigere Wendung. Die Resultate der erbrachten Leistungen zeigen sich erst dann, und der Affe sollte keineswegs vorher die Flinte ins Korn werfen.

Das Jahr des Hasen
Alles läuft jetzt wunschgemäß, die Schwierigkeiten der vergangenen Jahre lösen sich auf. Der Affe sollte diese Zeit nutzen, all seine Energie aufzuwenden. Denn um die Hände in den Schoß zu legen, finden sich andere Zeiträume.

Er muss jetzt am Ball bleiben und mit Ehrgeiz und Fleiß seine Unternehmungen wieder auf die Beine bringen. Doch ist die allgemeine Stimmung dabei friedlich, auch in der Partnerschaft.

Das Jahr des Drachen
Mit Kraft und Unternehmungsgeist nimmt der Affe jetzt seine Pläne in Angriff. Sein Ehrgeiz scheint oft geradezu beflügelt, und mit Schwung weiß er Hindernisse und Probleme zu bewältigen. Seine Kenntnis und sein Erfahrungsschatz erweitern sich im Drachenjahr, und er entwickelt auf seinem Fachgebiet sehr viel Know-how.

Das Jahr der Schlange
Im Jahr der Schlange muss der Affe seine berühmte Schläue und Intelligenz einsetzen, um zu seinem Recht zu kommen. Denn es kann schon passieren, dass er dafür jetzt kämpfen muss. Doch ist ihm die helfende Unterstützung seiner Freunde und Bekannten, ja sogar seines Chefs so gut wie gewiss.

Das Jahr des Pferdes
Der Affe kann jetzt kaum Atem holen, so sehr überstürzen sich die Ereignisse – was den Affen in eine Art Hochspannung versetzt. Doch da er nichts mehr liebt als dies, erwachsen ihm weiter keine Probleme daraus, sofern er die Pausen nicht vergisst.

Nur manchmal ist er etwas frustriert, denn er fühlt sich jetzt oft als Einzelkämpfer und von Gott und der Welt verlassen.

Das Jahr der Ziege
Eine komplizierte, doch emsige und geschäftige Zeit beginnt jetzt. Der Affe erlebt zwar großen finanziellen Aufschwung, doch hat er auf der anderen Seite viele lästige Ausgaben.

Mit Umsicht und Klarheit muss ein Affe jetzt in all seinen Unternehmungen handeln. Pläne sollte er vorher unbedingt mit Partnern absprechen. Denn alles, was der Affe jetzt in Gemeinschaft mit anderen anpackt, wird ihm glücken.

Das Jahr des Hahnes
Mit ein wenig Anstrengung kann der Affe jetzt ein solides Fundament errichten, das seinem Leben Stabilität und Sicherheit gibt. Er fühlt sich zwar manchmal ein wenig überfordert, doch sollte er unbedingt am Ball bleiben. Dabei bleibt meist nicht viel Energie für die Familie. Er sollte deshalb seinen Partner unbedingt um Verständnis bitten.

Das Jahr des Hundes
Spätestens in diesem Jahr zeigt es sich, dass sich die Anstrengungen im Hahnenjahr für den Affen gelohnt haben. Abgesehen von der Konsolidierung seiner Verhältnisse, sollte sich der Affe im Hundejahr nicht viel vornehmen. Er darf weder investieren noch leichtsinnig Geld ausborgen, und auch neue Ideen sollte er lieber jetzt erst mal zur Seite legen.

Das Jahr des Schweines

Ein aktives, aufreibendes und im Wesentlichen erfreuliches Jahr bahnt sich mit dem Zeichen des Schweines an. Schwierige Situationen löst er jetzt im Handumdrehen und freut sich seiner brillanten Intelligenz, wenn ihm etwas über Erwarten gut gelungen ist.

Der Hahn und seine Eigenschaften

Der chinesische Name des Hahns: Gie
Vom Hahn regierte Stunden: 17.00 bis 19.00 Uhr
Himmelsrichtung: West
Vergleichbares Tierkreiszeichen im Westen: Jungfrau

Hahnengeborene sind meist besonders attraktive Menschen, haben eine prächtige Haltung und eine geradezu majestätische Ausstrahlung. Ihr Auftreten erinnert oft tatsächlich an den gravitätischen und stolzen Gang eines Hahns, der wieder einmal das Treiben auf dem Hühnerhof inspiziert. Es ist etwas Makelloses an diesem Charakter, ein selbstbewusster, eleganter und geschliffener Stil, der ihn von anderen abhebt. Man spürt einfach, dass er sich im eigenen Körper zu Hause fühlt, dass er sich niemals vernachlässigen würde. Kurz und gut, sein Anblick ist meist ein erfreulicher.

Doch bezieht ein Hahnengeborener sein Selbstbewusstsein durchaus nicht nur aus seinem Äußeren. Denn auch in Bezug auf sein Innenleben ist dieser stolze und aufrechte Charakter überaus talentiert. Er ist präzise, wachsam und ordentlich, besitzt Entschlusskraft, Gründlichkeit und Fleiß.

Und nicht zuletzt ist er ein wortgewandter Redner, der es liebt, Geschichten, aber auch seine Ansichten zum Besten zu geben. Ein Hahn ist immer bereit zu sprechen und kann zu jedem beliebigen Thema sein Scherflein beisteuern. Meist ist er extrovertiert, mischt sich gern in die Konversation ein und überzeugt dabei durch seinen Witz und Charme.

Natürlich kann sich dieses Redebedürfnis auch als Schwäche erweisen. Wie man weiß, gackern Hühner gern und sind in ihrer Redseligkeit oft kaum zu bremsen. Das Denken in der Stille liegt dem Hahn nicht besonders, er sucht den Dialog, die Gegenrede, den Halt in der Antwort von außen. Da der Hahn jedoch meist um diese Schwäche weiß, bemüht er sich oft krampfhaft, sich taktvoll zurückzuhalten. Ein geborener Diplomat ist er jedoch nicht, dazu nimmt er zu gern den Mund voll. Da er aber auch ein starkes Gefühl für Form, für Stil, für Etikette hat, gelingt es ihm dann doch meistens mit Ach und Krach, ein vornehmes Schweigen an den Tag zu legen, wenn es nötig ist.

Doch am liebsten ist es ihm, wenn er seiner Zunge freien Lauf lassen kann. Dann fühlt sich der Hahn in seinem Element als glänzender Mittelpunkt einer Gesellschaft, in der seine schlagfertigen Kommentare, seine amüsant-bissigen Bemerkungen immer wieder neue Lacher auslösen. Er braucht diesen Auftritt, dieses Bewundertwerden, diese Anerkennung. Denn der Mensch, der im Zeichen des Hahns zur Welt kam, ist abhängig von dem Respekt, den man ihm zollt, und gleicht dem Gockel auf dem Hühnerhof, der gern sein Gefolge um sich schart.

Doch auch geistige Kontroversen, philosophische Debatten, den Meinungsaustausch schätzt ein Hahn ungeheuer. Der gewandte Dialog hebt das Image eines Hahns bedeutend, und da er auf seine Wirkung nach außen überaus bedacht ist, legt er sich dabei mächtig ins Zeug. Doch darf man den Hahn in all seiner selbstgefälligen Art nicht unterschätzen, denn im Kein ist er durchaus redlich und bodenständig.

Der Hahn ist meist ein fleißiger und strebsamer Arbeiter. Er geht systematisch und gründlich vor, wobei er ein enormes Energiepotenzial freisetzen kann. Klar und nüchtern legt ein Hahn seine Ziele fest, wobei Stabilität ein wichtiger Maßstab ist. Er arbeitet sorgfältig und präzise und hat keinerlei Schwierigkeiten, Anweisungen zu befolgen. Auch im Team ist ein Hahn bestens aufgehoben, wobei er am liebsten Funktionen übernimmt, in denen es um Planung, Organisation und Durchführung geht.

Ein wenig Schwierigkeiten macht es Menschen dieses Zeichens allerdings schon, dass sie gern blenden wollen. Da sie so viel Wert auf Prestige legen, verlieren sie sich leicht in Nebensächlichkeiten, in Äußerliches, und drohen dann den Kern einer Sache zu übersehen. Auch scheinen sie oft wie eingefangen in ihre Träume von Macht und Ansehen und vergessen darüber leicht die nächsten Schritte, zu denen eigentlich die Vernunft raten würde.

Um zum Erfolg zu gelangen, muss der Hahn lernen, Maß zu halten. Er braucht innere Festigkeit, die seine ungebändigte Energie zügelt und seinen Schaumschlägerfantasien etwas Einhalt gebietet. Deshalb überlässt er sich auch so gern der Führung von anderen, da er unbewusst weiß, dass sein Wesen eines starken Regulativs bedarf. Auch neigt er dazu, bei aller Detailfreude und Genauigkeit in seinen Ideen und Plänen das Element »Mensch« auszuschließen, so dass viele seiner Unternehmungen einen äußerst abstrakten Charakter annehmen.

Hahnengeborene sind Familienmenschen, die sich im Kreise ihrer Lieben sehr wohl fühlen. Frauen in diesem Zeichen sind richtige »Glucken«, wachsame und fürsorgliche Mütter, die immer ein offenes Ohr für die Belange ihrer Kinder haben. Aber auch als Ehepartner sind sie treusorgend und verlässlich in ihrer Zuneigung. Denn trotz aller Wertschätzung des Äußeren haben Hahnengeborene eine fast schon traditionelle Einstellung zu Fragen der Ehe und der Familie.

Hat sich der Hahn gebunden, ist er sehr freigiebig, sowohl in emotionaler als auch in finanzieller Hinsicht. Er ist zärtlich und sehr auf den Partner fixiert. Und geradezu verschwenderisch wird er, wenn er das Ansehen seiner Familie, den Standard heben kann.

Merkwürdigerweise kann er beim Kauf von praktischen Dingen durchaus knickerig sein. Sieht er jedoch ein schönes Schmuckstück oder einen flotten Mantel, wird er halb ohnmächtig vor Verlangen, es oder ihn zu besitzen. Insofern hat er ein völlig irrationales Verhältnis zum Geld, womit er bei anderen schon mal Erstaunen und Befremden auslösen kann.

Ein heiteres und extrovertiertes Temperament, das ist der Hahn. Er verfügt über Schärfe des Intellekts, ein brillantes Auftreten und ein wunderbar unbekümmertes Wesen. Wortreich und schillernd, so präsentiert er sich seinen Mitmenschen und gewinnt im Nu alle Herzen.

Der Hahn in den fünf Wandlungsphasen

Der Hahn in der Phase des Metalls

Ein Hahn, der in dieser Phase zur Welt kam, sieht die Erfüllung seines Lebens in der Lösung anfallender Probleme. Denn dabei entwickelt er eine ungewöhnliche, fast schon besessene Vitalität, eine freudige innere Erregung, einen Auftrieb, der ihn geradezu leidenschaftlich macht.

Dieser Hahn hat meist einen scharfen Verstand, ein logisches Rüstzeug, das ihn von allen anderen Menschen abhebt.

Er tut sich schwer, eine andere Meinung zu akzeptieren, da sein Standpunkt so klar, so fest umrissen, so logisch ist.

Dennoch haben diese Menschen meist eine brillante und gewinnende Ausstrahlung. Der Metallhahn ist wissensdurstig und optimistisch.

Der Hahn in der Phase des Wassers

Dieser Zeitgenosse verfügt meist über eine erstaunliche Energie, eine intellektuelle Kapazität, die ihresgleichen sucht. Sein Verstand ist so klar wie ein Bergsee, und seine Gedankengänge sind logisch. Ein Hahn in der Phase des Wassers fühlt sich überaus wohl, wenn er diese geistigen Kräfte zur Anwendung bringen kann. Besonders auf kulturellem Gebiet arbeitet er gern, da sich dort seine intellektuelle Begabung mit seinem starken Einfühlungsvermögen paaren kann. Ein anziehender, wortgewaltiger, dabei sehr vernünftiger Charakter kommt in der Phase des Wassers zur Welt. Sein Verstand arbeitet messerscharf, und wenn er ihn nicht einsetzt, um andere zu übervorteilen, steht seiner Beliebtheit, seiner starken Anziehungskraft, aber auch seiner Karriere nichts im Wege.

Der Hahn in der Phase des Holzes

Ein freundlicher, rücksichtsvoller Hahn wird in der Holzphase geboren, einer, dessen ganze Einstellung zum Leben von Großzügigkeit und Souveränität geprägt ist. Für neue Tendenzen, Strömungen zeigt er sich immer aufgeschlossen und arbeitet wacker mit an innovativen Einrichtungen.

Der Holzhahn hat ein starkes Bedürfnis nach Geborgenheit innerhalb einer Gemeinschaft. Ein aufgeschlossener, fairer und geselliger Typ, das ist ein Hahn in der Wandlungsphase des Holzes, immer bereit, Neues anzunehmen und seine Wahrnehmung zu verfeinern.

Der Hahn in der Phase des Feuers

Das Feuer macht den Hahn zum tatkräftigen und imposanten Gebieter. Auch hat der Feuerhahn seine Prinzipien, feste Maßstäbe, die ihn zu einer Führungspersönlichkeit machen.

Allerdings kann er etwas fanatisch seine Ansichten vertreten, wenn ihm jemand zu widersprechen wagt und das Dogma seiner Überzeugungen angreift. Dann kennt er keine Gnade, wobei ihm auch völlig egal ist, wenn die Gefühle anderer verletzt werden. In dieser Hinsicht lässt die Sensibilität des Feuerhahns zu wünschen übrig. Wenn er für etwas leidenschaftlich entbrannt ist, sieht und hört er nichts mehr um sich herum.

Der Hahn in der Phase der Erde

Als lernbegieriger, analytischer Forscher geht der Erdhahn durchs Leben. Alles Wissenswerte reizt ihn, so dass er eigentlich immer mit irgendeinem Problem, einer neuen Erfahrung beschäftigt ist. Dabei ist er akkurat, pflichtbewusst und äußerst effizient. Durch den Einfluss der Erde kann er alle Dinge sehr realistisch einschätzen. Ihm kann man getrost jede Angelegenheit anvertrauen, was seine Vorgesetzten sehr schätzen. Er trägt manchmal gern schwerere Verantwortung, da ihn dies herausfordert und vitalisiert. Ein wenig neigt er allerdings zum Missionieren. Wenn ein Erdhahn sich dieses Problems nicht bewusst wird, kann er durchaus zum kauzigen Nörgler werden. Doch im Allgemeinen erfreut sich dieser wissensdurstige, klare Charakter, dessen Forschungsdrang kein Maß kennt, großer Beliebtheit.

Der Hahn und sein Aszendent

Hahn mit Aszendent Ratte

Ein glänzendes, brillantes Auftreten kennzeichnet einen Hahn, der die Talente einer Ratte in sich trägt. Denn abgesehen davon, dass ein Vertreter dieser Kombination immer gut aussieht, wirkt er charmant, klug und feinsinnig.

Doch geht es im Innern dieses Hahns nicht so ausgeglichen zu, wie es nach außen den Anschein hat. Denn während die Ratte emsig versucht, die Grundlage für eine sichere Existenz zu erwirtschaften, sorgt der Hahn dafür, dass das notwendige Kleingeld wieder ausgegeben wird. Und dies meist um des äußeren Glanzes willen.

Die Ratte steuert zu dieser Verbindung ein starkes Verantwortungsgefühl, die eigene Familie betreffend, bei. So ist dieser Hahn meist in ein starkes soziales Netz eingespannt, für das er sich verantwortlich fühlt.

Mit all diesen Gegensätzen ist der Hahn, der eine Ratte zum Aszendenten hat, überaus einfühlsam. Er besitzt einen starken Instinkt und Gespür für die Interessen seiner Mitmenschen.

Und wenn es ihm gelingt, seine inneren Spannungen auszugleichen, wird er als begabter Vermittler, als gefestigte Persönlichkeit den Respekt seiner Mitmenschen erringen und eine besondere Stellung unter ihnen einnehmen.

Hahn mit Aszendent Büffel

Menschen, die in diesem Zeichen geboren sind, haben die Kraft des jungen Mondes in sich und eine Ausdauer, die keine Grenzen kennt. Fröhlich und geduldig verrichten sie ihr Tagwerk, sind gefestigt in ihrer ganzen inneren Einstellung und erfüllen ihre Pflicht, ohne zu murren oder zu klagen.

Diese Hahn schweigt, handelt und ist restlos zufrieden, wenn er seinen Pflichten genüge getan hat. Beweglichkeit verbunden mit Durchhaltevermögen, Charme gepaart mit einem ausgeprägten Pflichtbewusstsein, das kennzeichnet im Wesentlichen den Hahn mit Büffelaszendent. Der Büffel in ihm wird dafür sorgen, dass das gesparte

Kleingeld für solide und praktische Zwecke Verwendung findet und das starke Bedürfnis, es in Mode und Schmuck anzulegen, ein wenig bremsen.

Hahn mit Aszendent Tiger

Nur selten findet man einen Hahn mit Tigeraszendent schlecht gelaunt oder mürrisch, denn sein Denken ist in erster Linie positiv ausgerichtet und von einem starken Drang nach Veränderung beseelt. Alles, was geschieht, bewältigt dieser Hahn leicht und spielerisch, mit dem unerschütterlichen Glauben, dass die Dinge sich zum Guten wenden.

Fleiß, Strebsamkeit, gepaart mit einem gehörigen Sinn fürs Risiko, das zeichnet den Hahn mit Tigeraszendent aus. Die Faszination, die dieser redegewandte, sympathische Typ ausstrahlt, ist geradezu atemberaubend, und dass er um Erzählungen nie verlegen ist, da er viel erlebt hat, das ist bei dieser Charakterstruktur selbstverständlich. Ein anziehender, unterhaltsamer Mensch ist der Hahn mit Aszendent Tiger.

Hahn mit Aszendent Hase

Friedliebend, hilfsbereit und umgänglich ist ein Hahn, der einen Hasen zum Aszendenten hat. Unter seiner schillernden Oberfläche verbirgt sich ein ungemein verträumter, fantasievoller und nachdenklicher Charakter, den eine große Einfühlungsgabe kennzeichnet. Starke Gegensätze sind in diesem Charakter angelegt. Denn der scheue Hase sitzt im praktischen Hahn und lässt so manch erbitterten inneren Kampf entbrennen. Zeitweise arbeitet ein Mensch dieser Zeichenkombination wie ein Wilder, spart und tut alles, um seine Schäfchen ins Trockene zu bringen. Dann wieder streckt er alle viere von sich und verliert sich in Fantastereien, gibt dabei unsäglich viel Geld aus und genießt, was es zu genießen gibt.

Oft suchen diese Menschen für ihre inneren Spannungen den Ausgleich in der Umgebung, und dies gelingt ihnen meist ausgezeichnet.

Hahn mit Aszendent Drache

Ein Hahn mit Drachenaszendent ist meist sehr amüsant, heiter, lebhaft und besitzt dabei eine unbezwingliche Ausstrahlung von Kraft und

Selbstbewusstsein. Spritzig wie Champagner sind seine Formulierungen, wenn er sich in Gesellschaft befindet, doch ebenso können sie hart wie ein Diamant werden, wenn er seinen Willen durchsetzen möchte. Der Drache verhilft dem Hahn zu Entschlussfreude und Selbstbestimmung.

Ein machtvoller, gewinnender, in Stil und Auftreten sehr einnehmender Typus, das ist der Hahn, der die Eigenschaften des Drachen in sich trägt.

Hahn mit Aszendent Schlange

Geradezu prädestiniert ist dieser Charakter für einen Beruf im pädagogischen Bereich. Aber auch als Berater oder Politiker ist er hervorragend eingesetzt. Denn seine Fähigkeit der Intuition, gepaart mit einem großen Sprachtalent, verleiht seinem Auftreten große Überzeugungskraft. Die kluge Schlange unterstützt im Hahn all jene Anlagen, die ihn nach außen hin glänzen lassen.

Dafür hat dieser Hahn manche inneren Auseinandersetzungen und Kämpfe. Denn die Schlange ist bei aller Klugheit sehr verletzlich und existiert lieber im Verborgenen als in der Öffentlichkeit. Was die Privatsphäre betrifft, so ist dieser Hahn überaus verschwiegen.

Hahn mit Aszendent Pferd

Der Hahn mit Pferdestärken ist ein ungeheuer bunter und lebensfroher Charakter, der vor Vitalität geradezu strotzt. Auch unterstützt das Pferd sehr seinen Hang zur Offenheit. Dem Hahn mit Pferdeaszendenten irgendetwas anzuvertrauen bedeutet, dass die Mitteilung binnen kürzester Zeit die Runde gemacht hat. In dieser Hinsicht wirkt er wie eine Buschtrommel. Doch da er gleichzeitig so viele liebenswerte Seiten vereint, tut das im Allgemeinen seiner Beliebtheit unter den Menschen keinen Abbruch.

Wichtig ist für solche Hähne, einen Mittelweg zu finden zwischen der Impulsivität des Pferdes und der Neigung des Hahns, sich zu pedantisch auf Details zu konzentrieren.

Hahn mit Aszendent Ziege

Der sonnige, warme und lebensfrohe Charakter der Ziege unterstützt im Hahn all jene Eigenschaften, die ihn zum beliebten Anziehungspunkt einer Gesellschaft machen. Als liebenswürdige und angenehme Erscheinung wirkt er im Bewusstsein seiner Mitmenschen.

Allerdings redet er nicht halb so viel, wie man es eigentlich von einem Hahn erwartet. Stattdessen ist er ein aufmerksamer Zuhörer, dessen sensible Zwischenfragen und dessen Einfühlungsgabe auf andere harmonisierend und beruhigend wirken. Doch scheut er davor zurück, sich auf etwas festlegen zu lassen. Er ist wankelmütig in seinen Beschlüssen, wenn auch zäh in seiner Ausdauer. So lässt er sich lieber führen, denn selbstständige Entscheidungen sind ihm schlichtweg ein Gräuel.

Hahn mit Aszendent Affe

Ein Hahn mit Affenaszendent ist fleißig, kompetent, sachlich und gründlich. Unverdrossen arbeitet er an der Verbesserung seiner Lebensumstände und ruht nicht, bis er auf der höchsten Sprosse der Erfolgsleiter steht.

Der Affe ist überaus begabt und weiß sich auf jedem Gebiet zu schlagen. Dem Hahn kommt dies sehr zugute, denn sein Ansehen gründet sich jetzt nicht nur auf äußerlichen Glanz, sondern auch auf seine herausragende Intelligenz. Schwer fällt es ihm in dieser Kombination, an den Dingen dranzubleiben, denn der Affe ist bei aller Beweglichkeit und Eleganz auch etwas sprunghaft in seinen Interessen.

Hahn mit Aszendent Hahn

Etwas exzentrisch wirkt dieser Vertreter des Hühnervolks sicherlich. Dabei strahlt er jedoch eine überaus heitere Gelassenheit aus, die zusammen mit seiner Fähigkeit zum logischen Denken ein rundum harmonisches Gesamtbild ergibt.

Ein doppelter Hahn hat natürlich verstärkt mit den Problemen seines Tierkreiszeichens zu kämpfen. Dass er viel redet und kaum zu unterbrechen ist, braucht gar nicht erst weiter erwähnt zu werden. Doch auch vertrackte Detailprobleme können die Aufmerksamkeit dieses Hahns völlig in Anspruch nehmen. Aus dieser Vorliebe entwickelt sich natürlich leicht eine gewisse Pedanterie, die den Hahn zwingt, jedes Detail seines Alltags bis ins Kleinste festzulegen.

Hahn mit Aszendent Hund

Viel innere Auseinandersetzungen muss der Hahn führen, dessen Aszendent ein Hund ist. Denn sein Selbstwertgefühl schwankt ständig hin und her. Während der Hahn alles Fremde mit heiterer Aufgeschlossenheit annimmt und auch wenig Probleme kennt, auf andere zuzugehen, neigt der Hund in ihm eher zur Zurückhaltung, zur Scheu.

Kaum will dieser Hahn etwas laut herauskrähen, wird er schon wieder vom Hund zurückgepfiffen. Der Hund im Hahn ist sehr sozial eingestellt und bemüht sich immer um das Allgemeinwohl. Vernunft, Klarheit, das Talent, übersichtlich zu denken, kennzeichnen diesen Charakter.

Dass ein Hahn mit Hundeaszendent sein Hühnervölkchen sehr genau auswählt, ist anzunehmen. Sein Freundeskreis wird deshalb zwar quantitativ kleiner, die Beziehungen zu Freunden werden dafür sehr viel enger sein.

Hahn mit Aszendent Schwein

Nicht besonders ausgeprägt ist das Anpassungsvermögen dieses Hahns, der siegesgewiss sein Kikeriki erschallen lässt. Denn bei aller Gutmütigkeit und Toleranz ist das Schwein doch ein großer Individualist, der es nicht so gern sieht, wenn man sich in seine Angelegenheiten einmischt.

Ein emotionaler, leidenschaftlicher Typ, das ist der Hahn mit Aszendent Schwein. Er kann seine Gefühle nur schwer bändigen und muss alles, was ihn bewegt, gleich aussprechen.

Ein hochherziger, individualistischer, dabei aber auch sehr philosophischer Mensch, das ist der Hahn im Zeichen des Schweins. Trotz aller Kompromisslosigkeit wirkt er sehr anziehend auf seine Mitmenschen und hat meist einen großen und vielfältigen Bekanntenkreis.

Hahn und Partnerschaft

Ein Hahn, der auf Eroberungsfeldzug geht, ist unwiderstehlich. Er strahlt Sinnlichkeit aus, sendet bewusst und gekonnt erotische Signale und liebt es, wenn Augen schmachtend an ihm hängen. So gesehen ist er der perfekte Aufreißer, der leichtes Spiel hat und eine Menge Bewunderer um sich schart. Doch muss das nicht unbedingt heißen, dass ihm daran ernsthaft etwas liegt. Denn die Einstellung des Hahns in puncto Sex ist fast schon puritanisch und bieder. Er geht nicht leicht aufs Ganze, was aber seiner Freude am erotischen Geplänkel, seinem Bedürfnis nach Bewunderung, ja seiner mitunter sehr ausgeprägten Gefallsucht keinen Abbruch tut.

Ein Hahn ist ein geborener Herzensbrecher, der manchmal allzu unbekümmert die Trophäen seiner Kunst sammelt, ohne auf die Gefühle anderer Rücksicht zu nehmen. Oft ist ihm dabei gar nicht bewusst, was er in Gang gesetzt hat, da er sich völlig naiv seiner Passion hingibt.

Wehe aber, der Hahn ist selbst von Amor getroffen! Dann fängt er an, aufgeregt mit den Flügeln zu schlagen und zusammenhanglos vor sich hinzugackern. Mit der ganzen Souveränität und Gelassenheit ist es dann vorbei, obwohl sich der Hahn redlich um Fassung bemüht. In dieser Situation kann es durchaus passieren, dass ihm sein bestes Bonmot entfällt, dass er seine köstlichen Anekdoten stotternd erzählt und vor lauter Aufregung die Pointe vergisst. Wenn ein Hahn wirklich gepackt ist, muss er sich schon schwer zusammenreißen, um seine majestätische Haltung zu wahren.

Doch letztlich werden sein Können und seine liebenswürdige Ausstrahlung siegen. Wenn es beim Hahn wirklich gefunkt hat, so gibt es keinen Weg zurück, er wird dann alles versuchen, um den Partner seiner Wahl zu überzeugen. Denn für ihn gibt es, seiner etwas altmodischen Einstellung gemäß, immer noch den einzig »Richtigen«, auf den es im Leben zu warten und zu hoffen gilt. Trotz aller Liebelei ist es dem Hahn sehr ernst mit diesem Kapitel, was bedeutet, dass er seine Jungfräulichkeit nicht leichtfertig aufs Spiel setzt. Er legt vor allem Wert auf eine vernünftige Lebensplanung, Gleichklang, Güte und Harmonie. Ekstatische Gefühle sind es jedenfalls nicht, die den Hahn seine Entscheidung für jemanden treffen lassen, sondern die ruhige Gewissheit, dass er im anderen den optimalen Partner gefunden hat. Wert legt er dabei auf gegenseitigen Austausch, wobei der Spruch

»Das Schweigen ist der Liebe keusche Blüte« nicht unbedingt für ihn gilt. Der Hahn braucht immer Austausch und Erwiderung im Wort, den Kontakt auf verbaler Ebene. Ein stummer, in sich gekehrter Zuhörer kann ihn dabei zur Weißglut bringen, selbst wenn er derjenige ist, der immer den Löwenanteil einer Unterhaltung bestreitet. Doch braucht er die Gewissheit, dass sein Gegenüber zumindest präsent ist, und einfaches Nicken ist ihm als Beweis der Aufmerksamkeit nicht genug.

Auch muss sein Partner ein gewisses Gefühl für Prestige, Wirkung und den öffentlichen Auftritt haben. Denn der Hahn ist abhängig von Äußerlichkeiten, von Stil und Statussymbolen. Ob nun sein Wesen mehr zum Geistigen tendiert oder ob er mehr Wert auf Materielles legt, ein Hahn wird immer darauf achten, dass sein Partner etwas darstellt.

Dass der Hahn treu für seine Familie sorgt, ist völlig klar, denn dies entspricht seiner Moral und seinem Anspruch an sich selbst. Auch gibt er gerne und freigiebig, wenn er genügend auf der hohen Kante hat, knauserig wird er nur, wenn sich bei allem Fleiß der Geldbeutel nicht füllen will.

Hähne sind Familienmenschen, die gerne Nestwärme um sich verbreiten. Frauen in diesem Zeichen sind meist überaus gute Mütter, die ihre Kinder mit sehr viel Liebe und Zärtlichkeit umgeben. Doch auch Väter, die im Zeichen des Hahns zur Welt kamen, wissen mit ihren Kleinen gut umzugehen. Sie sind fürsorglich und voller Anteilnahme, wobei sie nicht vergessen, ihren Sprösslingen die beste Ausbildung zukommen zu lassen, die es gibt.

Alles in allem sind Charaktere dieses Zeichens friedliebende, angenehme Partner, die eine solide Basis in ihrem Dasein schätzen, darüber aber auch die Annehmlichkeiten nicht vergessen. Ab und an müssen sie zwar Dampf ablassen und ihrem Herzen Luft verschaffen, aber diese Ausbrüche gehen schnell vorüber und hinterlassen keine nachhaltigen Wunden. Auch besitzen sie bei allem Fleiß und aller Gründlichkeit sehr viel Charme und verstehen es, ihren Partner noch bis ins hohe Alter hinein durch amüsante und geistreiche Unterhaltung zu fesseln.

Wer passt zum Hahn?

Hahn – Hahn
Gockel und Henne werden sicherlich sofort beschließen, einen stattlichen Hühnerhof zu gründen, in dem viele Küken herumpurzeln.

Doch sind Beziehungen zwischen zwei gleichen Zeichen beileibe nicht unproblematisch. Im Gegenteil, sobald die beiden näher miteinander in Kontakt treten, werden sie bald die eigenen Nachteile im anderen aufspüren. Im schlimmsten Fall leben hier zwei Zwangsneurotiker zusammen, die einander in puncto Pingeligkeit durchaus das Wasser reichen können. Ordnung, Sauberkeit, Struktur sind die Hauptslogans ihrer gemeinsamen Existenz, wobei sie aber jeweils eine Menge Geld dafür ausgeben, das eigene Image aufzupolieren. Jeder betrachtet die Eitelkeit des anderen mit leiser Verachtung, denn es ist schwierig, die eigenen Schwächen wie in einem Spiegel zu erkennen und dies auch auszuhalten.

Keine allzu glückliche Verbindung also. Natürlich bleibt zu hoffen, dass die sicher zahlreichen Nachkommen immer wieder für den notwendigen Wirbel sorgen, der die zwei letztlich aneinander bindet.

Hahn – Hund
Freundlichkeit und Sympathie herrschen zwischen Hahn und Hund, wenn sie sich kennen lernen. Der warmherzige und anpassungswillige Hund kann den Hahn zwar nicht unbedingt faszinieren, aber er findet in ihm einen liebenswürdigen und offenen Partner, der bereitwillig auf ihn eingeht.

Zumindest auf den ersten Blick. Denn für eine dauerhafte Partnerschaft sind die Gefühle der beiden doch wohl zu lau. Vor allem auf der geistigen Ebene herrscht zwischen ihnen keine große Spannung. Obwohl der Hund sehr viel Humor hat und ironisch-bissige Bemerkungen liebt, fehlt dem Hahn das Echo. Die beiden haben Kommunikationsschwierigkeiten, denn ihre Lebenseinstellungen sind völlig verschieden.

Alles in allem ergibt sich bei diesen beiden Zeichen keine wirkliche Partnerschaft, zumal auch der erotische Urknall in den meisten Fällen nicht stattfindet. Auf jeden Fall müssen Hund und Hahn einiges durchstehen, ehe sie in Harmonie und Frieden miteinander leben können. Das Tempo dieser Verbindung wird immer der Hahn angeben, und ob der Hund dabei mitkommt, ist fraglich.

Hahn – Schwein

Wenn Hahn und Schwein einander begegnen, schlägt der Blitz ein. Ein wahres Feuerwerk bricht aus, sobald sich die beiden nur sehen, denn sie üben eine unwiderstehliche, fast schon magnetisch zu nennende Anziehungskraft aufeinander aus.

Der Hahn fühlt sich sofort von der gelassenen, ja philosophischen Lebenseinstellung des Schweins angezogen, während dieses nichts als Bewunderung für den interessanten, sprachgewandten Hahn empfindet. Sie stimmen hervorragend überein, sowohl was den Lebensstil als auch die Ansichten betrifft. Privat- und Arbeitsbereich sollten sie unbedingt auseinanderhalten, doch gemeinsame Reisen, Theaterbesuche und viele andere Interessen verbinden Schwein und Hahn. Da sie sich emotional auch so gut verstehen, wird ihre Partnerschaft sicher bis ans Ende ihrer Tage währen. Glück ohne Grenzen, das erwartet den Hahn, wenn er mit einem Schwein zum Standesamt geht.

Die Texte zu den hier nicht aufgeführten Kombinationen finden Sie im entsprechenden Abschnitt der bereits behandelten Tierkreiszeichen.

Hahn und Beruf

Man wird kaum einen Hahn auf der Welt finden, der ein bequemes Leben dem arbeitsamen vorzieht. Denn er will in erster Linie beschäftigt sein, und dies in schöner Regelmäßigkeit. Alles, was seine Detailfreude herausfordert, kommt dem Hahn dabei entgegen. Tätigkeiten, die anderen einen Schauer über den Rücken jagen, wie Korrekturlesen, Zahlenvergleiche, lange Listen überprüfen, bereiten dem Hahn sogar Vergnügen.

Dass die Ergebnisse zuverlässig stimmen, ist sicher, denn ein Hahn übersieht nicht das kleinste Krümelchen, wenn er einmal angefangen hat, zu picken und zu suchen.

In seinem Gehirn herrscht Ordnung – dank seines sicheren Unterscheidungsvermögens.

Ein Hahn hat immer Teamgeist und deshalb kaum Probleme, mit anderen zusammenzuarbeiten. Ausgesprochen munter geht es darum an seinem Schreibtisch zu, auch wenn er von Arbeitsaufträgen überquillt. Dass der Hahn nicht zuletzt deshalb ein geschätzter Kollege ist, braucht gar nicht erst erwähnt zu werden. Doch auch wenn Not am Mann ist, krempelt ein Hahn sofort die Ärmel hoch und hilft, wo er kann. Andere zu unterstützen ist ihm ein aufrichtiges Bedürfnis.

Bei allem Teamgeist, bei aller Fairness möchte der Hahn immer brillieren und durch seine scharfsinnigen Bemerkungen bestechen. Sein Bedürfnis nach Lob, auch nach Schmeichelei, hat manchmal etwas fast schon Kindliches an sich.

Natürlich ist ein Hahnengeborener hervorragend in der Modebranche eingesetzt. Sinn für Chic, neue Trends, aber auch ein scharfer Blick für die Schwachstellen des Körpers, der eingekleidet werden soll, machen aus ihm einen Spitzenverkäufer in diesem Bereich.

Abgesehen von diesen Talenten, sind Hähne auch ungemein neugierig. Alles Fremde, Neue, Unbekannte lockt sie, hier fangen sie richtig an zu leben, aufzublühen. Als Reiseführer, aber auch als Leiter eines Reisebüros sind sie unschlagbar. Es macht ihnen Spaß, das Besondere auszukundschaften, Direktflüge auszutüfteln und den billigsten Tarif herauszufinden.

Wie schon anfangs erwähnt, haben Hähne manchmal Schwierigkeiten, ihre Energie in feste Bahnen zu leiten, und sind deshalb froh und dankbar für einen Vorgesetzten, der dies für sie übernimmt.

Trotzdem erreicht dieser ehrgeizige und intelligente Charakter meist alles, was er sich vorgenommen hat. Unter großem Energieeinsatz klettert er weit nach oben, ohne Neid zu erregen. Finanziell hat er meist etwas auf der hohen Kante, außer er gibt alles für sein Image aus. Dann muss er eben doppelt so viel schuften, was für den fleißigen Hahn aber auch kein Problem ist.

Wer passt zum Hahn in beruflicher Hinsicht?

Hahn – Hahn
Problemlos wird diese Zusammenarbeit nicht verlaufen, dazu haben die beiden zu viele gemeinsame Schwächen. Man kann davon ausgehen, dass an ihrem Arbeitsplatz ständig geredet wird, dass alle Vorkommnisse bis ins Detail kommentiert werden.

Darüber bleibt die Arbeit schon mal liegen, wenn sich die beiden nicht ordentlich zusammenreißen. Und auch ihr gemeinsamer Hang zur Pedanterie macht ihnen zu schaffen.

Hahn – Hund
Hahn und Hund werden kaum Machtkämpfe auszutragen haben. Stattdessen werden sie gelassen ihre jeweiligen Arbeitsbereiche abstecken und innerhalb der eigenen Grenzen in schönstem Frieden arbeiten. Mit der Kommunikation hapert es für den Hahn jedoch. Denn er, der immer den Dialog sucht, findet im Hund ein eher schweigsames Gegenüber.

Doch auf beruflicher und finanzieller Ebene können sie einander durchaus vertrauen.

Hahn – Schwein
Wie ein Herz und eine Seele können diese beiden Zeichen miteinander arbeiten. Denn auf fast allen Ebenen herrscht bei ihnen Harmonie, mag es sich nun um Privates oder um Berufliches handeln.

Ein paar Anfangsschwierigkeiten müssen sie aber doch bewältigen. Denn ihr Arbeitsstil ist äußerst verschieden. Doch im Allgemeinen wird es bei dieser Zusammenarbeit zu keinerlei Problemen kommen.

Die Texte zu den hier nicht aufgeführten Kombinationen finden Sie im entsprechenden Abschnitt der bereits behandelten Tierkreiszeichen.

Hahn und Gesundheit

Herz- und Kreislaufbeschwerden sind es, die ihm des öfteren zu schaffen machen. Denn er neigt dazu, sich zu überanstrengen und seinem Körper zu viel zuzumuten. Herzrasen, hoher Blutdruck, Unwohlsein sind die Folgen. Aber auch die Nerven machen ihm häufig zu schaffen. Er wirkt angespannt, nervös, unkonzentriert und kann schlecht einschlafen. Entspannungsübungen sind genau das richtige für ihn, um diese Überreiztheit abzubauen. Autogenes Training wirkt in solchen Fällen oft Wunder, da es beruhigt und entspannt.

Da der Hahn beruflich sehr engagiert ist, vergisst er meist die Belange und Notwendigkeiten seines Körpers.

Der Hahn in den einzelnen Jahren: Aussichten und Tendenzen

Das Jahr des Hahnes

Glückliche Tage, frohe Feste, bunter Trubel, das erwartet Menschen im Hahnenjahr. Eine Zeit, in der dem Optimisten keine Grenzen gesetzt sind, denn all seine Erwartungen haben große Chancen, sich zu erfüllen. Trotz all dieser positiven Umstände sollte man im Hahnenjahr ökonomisch mit seiner Energie verfahren. Denn der Hahn ist fleißig, übernimmt sich jedoch leicht in all seiner Arbeitswut.

Auch verrennt er sich manchmal in fantastische Ideen, die kein Mensch jemals konkret umsetzen kann. Deshalb sollte man bei allem Tatendrang immer darauf achten, dass man auf dem Teppich bleibt, und Vorstellungen, Pläne, Unternehmungen auf ihren Realitätsgehalt hin überprüfen.

Das politische Parkett beherrschen jetzt Menschen, die bei allem Überblick gründlich und genau hinsehen und sich nicht scheuen, mit dem Zeigefinger auf Fehler zu deuten.

Alle Menschen sind jetzt plötzlich emsig beschäftigt. Sei es, dass man sich verstärkt um Fortbildung bemüht, sei es, dass man beruflich vorwärts kommen möchte, mit Elan und Fleiß kümmert man sich jetzt um die eigene Entwicklung. Eine Zeit also, in der Arbeit, rauschende Feste, Unterhaltung und Geselligkeit ihren Platz haben – und dem, der vorwärts kommen will, stehen jetzt Türen und Tore offen. Er muss nur die Ärmel hochkrempeln und die Dinge in die Hand nehmen.

Das Jahr der Ratte

Viel Unerwartetes wird sich im Rattenjahr für den munteren Hahn ergeben. Manchmal hat er das Gefühl, dass seine übliche Klarsicht etwas getrübt ist.

Im Privatleben kann es jetzt zu einer Verbindung mit einem neuen Partner kommen. Im Beruf kann er vollen Einsatz wagen, es wird sich lohnen!

Das Jahr des Büffels

Eventuell ergibt sich während der Zeit, die im Einfluss des Büffels steht, ein beruflicher Wechsel. Diese Wendung hat äußerst positive Folgen, kann der Hahn doch jetzt in Windeseile auf der Erfolgsleiter nach oben klettern. Hierbei findet er ungewöhnlich viele Menschen, die ihn unterstützen. Der Hahn hat im Büffeljahr großen Einfluss auf andere, was sich auf alle seine Pläne günstig auswirkt.

Das Jahr des Tigers

Einen sprunghaften Anstieg des Vermögens kann der Hahn im Tigerjahr verzeichnen. Denn all seine geschäftlichen Unternehmen bringen ihm Gewinn. Der Hahn sollte aber sorgfältig planen und alles mit Geduld durchdenken. Denn vieles geschieht so rasch, dass kaum Zeit für vernünftige Einschätzung bleibt. Der Hahn muss sie sich aber unbedingt nehmen.

Das Jahr des Hasen

Das Privatleben des Hahns steht jetzt manchmal auf wackligen Füßen. Es kommt zu vielen Konflikten, weil er zu stur mit dem Partner umgeht. Überhaupt braucht er jetzt viel Gespür, um richtige Entscheidungen zu treffen. Dies umfasst alle Bereiche des Daseins, mag es sich nun um die Erotik, um den Beruf oder das liebe Geld handeln.

Das Jahr des Drachen

Erfolg im Beruf und verstärkter Tatendrang, das kennzeichnet im Wesentlichen die Zeit, die den Hahn im Zeichen des Drachen erwartet.

Er hat jetzt ein ungewöhnliches Selbstvertrauen, einen sicheren Instinkt und das starke Bedürfnis, sein Schicksal selbst in die Hand zu nehmen. Nur im Privatleben können jetzt starke Spannungen entstehen.

Das Jahr der Schlange
In beruflicher Hinsicht fühlt sich der Hahn im Schlangenjahr sicher und umsorgt. Doch ist Fleiß und Energie angesagt, was dem Hahn allerdings keine Probleme bereiten wird.

Im privaten Bereich muss der Hahn jetzt öfter mal Kompromisse schließen. Denn heftige Auseinandersetzungen führen im Schlangenjahr zu nichts.

Das Jahr des Pferdes
Harter Einsatz, Kontinuität und ein konsequenter Blick nach vorn, das sind die Forderungen, die das Pferdejahr an den Hahn stellt.

Der Hahn sollte jetzt trotz all der Herausforderungen, die das Pferdejahr an ihn stellt, immer mal Zeiten der Muße einlegen, sich frohe Stunden im Kreis der Familie gönnen und sich von Sorgen frei machen.

Das Jahr der Ziege
Insgesamt darf er während dieser Zeit nicht zu viel erwarten, denn sonst wird er leicht enttäuscht. Deshalb sollte er seine Wünsche mehr nach innen verlagern, sich sammeln und sich Muße gönnen. Dann wird das Jahr der Ziege fruchtbar und glücklich verlaufen.

Das Jahr des Affen
Eine gründliche Untersuchung eigener Verhaltensweisen, der Versuch, sich selbst besser kennen zu lernen, das ist es, was der Hahn im Affenjahr anstreben sollte. Denn nur so kann er die Verwirrung bewältigen, die jetzt ab und zu sein Leben beherrscht. Und spätestens gegen Jahresende kündigen sich bessere Tendenzen an.

Das Jahr des Hundes
Der Hahn findet jetzt Gelegenheit, viel von seinen früheren Plänen und Ideen in die Realität umzusetzen. Einiges von dem, was ihm seit langer Zeit im Kopf herumspukt, findet jetzt Gestalt und Ausdruck. Doch sollte der Hahn trotz alledem sein Privatleben nicht vernach-

lässigen, dessen Stellenwert er im Hundejahr manchmal zu unterschätzen scheint.

Das Jahr des Schweines
Unerwartete Schwierigkeiten, unlösbare Probleme bereiten dem Hahn jetzt so manchen Kummer. Es kann sogar geschehen, dass er Rückschläge in seiner Karriere hinnehmen muss. Doch sollte er darüber nicht verzagen, sondern versuchen, dennoch vertrauensvoll in die Zukunft zu blicken. Bei seinem Partner kann er jetzt nämlich viel Hilfe und Unterstützung finden, da der ihm loyal und mit Rat und Tat zur Seite steht.

Der Hund und seine Eigenschaften

Der chinesische Name des Hundes: Gou
Vom Hund regierte Stunden: 19.00 bis 21.00 Uhr
Himmelsrichtung: Westnordwest
Vergleichbares Tierkreiszeichen im Westen: Waage

Menschen, die in diesem Zeichen geboren sind, haben einen ausgeprägten Sinn für Gerechtigkeit, für Fair Play. Aufrichtigkeit, Vernunft und das Bedürfnis, im Sinne des Gemeinwohls zu handeln, kennzeichnen diesen überaus sympathischen und bei aller Prinzipientreue humorvollen Charakter. Soziales und politisches Engagement, aber auch die unbedingte Verpflichtung, treu zu den eigenen Ansichten zu stehen, sind für einen Hund eine Selbstverständlichkeit.

Ein solcher Mensch strahlt meist viel Lebensfreude aus, er ist lebhaft, amüsant und besticht bei aller Bescheidenheit durch sein zuvorkommendes Wesen. Es sind weniger äußere Erscheinung oder extrovertiertes Verhalten, mit denen ein Hund sich die Herzen seiner Mitmenschen erobert, als vielmehr innere Werte, die Wahrhaftigkeit und Konsequenz, mit der er andere zu überzeugen weiß. Soziale Bindungen und gleiches Recht für alle als Grundlage menschlichen Zusammenlebens sind dem Hundegeborenen ein tiefes Anliegen, wofür er zeit seines Lebens aufrichtig kämpft.

Bei aller Anpassungsfähigkeit ist er durchaus in der Lage, selbstständig zu handeln und seine Unternehmen in eigener Regie durchzuführen. Hierbei geht er sehr präzise vor, handelt überlegt und kontrolliert. Zwar ist der schnelle Zugriff seine Sache nicht, er neigt sogar eher dazu, Dinge zu lange hinauszuzögern, doch wenn er sich einmal zu etwas entschlossen hat, bleibt er dieser Entscheidung treu. Dass die Projekte, an denen er so lange festhält, manchmal schon sinnlos geworden, weil völlig überholt sind, interessiert ihn dabei wenig.

Der Hund lässt niemals locker, er könnte kein Projekt reinen Gewissens wieder aufgeben. Dieses Verhalten kann sogar längst zerrüttete Partnerschaften betreffen. Die Vorstellung von absoluter Treue ist so fest verankert im Bewusstsein eines Hundes, dass ihm jede Trennung als Verrat an sich selbst erscheint.

So bleibt er immer wieder vertrauensvoll in Situationen, die dem Betrachter von außen höchst fragwürdig erscheinen. Diese Hoffnung, diese fast schon naive Zuversicht steht in krassem Widerspruch zu seiner im Grunde grüblerischen Veranlagung, seiner oft pessimistischen Weltsicht. Sein soziales Gewissen lässt den Hund oft mehr als andere am Sinn der Welt zweifeln. Wo er auch hinblickt, sieht er Ungerechtigkeit, Hunger, Armut, Ausbeuterei, und damit verbunden Neid, Eifersucht, Krieg und Hass. Oft ist es dem Hund dann nicht möglich, seinen Hang zum Schwarzweiß-Denken zu überwinden. Diese Weltsicht macht ihn auf der positiven Seite zum scharf analysierenden Moralisten, der sich selbstlos für soziale Zwecke einsetzt, auf der negativen Ebene jedoch zum fanatischen Eiferer, zum besserwisserischen Missionar, der sein Denkmodell der ganzen Welt überstülpen will.

Wenn es um seine Ideale geht, kann der so freundliche, bescheidene und gutmütige Hund eine unerwartete Hartnäckigkeit, ein eisernes Durchsetzungsvermögen an den Tag legen. Oft ist man erstaunt, dass der anfänglich so schüchterne Charakter bei bestimmten Problemen zu unerwarteter Form aufläuft und keinerlei Scheu kennt, seinen Ansichten Ausdruck zu verleihen. Meist von eher ruhigem Temperament, agiert er dann plötzlich ganz unerwartet heftig. Es ist nicht ratsam, die bescheidene Ausstrahlung des Hundegeborenen zu unterschätzen.

Während er sich üblicherweise Leuten gegenüber, die er mag und deren Standpunkt er schätzt, offen und tolerant verhält, kann er bei solchen, die seinem Feindbild entsprechen, gnadenlos handeln. Doch besitzt er bei aller modellartigen Einteilung in feste Kategorien eine starke und sichere Menschenkenntnis, einen feinen Instinkt für charakterliche Anlagen anderer. Auch hat er eine gute Beobachtungsgabe, womit er die Motive seiner Mitmenschen schnell durchschaut und sie in sein System einreiht.

Es wäre nun aber falsch zu denken, der Hund handele nur selbstlos und idealistisch. Sein Lebensgefühl fußt auf der Basis einer gesunden materialistischen Einschätzung. Die Sicherheit und Stabilität, die er in seinem Feldzug gegen Not und Unterdrückung für andere erreichen will, beansprucht er auch für sich.

Darum besteht er auf gerechter Bezahlung auf allen Ebenen. Umsonst tut der Hund nichts. Dass ihm seine guten Taten im Himmel zurückgezahlt werden, interessiert ihn nicht, er möchte sein Wirken im irdischen Dasein belohnt wissen.

Doch kann er einen echten Hilferuf niemals ignorieren, er ist dann sofort zur Stelle. Allerdings wird er sehr genau prüfen, ob man ihn nicht auszunutzen versucht, denn bei aller Liebe zur Menschheit ist der Hund überaus wachsam. Er zieht die sachliche Argumentation jedem hitzigen Debakel vor. Dabei ist er vollkommen frei von Gehässigkeit, Bitterkeit oder Neidgefühlen. Aus diesen Gründen kommt er auch mit Menschen meist sehr gut zurecht, denn irgendwelche undurchsichtigen Animositäten oder Antipathien gibt es bei ihm nicht. Sein großes Talent ist das der Analyse, die jedes unerklärliche Gefühl aufs schärfste so lange untersucht, bis seine Ursache ergründet ist. In dieser Hinsicht ist der Hund auch mit sich selbst unerbittlich. Doch kann man davon ausgehen, dass er mit seinen wirklichen Freunden durch dick und dünn geht und ihnen in guten wie in schweren Zeiten die Treue hält.

Hundegeborene trennen strikt das Überflüssige vom Notwendigen und können fast schon spartanisch leben, auch wenn dies ihren finanziellen Verhältnissen gar nicht entspricht. Geizig sind sie jedoch nicht, lediglich sparsam und genügsam. Auch im Bereich der Finanzen handelt der Hund eben nach strikten Prinzipien, wobei Luxus seinen festen Moralvorstellungen einfach nicht entspricht.

Der Hund in den fünf Wandlungsphasen

Der Hund in der Phase des Metalls
Das Metall verleiht dem Hund Kraft und Stärke. Prinzipientreu und nobel, mit einem unerschütterlichen Glauben an das Gute im Menschen ausgestattet, lebt er unter dem Banner eiserner Selbstdisziplin und setzt sich für seine hohen Ideale selbstlos ein.

Metallhunde haben meist fest umrissene Ansichten, die sie ohne Rücksicht auf Verluste immer und überall vertreten würden. Sie sind ordnungsliebend und genau, ehrlich und vollkommen loyal denen gegenüber, die sie schätzen. Anders verhält es sich jedoch mit jenen, die gegen ihre Prinzipien verstoßen. Auf Ungerechtigkeiten, auf mangelnde Fairness und Intrigen reagiert er mit der Härte eines Großinquisitors, der kein Erbarmen mit dem Gegner kennt und rücksichtslos die Spreu vom Weizen trennt.

Der Hund in der Phase des Wassers
Ein hohes Maß an Intuition besitzt ein Hund in der Wasserphase. Da er gelassen auf sein Wissen vertrauen kann, lässt er sich auch nicht so ohne weiteres von fremden Anschauungen irritieren. Wasserhunde haben deshalb meist ein sehr anziehendes Wesen, eine offene und freundliche Ausstrahlung. Ihre eigenen Ansichten werden sie immer geradlinig vertreten, ohne jedoch intolerant auf andere Standpunkte zu reagieren. Sie können sich damit abfinden, denn die Welt hat für sie viele verschiedene Gesichter.

Als Berater, als Psychologe ist ein Wasserhund meist sehr gefragt, da er eine Sache auf subtile Art und Weise von mehreren Seiten betrachten kann.

Als feiner, intuitiver Charakter besitzt er eine große Anziehungskraft auf seine Mitmenschen.

Der Hund in der Phase des Holzes
Das Holz verleiht dem Hund ein großes Interesse am Wachstum. So ist er sehr aufgeschlossen allem Neuen gegenüber und ständig bemüht, seine Erkenntnisse zu vertiefen. Doch auch für das Schöne ist ein Holzhund sehr empfänglich, da sein Streben im Wesentlichen dem

Ausgleich, der Harmonie gilt. Aus all diesen Gründen besitzt er auch die Fähigkeit zur Kooperation und kann sich ausgezeichnet in Gruppen einfügen.

Ein Holzhund sollte sich immer bemühen, seinen Drang nach Gruppenzugehörigkeit genau zu überprüfen und selbst Verantwortung zu übernehmen. Eines wird ihn dabei sicher etwas behindern – er versucht nämlich gerne, es allen recht zu machen. Ein populärer, freundlicher und warmherziger Typus ist der Hund, der in der Phase des Holzes geboren ist.

Der Hund in der Phase des Feuers

Ein Hund in der Phase des Feuers hat in jeder Beziehung ein höheres Energiepotenzial zur Verfügung als andere Hunde. Sein Geist verzehrt sich nicht im Auffinden feststehender Gesetzmäßigkeiten, sondern hungert nach Neuem. Der Feuerhund ist ein großer Abenteurer und befindet sich meist auf der Suche nach neuen, fremden Welten. Allerdings benötigt auch er Führung und sucht sich bei dieser Reise sicherlich einen Partner, der ihm Orientierungshilfen gibt. Missfällt ihm etwas an der Führung, wird er sich augenblicklich abwenden und eigene Wege gehen.

Ein ehrgeiziger, unabhängiger Mensch ist dieser Hund, weniger konservativ und streng in seinen Ansichten, dabei aber willensstark. Dass seine Gesellschaft in jedem Fall aufregend ist, steht außer Frage.

Der Hund in der Phase der Erde

Mit der Erde schließt sich der Kreis der Wandlungsphasen. Die Erde ist endlich und begrenzt, der Ort, auf dem alle Ideen in Erscheinung treten und Gestalt finden. Und so ist auch der Hund in dieser Phase meist ein großer Realist, ein Denker, der vom Faßbaren ausgeht und streng nach kausalen, rationalen Gesichtspunkten handelt.

Erdhunde sind meist vernünftige Ratgeber, die unparteiisch und neutral auf eine fast schon juristische Weise Gerechtigkeit suchen und neben aller Wachheit des Verstandes ein feines Gespür für ihre Mitmenschen besitzen, eine starke Intuition, die sie vorsichtig und zurückhaltend einsetzen.

Der Hund und sein Aszendent

Hund mit Aszendent Ratte

Hunde mit Rattenaszendent lieben das Zusammensein mit Menschen. Denn Ratten haben sehr viel Verantwortungsgefühl für ihre Nächsten und geben alles daran, treu für sie zu sorgen. Dies verbindet sich hervorragend mit dem Traditionsbewusstsein des Hundes und lässt diesen Charakter meist in schönster Harmonie und Ausgewogenheit inmitten eines riesigen Familienkreises leben.

Die musische Ratte hat einen feinen Riecher, die starke intuitive Veranlagung, das feinfühlige Gespür für andere Menschen und deren Interessen. Dies verleiht dem treuen und loyalen Hund mehr Flexibilität, eine größere Dehnbarkeit seiner Standpunkte, einen stärkeren emotionalen Zugang zu anderen.

Hund mit Aszendent Büffel

Der Büffelaspekt gibt dem redlichen, dabei aber manchmal etwas entschlussunfähigen Hund das Bewusstsein, mit beiden Beinen fest auf der Erde zu stehen. Tempo ist allerdings nicht seine große Stärke, da Büffel wie Hund zwar wacker und unermüdlich arbeiten, aber nicht mit großer Geschwindigkeit.

Seine eigene Arbeitsmoral wird ein Charakter dieser Zeichenkombination allerdings auch von anderen verlangen, also hohe Maßstäbe an sie anlegen. Manchmal tendieren diese Charaktere auch ein wenig zu Selbstgerechtigkeit. Im Allgemeinen jedoch sind sie von solch unbedingter Treue und Zuverlässigkeit, dass man ihnen ihre Hochnäsigkeit gerne nachsieht.

Allein von seinen Gefühlen lässt sich dieser disziplinierte Hund selbst in Liebesdingen nicht leiten, es sei denn als große Ausnahme von der Regel.

Hund mit Aszendent Tiger

Menschen dieser Zeichenkombination kennen wesentlich weniger Vorsicht als ihre übrigen Namensvettern. Ohne Bedenken schreiten sie zur Tat, wenn sie sich etwas vorgenommen haben, und fegen alle mahnenden Argumente über den Haufen.

Vertritt dieser Hund seine Überzeugungen, so tut er es mit Brillanz, Feuereifer und Eloquenz. Ein Mensch dieser Zeichenkombination hat etwas Bezwingendes, vereinen sich in ihm doch Leidenschaft und Gerechtigkeitsgefühl, heftige Gefühle mit einem wachsamen und scharfen Verstand. Aus all diesen Gründen nimmt er oft eine Mittelpunktstellung unter seinen Mitmenschen ein, da er mit unüberwindlichem Charme alle in seinen Bann zieht.

Hund mit Aszendent Hase

Die vernünftige Einschätzung des Hundes wird oft durch das weiche Herz des Hasen getrübt. Wo der Hund aus Prinzip handeln möchte, schlägt ihm der weichherzige Hase ein Schnippchen und schmilzt fast vor Mitleid dahin. Positiv gesprochen, haben diese Menschen jedoch alle Chancen, ihr Lebensglück zu finden. Wenn ein Mensch dieses Zeichens seine eigenen Anlagen realistisch betrachtet, kann er vollkommen ausgeglichen in sich selbst ruhen. Dann zeugen alle seine Handlungen von diesem tiefen Einklang, erscheinen nie aufgesetzt oder gefallsüchtig. Auch erfahren die manchmal etwas strengen moralischen Vorstellungen des Hundes durch den Hasenaspekt eine gewisse Einschränkung.

Hund mit Aszendent Drache

Eine Kombination dieser beiden Zeichen erzeugt in ihrem Träger schon mal gewisse Spannungen. Denn der mächtige und imposante Drache ist mehr oder weniger der komplette Gegensatz zum anpassungsfähigen Hund. Während der Hund sein Ego eher zurückzustellen bereit ist, wenn es um das Allgemeinwohl geht, handelt der Drache immer und ausschließlich nach seinem eigenen Gesetz. Er besitzt eine ungeheure Durchsetzungskraft, einen eisernen Willen und eine gehörige Portion Selbstsicherheit. Der verstandesmäßig handelnde Hund gewinnt im Drachen einen emotionalen und heftigen Bündnispartner, der ihm manchmal den notwendigen Schub gibt, um eine Sache anzupacken.

Hund mit Aszendent Schlange

Ein Hund mit Schlangenaszendent geht wahrscheinlich nicht ganz so gerade, offen und direkt seinen Weg, wie man es eigentlich von ihm annehmen würde. Dabei bleibt er oft sehr scheu und verschlossen. Mit seiner feinen Beobachtungsgabe nimmt er mehr Dinge zwischen Himmel und Erde wahr als andere Menschen. Durch den Schlangenaspekt wird die strikte Einteilung der Welt in Gut und Böse relativiert, sodass er die Fähigkeit gewinnt, auch Grauzonen zuzulassen.

Ein Mensch, der sowohl einen präzisen Verstand, einen wachen Instinkt als auch Feinfühligkeit besitzt, das ist der Hund mit Schlangenaszendent.

Hund mit Aszendent Pferd

Hunde dieser Konstellation sind spontaner, temperamentvoller und nicht so konservativ wie ihre übrigen Namensvettern.

Selbstsicher tritt dieser Hund an die Öffentlichkeit, wenn er etwas zu sagen hat, und überzeugt alle Anwesenden durch seine charmant vorgebrachten Ansichten. Oft brilliert er mit bestechendem Witz und weiß sich gekonnt auszudrücken. Mit all diesen Eigenschaften hat er vor allem bei Vertretern des anderen Geschlechts enormes Glück, denn es gibt kaum jemanden, der sich der starken Anziehungskraft dieses Charakters entziehen kann. Hunde mit Pferdeaszendent sind meist hervorragende Rechtsanwälte, denn in ihnen paaren sich Gerechtigkeitssinn mit Sprachgewandtheit und Genauigkeit mit Leidenschaft.

Hund mit Aszendent Ziege

Ziegen sind in erster Linie rezeptiver Natur. Sie handeln fürsorglich und zärtlich und fallen durch Verspieltheit und Heiterkeit auf. Die Strenge des Hundes, seine Prinzipientreue wird durch diesen Aspekt aufgehoben.

Soziales Engagement kommt bei diesem Hund wirklich aus dem Herzen. Es ist weniger das ausgeprägte Rechtsempfinden, was ihn dazu bewegt Partei zu ergreifen, als ein tief empfundenes Mitgefühl.

Doch Ziegen sind bei aller Güte und Warmherzigkeit etwas verwöhnte Geschöpfe, und so kommt es, dass auch der fleißige Hund öfter mal alle viere von sich streckt.

Hund mit Aszendent Affe

Hunde mit Affenaszendent eignen sich hervorragend für eine partnerschaftliche Zusammenarbeit, da sie immer klare Gesichtspunkte ins Feld führen und ihre Ansichten sehr überlegt mitteilen. Ab und zu überfällt sie zwar der Größenwahn, doch sind das nur vorübergehende Anfälle.

Wache Intelligenz und Anpassungsfähigkeit, das sind im Wesentlichen die Merkmale, die den Hund mit Affenaszendent auszeichnen.

Ein starkes Zugehörigkeitsgefühl zu der eigenen Familie ist bei diesem Charakter selbstverständlich. Alles in allem sind diese Hunde liebenswerte Menschen, die ohne großes Reden für andere einstehen und zuverlässig ihre Versprechungen erfüllen.

Hund mit Aszendent Hahn

Fröhlich, aufgeweckt und bunt stolziert der Hahn über den Hühnerhof und sonnt sich im Bewusstsein seiner großen Anhängerschar. Dem Hund dagegen sind Bescheidenheit und Selbstlosigkeit in die Wiege gelegt. Während der Hahn in ihm gern bewundert werden möchte, fühlt der Hund einen starken Drang, sich selbstlos für andere einzusetzen. In der Seele dieses Charakters gibt es ein ständiges Hin und Her, eine Zerrissenheit, die nicht nur ihm selbst zu schaffen macht.

Allerdings besitzt er meist viel Charme und weiß seine Umgebung durch sein heiteres Wesen, seine freundliche Ausstrahlung zu bezaubern. Meist sind seine Beziehungen ernsthaft, tief und intensiv, auch wenn er sich auf gesellschaftlichem Parkett gut zu bewegen weiß und den oberflächlichen Smalltalk, die seichte Konversation perfekt beherrscht.

Hund mit Aszendent Hund

Ein Hund mit Hundeaszendent hat einen ungewöhnlich scharfen und wachen Verstand, der ihn dazu befähigt, alle Dinge systematisch einzuordnen.

Negativ ausgedrückt, kann dieser Rationalist unter den chinesischen Tierkreiszeichen ein ziemlicher Erbsenzähler sein, der alle Dinge einer genauen Analyse unterzieht und sich nur dann äußert, wenn seine Meinungen bis ins letzte Detail durchdacht sind.

Doch auch die positiven Eigenschaften des Hundes liegen hier in verstärkter Form vor. Sein Interesse an allen sozialen Fragen ist unerschütterlich, und in seinem Engagement, Missstände zu beseitigen, ist er geradezu unermüdlich. Auch seine Loyalität, seine Treue gegenüber denjenigen, die er einmal akzeptiert hat, kennt keine Grenzen.

Hund mit Aszendent Schwein
Dieser Hund pflegt einen Lebensstil, der das Angenehme im Dasein nicht verachtet. Er brilliert gern und liebt es, hochphilosophische Fragen zu erörtern. Ohne Zweifel besitzt er aber auch einen beträchtlichen Einfluss auf seine Umgebung, was nicht zuletzt an seiner liberalen Haltung liegt, die Sachlichkeit und Einsicht in den Vordergrund stellt.

Der Hund mit Schweineaszendent glaubt, bei aller Toleranz im Innersten, uneingeschränkt nur sich selbst, und setzt er sich nicht auf die »weiche Tour« durch, schlägt er andere Töne an. Auch innerhalb des Familienverbandes hat er manchmal etwas von einem Diktator an sich, der die Regeln und Gesetze bestimmt. Doch sind diese Menschen oft ausgesprochen begabt auf dem Gebiet der Pädagogik.

Hund und Partnerschaft

Charmant, freundlich und zuvorkommend nähert sich der Hundegeborene den Vertretern des anderen Geschlechts. Als Ritter der alten Schule, als Kavalier und aufrechter Verehrer scheut er sich nicht, auf altbewährte Rituale der Verführung zurückzugreifen. Der Handkuss hat einen selbstverständlichen Platz im Verhalten des männlichen Hundes, während bei weiblichen Vertretern des Zeichens eine zurückhaltende Damenhaftigkeit besticht, mit der sie die Huldigungen ihrer Verehrer entgegenzunehmen verstehen.

Hundegeborene haben wenig Schwierigkeiten im Bereich der Erotik, solange es beim harmlosen Flirt bleibt. Sicher und gelassen bewegen sie sich auf diesem anregenden Terrain. Schwieriger dagegen wird es, wenn es um ein ernstes Verhältnis geht. Hier steuert nämlich meist die Vernunft dem Drang des Herzens entgegen. Während der Verstand von einer Verbindung eher abrät, fühlt sich das Herz unwiderstehlich hingezogen zu der erwählten Person.

Denn die Liebe schlägt so manchem ein Schnippchen und lässt es zu, dass bei der Partnerwahl nur Menschen attraktiv erscheinen, die den Vorstellungen von einem Partner im Grunde nicht im Geringsten entsprechen.

Ehrlich bemüht, das Problem zu lösen und dabei all seine grauen Zellen einzusetzen, kommt er nur schwer zu einem Resultat. Im Grunde hat er dabei wohl Angst vor der Liebe, vor der Heftigkeit seiner Gefühle und dieser nicht zu bändigenden Sehnsucht nach einem Menschen, der doch seinen Ansprüchen weder äußerlich noch innerlich im Geringsten entspricht. Was ihn dennoch so fasziniert, kann er mit dem Verstand nicht fassen, es entzieht sich seiner Fähigkeit, mit den Dingen umzugehen. Maßstabgerechte Liebe gibt es nicht, und der Hund muss oft lange mit dieser Tatsache konfrontiert sein, bis er dies akzeptiert.

Es dauert also eine gewisse Zeit, bis sich der Hund wirklich zu seinem Partner bekennt und ja sagen kann, ohne den anderen damit gleichzeitig in sein Denkschema einordnen zu müssen. Wenn er sich jedoch einmal nach schweren innerlichen Kämpfen dazu durchgerungen hat, lebt man mit dem loyalsten, zuverlässigsten und treuesten Lebensgefährten zusammen, den man sich vorstellen kann. In guten wie in schlechten Zeiten, dieses vor dem Traualtar gesprochene Wort gilt wohl für niemanden mehr als für den Hund, der sein letztes Hemd geben würde, um dem Partner beizustehen. Die Ehe hat einen gewissen traditionellen Wert für den Hundegeborenen, und er wird sie auch recht konventionell führen.

Halbe Sachen gibt es dann für ihn nicht, entweder – oder, so lautet seine Devise. Und oft ist es bewegend, mitzuerleben, wie der Hund vollkommen in dieser Gemeinschaft aufgehen kann und als aufmerksamer, zärtlicher Liebhaber seinem Partner jeden Wunsch von den Augen abliest. Vom sicheren Hafen der Ehe erwartet er in erster Linie das Gefühl der Geborgenheit, des absoluten und unbedingten Vertrauens und der innigen Verbundenheit. Deshalb kann es ihn bis ins Mark erschüttern, wenn der Mensch an seiner Seite fremdgeht oder mit anderen Partnern liebäugelt. Dies ist für ihn Verrat.

Allerdings wird er selten die Konsequenzen ziehen und gehen. Auch in der kaputtesten Ehe wird der Hund noch von der Hoffnung getragen, dass alles wieder gut werden kann, dass die im Kern zerstörte Beziehung noch zu retten ist. Sein sonst so klarer Verstand scheint dann getrübt, er will den Tatsachen einfach nicht ins Auge sehen. Oft dauert es sehr, sehr lange, ehe ein Hund sich zur Trennung entschließt, und er wird diesen Schritt nur schwer verwinden.

Im Zusammenleben mit einem Hundegeborenen wird sehr viel Wert auf Durchsichtigkeit und Klarheit der Verhältnisse gelegt. In seinem Haus müssen Ordnung und Sauberkeit herrschen, in moralischer Hinsicht wie auch in wörtlichem Sinn. Wichtig ist für ihn das Verständnis, das er seitens des Partners erfährt, das Mitempfinden, wenn er von seinen Sorgen und Kümmernissen berichtet. Egozentriker kann er nicht an seiner Seite ertragen, das Interesse seines Lebensgefährten muss schon über den eigenen Horizont hinausgehen können.

Ein idealer Partner, auf den man jederzeit zählen kann, ist der Hund allemal. Wenn man es tatsächlich schafft, ihn zum Traualtar zu bewegen, kann man ruhigen Gewissens von sich behaupten, dass man das Glück seines Lebens gefunden hat. Allerdings nur, wenn man es schafft!

Wer passt zum Hund?

Hund – Hund

Immer wenn sich zwei gleiche Zeichen begegnen und erotische Gefühle füreinander entwickeln, kann man davon ausgehen, dass sie sich bald wie zwei Spiegel gegenüberstehen, die einander erbarmungslos das eigene Bild zurückwerfen.

Problematisch wird es, wenn die beiden in ihren Grundsätzen nicht übereinstimmen. Dann nämlich wird aus der anfänglich so warmherzigen, freundlichen und friedvollen Liebesbegegnung ein erbitterter Kampf um die jeweiligen Standpunkte.

Da aber der Hund im Allgemeinen seinen Partner sehr sorgfältig auswählt, kann man eigentlich davon ausgehen, dass er sich eine Eheschließung genau überlegt. Aus diesem Grund wird die Verbindung der beiden in den meisten Fällen harmonisch verlaufen, sollte sich nicht einer von ihnen plötzlich an ganz anderen Wertmaßstäben orientieren und sich in eine andere Richtung entwickeln.

Hund – Schwein
Im Allgemeinen kann man davon ausgehen, dass Hund und Schwein sich bestens verstehen. In einer Partnerschaft jedoch haben die beiden Schwierigkeiten, ihre Ansichten und Lebensziele zur Übereinstimmung zu bringen. Der Hund möchte vernünftig und gerade durchs Leben gehen, das Schwein jedoch orientiert sich nicht immer an seriösen Vorgaben.

Er ist zwar tolerant und oft sehr gutmütig, solange man ihm nicht zu nahe rückt, wehe aber, jemand versucht, in seinen persönlichen Lebensbereich einzugreifen.

Der Hund muss also in dieser Verbindung akzeptieren, dass das Schwein nach seiner Fasson glücklich werden möchte. Das Schwein nämlich kann den Hund durchaus akzeptieren, so wie er ist. Der Hund jedoch sehnt sich nach Gemeinsamkeit in allen Bereichen des täglichen Lebens.

Es kann also in dieser Beziehung vorkommen, dass der Hund zu wenig Gemeinsamkeit spürt und enttäuscht reagiert. Streit wird es zwar kaum geben, doch ob der Hund mit diesem Dasein zufrieden sein wird, steht noch infrage.

Die Texte zu den hier nicht aufgeführten Kombinationen finden Sie im entsprechenden Abschnitt der bereits behandelten Tierkreiszeichen.

Hund und Beruf

Ein Hund braucht ein System und das sichere Gefühl, in diesem einen bestimmten Platz einnehmen zu können. Mit seiner Intelligenz, seiner Fähigkeit, jeden Sachverhalt sofort zu begreifen, hat er zwar die Möglichkeit, viele Tätigkeiten auszuüben, doch wird er nur solche wählen, die ihm fest umrissene Aufgaben bieten. Und da er meist ein starkes soziales Engagement hat, findet man ihn im Allgemeinen in Bereichen wie dem der Rechtspflege, der Sozialarbeit oder der Pädagogik.

Es ist vor allem der juristische Beruf, in dem sich ein Hund voll entfalten kann. Ob als Richter, Staats- oder Rechtsanwalt, der Hund findet hier ein System, innerhalb dessen er den größtmöglichen Spielraum ausschöpfen kann, um einem höheren Ziel, der Gerechtigkeit, zu dienen. Das Denken in Paragraphen, in strengen Gesetzen liegt ihm ja, da sein Zugang zur Umwelt in der Hauptsache auf rationaler Ebene verläuft.

Wenn sich der Hund zum Beruf des Lehrers, des Erziehers entschließt, kann man davon ausgehen, dass er mit Geduld, Wissen und dem notwendigen Maß an Autorität ein ausgezeichneter Pädagoge ist. Vertrauen und Einfühlungsvermögen bilden den Grundstock seiner Erziehung, wobei er sich auch oft als begnadeter Redner erweist, wenn er selbst von einem Lehrinhalt mitgerissen wird.

Hunde sind als Kollegen sehr geschätzt, da sie ausgesprochen anpassungsfähig sind. Aufmerksam, zuvorkommend und freundlich, schätzen sie ein gutes Betriebsklima und nehmen Weisungen ihrer Vorgesetzten gern an. Dabei arbeiten sie langsam und gründlich, sofern ihr Bereich klar abgesteckt ist. Lediglich wenn dies nicht der Fall ist, reagiert der Hund ziemlich irritiert. Dann nämlich ist er entscheidungsunfähig und zögert zu lange, ehe er eine Sache angeht. Aus diesem Grund steht Selbstständigkeit für den Hund gar nicht zur Diskussion, er kennt sich zu genau. Er weiß, dass es ihm an Mut zum Risiko gebricht und dass er sich schwer tut mit gewagten Entscheidungen. Schuld an diesem Zögern ist meist sein Pessimismus, und so entgleitet ihm manch gute Gelegenheit, auf der Karriereleiter nach oben zu klettern.

Doch letztlich interessiert den Hund das Schicksal eines Kollektivs weitaus mehr als sein eigenes. Ja, er kann sogar so weit gehen, seine eigene Existenz aufs Spiel zu setzen, damit anderen Gerechtigkeit widerfährt. Dann kennt der Hund kein Halten, unerbittlich gegen sich selbst handelt er im Sinne des Allgemeinwohls. Obgleich er andererseits durchaus bereit ist, seinerseits gerechten Lohn entgegenzunehmen. Denn der Hund ist nicht eigentlich ein Märtyrer.

Fairness ist ein großes Leitwort im Leben des Hundes. Schon aus diesem Grund wird er von seinen Kollegen geachtet, zumal er auch Auseinandersetzungen immer ausgesprochen sachlich führt.

Ein fleißiger und freundlicher Arbeiter, der durch großen Sachverstand überzeugt, das ist der Hund. Und auch wenn er etwas langsamer vorankommt als andere Menschen, garantiert seine Gründlichkeit ihm letztlich doch den Erfolg, den er sich im Leben wünscht.

Wer passt zum Hund in beruflicher Hinsicht?

Hund – Hund

Zwei Hunde können prächtig zusammenarbeiten, vor allem, weil sie sich auch privat meist sehr gut verstehen. Vor allem im organisatorischen Bereich haben sie kaum Schwierigkeiten zu bewältigen, da beide die gleiche Arbeitsweise bevorzugen. Doch da beide ziemlich unentschlossen sind, zögern sie den Punkt, an dem sie bei einer guten Gelegenheit zuschlagen könnten, oft viel zu lange hinaus. Letztlich sind aber zwei Hunde schon damit zufrieden, wenn sie so viel Profit machen können, dass sie ihr Auskommen haben, und das steht in jedem Fall fest.

Hund – Schwein

Im Allgemeinen funktioniert diese berufliche Partnerschaft sehr gut. In diesem Fall ist es allerdings ausnahmsweise der Hund, der gern bestimmen möchte. Das Schwein findet sich zwar manchmal nur schwer damit ab, doch da es im Allgemeinen sehr gutmütig ist, gibt es auch schon mal nach. Denn es kennt sich gut und weiß, dass es sich mit der Beständigkeit ziemlich schwer tut. Diesen Part übernimmt dann der Hund, in aller Freundlichkeit.

Die Texte zu den hier nicht aufgeführten Kombinationen finden Sie im entsprechenden Abschnitt der bereits behandelten Tierkreiszeichen.

Hund und Gesundheit

Der körperliche Zustand eines Menschen im Zeichen des Hundes hängt in den allermeisten Fällen sehr eng mit seiner seelischen Befindlichkeit zusammen.

Grundsätzlich sind Hundegeborene eher robust, was ihre körperliche Verfassung angeht.

Hunde haben es jedoch schwer, wenn sie einer Sache mit dem Verstand nicht beikommen können. Während andere ihren Gefühlen dann einfach freien Lauf lassen, versucht der Hund, sie zu unterdrücken. Dass es auch Emotionen gibt, die keinen greifbaren Grund haben und logisch nicht erklärt werden können, ist für ihn nicht einzusehen. Die solcherart unterdrückte Psyche verschafft sich dann körperlich ihr Recht und wirft den Hund aufs Krankenbett.

Aber auch Allergien, die mit einem geschwächten Immunsystem zusammenhängen, können dem Hund dann zu schaffen machen. Heuschnupfen ist eine häufige Krankheit bei ihm, und an seiner Intensität kann der Hund seinen seelischen Zustand ablesen.

Der Hund in den einzelnen Jahren: Aussichten und Tendenzen

Das Jahr des Hundes

Ruhe, Ausgeglichenheit, eine beständige Wetterlage, aber auch die Fähigkeit, neue Strukturen für spätere Zeiten zu entwickeln, das sind die Merkmale des Hundejahres. Doch auch der Wunsch nach gerechteren Zuständen, die Sehnsucht nach sozialer Verbesserung für alle, der Einsatz für andere steht während dieser Zeit im Vordergrund. Die Nerven sind im Hundejahr besonders belastet, wie überhaupt der körperliche Zustand jetzt manchmal nach Entspannung, nach Muße, nach Ruhe verlangt. Man sollte diesem Verlangen ruhig nachgeben, da im Zeichen des Hundes sowieso keine großen Sprünge zu erwarten sind.

Es geht familiär zu im Jahr des Hundes, eine im weitesten Sinne häusliche Stimmung herrscht, die man positiv nutzen sollte.

Das Jahr der Ratte
Viele neue Perspektiven und Möglichkeiten eröffnen sich dem Hund im Jahr der Ratte. Es stehen eine ganze Menge Veränderungen an, die aber immer geschäftlichen Erfolg mit sich bringen. Dem Hund öffnen sich jetzt Tür und Tor, und er sollte keinesfalls seiner alten Gewohnheit nachgeben und zu lange zögern.
Das Jahr des Büffels
Ein Jahr lähmender Ungewissheit erwartet den Hund im Einfluss des Büffels. Er muss jetzt öfter mal klein beigeben. Vor allem in der Partnerschaft sollte er jetzt viele Kompromisse schließen, selbst wenn es eigentlich gegen seine Prinzipien verstößt. Doch bis zum Jahresende wird er eine Menge, gelernt haben, was für seinen weiteren Lebensweg von Nutzen ist.
Das Jahr des Tigers
Jetzt ist die Zeit gekommen, in der es mit dem Hund wieder aufwärts geht.

Privat kann es dagegen jetzt zu mancherlei Misshelligkeiten kommen. Da der Hund all seine Kräfte für seine beruflichen Ziele verausgabt, kehrt er abends oft mürrisch nach Hause zurück und verbreitet eine etwas gereizte Atmosphäre.
Das Jahr des Hasen
Der Hase verstärkt einige Ambitionen im Hund und gibt ihm einen mächtigen Schub Energie. Im Bereich der Erotik kann es aber jetzt zu einer einschneidenden Veränderung kommen. Der Hund fühlt eine plötzliche Entschlusskraft und möchte sich dauerhaft binden. Die Zeichen der Zeit stehen jedenfalls absolut günstig dafür.
Das Jahr des Drachen
Diese Konstellation verspricht den Kampf, denn der Einfluss des Drachen verlangt vom Hund, dass er seine Ansichten vor aller Welt vertritt.

Er sollte sich jetzt unbedingt um einen neuen Aufgabenbereich bemühen, denn dies wird zu einem entscheidenden beruflichen Aufwärtsschwung führen.

Das Jahr der Schlange
Die rätselhafte Schlange macht diesem großen Rationalisten schwer zu schaffen. Der Hund fühlt sich jetzt oft ein wenig unsicher, da er nicht so recht weiß, welchen Neigungen er nun folgen soll.

Beruflich und geschäftlich muss der Hund jetzt mit großem Fingerspitzengefühl operieren und einmal versuchen, seiner Intuition zu vertrauen.

Das Jahr des Pferdes
Ungewohnt emotional reagiert der Hund jetzt manchmal auf seine Mitmenschen, wobei ihn nicht nur positive Gefühle heftig heimsuchen. Der Hund muss deshalb versuchen, seine Gefühle unter Kontrolle zu halten und Selbstdisziplin zu üben. Auf der anderen Seite ist es durchaus positiv, dass er einmal ungefiltert seine Emotionen freisetzen kann.

Das Jahr der Ziege
Ein wenig mehr Bereitschaft zum Risiko sollte der Hund in dieser Zeit zeigen. Zukunftsängste braucht der Hund jedenfalls nicht zu haben, sie sind zu diesem Zeitpunkt völlig fehl am Platz. Denn jede Situation offenbart tausend neue Möglichkeiten, zudem Möglichkeiten, die einen realistischen Zukunftsgehalt haben.

Das Jahr des Affen
Etwas hektisch geht es während dieser Zeit für den Hund zu. Der Hund sollte sich bemühen, die Übersicht zu behalten, damit er nicht am Jahresende vor einem unüberwindlichen Chaos steht. Im Freundes- und Bekanntenkreis erwartet den Hund eine Menge Anerkennung und das gute Gefühl, geborgen zu sein.

Das Jahr des Hahnes
Starke Stimmungsschwankungen plagen den Hund im Hahnenjahr. Auch fühlt er sich jetzt häufig sehr angespannt und sollte deshalb alle Veränderungen, die an seinen Nerven reißen könnten, vermeiden. In der Liebe allerdings läuft alles bestens, und auch im Freundeskreis fühlt sich der Hund jetzt ausgesprochen wohl.

Das Jahr des Schweines
Der Hund fühlt sich im Jahr des Schweins öfter mal sehr angegriffen und labil. Im privaten Bereich ist der Hund jedoch jetzt eine ausge-

sprochen gefragte Persönlichkeit, und in einer Beziehung ist diese Zeit wirklich optimal: Der Hund erzielt bei Spekulationen Gewinne. Er sollte also zugreifen, bevor es zu spät ist.

Das Schwein
und seine Eigenschaften

Chinesischer Name des Schweins: Juo
Vom Schwein regierte Stunden: 21.00 bis 23.00 Uhr
Himmelsrichtung: Nordnordwest
Vergleichbares Tierkreiszeichen im Westen: Skorpion

Bei aller Genügsamkeit weiß das Schwein offensichtlich, was gut ist. Schweinemenschen gelten als tolerant und weitestgehend gutmütig. Zwar sind sie oft pflegeleicht und anspruchslos, aber bekanntlich wissen Schweine durchaus die delikaten Trüffel zu schätzen. Sie verkörpern auf unnachahmliche Weise das Prinzip »Leben und leben lassen«, solange man ihre eigene Sphäre respektiert. Dabei wirken sie nach außen oft ritterlich und galant und verkörpern in ihrer ganzen Haltung alte Kavalierstugenden. Mut und Aufrichtigkeit kennzeichnen ihr Verhältnis zur Umwelt, eine Courage, die in gewissem Maße mit ihrer Unschuld, ihrem ehrlichen Glauben an Anstand und Geradlinigkeit zusammenhängt.

Es ist eine Art schlichter Gutherzigkeit, die das Schwein so beliebt macht. Manchmal grenzt dieser Glaube allerdings schon an Naivität, denn die Möglichkeit irgendeines Hintergedankens gibt es für das Schwein nicht. Das Schwein ist vollkommen vertrauensselig und würde seinerseits das Vertrauen, das man ihm entgegenbringt, niemals missbrauchen.

Wenn dem Schwein aber etwas nicht passt, wenn es verletzt worden ist, kann es völlig in Rage geraten. Dann wird es zur Furie, und dies, obwohl es Streit und Meinungsverschiedenheiten im Grunde hasst. Eigentlich ist das Schwein ein friedliebender Charakter, der sich auch gerne wieder beschwichtigen lässt. Trotz seiner Bereitschaft, sich einzufügen, besteht es auf seiner Individualität, auf seiner Einmaligkeit. Eingriffe jeglicher Art erträgt es nicht, es möchte über sich selbst verfügen und niemandem Rechenschaft geben müssen.

Schweinemenschen sind aufgrund ihrer Offenheit, ihrer Toleranz und Einfühlungsgabe gesuchte Ratgeber in schwierigen Situationen. Sie können zuhören und bei aller Warmherzigkeit doch äußerst scharfsinnige Hinweise geben, die dem anderen helfen, aus der verfahrenen Lage wieder herauszufinden. Besonders als Sozialarbeiter oder als uneigennützige Mitarbeiter in wohltätigen Vereinen sind sie ideal eingesetzt. Selbstlos können sie die Interessen anderer vertreten und dabei einen enormen Einsatz zeigen. Doch sind sie bei aller Bescheidenheit auch ehrgeizig, wenn sie ein festes Ziel vor Augen haben, und können ein hohes Maß an Energie entwickeln.

In aller Seelenruhe kann sich das Schwein für die Dauer von drei Monaten zur Ruhe betten, um sich auf seinen Lorbeeren auszuruhen, um dann plötzlich wieder wie ein Pfeil loszuschießen, mit einer Vitalität, die ihresgleichen sucht. Es arbeitet dann mit Leib und Seele, fast schon mit Hingabe, nimmt Entbehrungen in Kauf und lebt wie ein Asket in seinem strengen Einsatz.

Das Schwein ist im Allgemeinen ein fröhlicher Optimist, der voller Hoffnung an das Morgen glaubt. Auch Wunder liegen für einen Charakter dieses Zeichens im Bereich der Wahrscheinlichkeit. Braucht es nämlich Hilfe, tauchen oft auf erstaunliche Art und Weise tausend gute Geister auf, Menschen, die ihm selbstlos helfen. Eine Art Urvertrauen kennzeichnet das Schwein, die unerschütterliche Gewissheit, dass letztendlich »alles gut wird«. Innerlich hat das Schwein jedoch manchmal mit starken Stimmungsschwankungen zu kämpfen, weil es die verschiedenen Facetten seiner Seele nicht vereinbaren kann. Einerseits hat es Ehrgeiz und möchte gern hoch hinaus, andererseits liebt es Gelassenheit und Ruhe. Ab und zu kann es diese Gelassenheit allerdings verlieren, vor allem dann, wenn es ihm an finanzieller Sicherheit, an materieller Stabilität mangelt. Das Schwein verkörpert auch in China Glück und Wohlstand. Mangelt es daran, vergeht dem Schwein gleichzeitig auch die Lust, sich überhaupt darum zu kümmern, und es kann dann schon mal die Nerven verlieren. Es müsste wohl handeln, aber es mag nicht, und mit diesen plötzlichen Launen löst es schon mal Befremden bei seinen Mitmenschen aus.

Aber auch das Bedürfnis nach Macht ist bei diesen friedfertigen Menschen durchaus vorhanden, was auf den ersten Blick gar nicht so offensichtlich ist. Doch gewinnt das Schwein häufig durch seine tolerante Haltung starken Einfluss auf andere. Es gefällt sich dann in einer gewissen Art jovialer Leutseligkeit, die durchaus etwas Hoheitsvolles und Herablassendes haben kann. Mit dieser Haltung steht es auch ganz gern mal im Mittelpunkt und nimmt Huldigungen des gemeinen Fußvolks entgegen, als ein ungekrönter König, der es sich niemals gefallen lassen würde, dass man ihn anpöbelt.

Für alle Arten des Vergnügens haben Schweine viel Platz in ihrem Leben. Schweine wissen, was gut ist, und verspüren manchmal den Drang, sich hemmungslos ihrer Genusssucht hinzugeben. Sie schaffen es ohne weiteres, tagelang durchzufeiern und rauschhafte Orgien zu veranstalten. Auch für Luxus sind Schweine durchaus zu haben, denn ihre sprichwörtliche Großzügigkeit bezieht sich nicht zuletzt auch auf sie selbst. Sie pflegen ihre äußere Erscheinung sorgfältig und können Stilbrüche nicht ertragen. So legen sie auch bei aller Hingabe an ihren Partner sehr viel Wert darauf, dass er gewissen Anforderungen entspricht. Er mag sich verhalten, wie er will, Hauptsache, es wirkt nicht billig, sondern hat einen gewissen Stil.

Schweinemenschen sind meist sehr gastfreundlich und empfangen Besucher mit offenen Armen. Im Austausch mit seinen Mitmenschen fühlt sich das Schwein meist rundum wohl. Es kommuniziert gerne, wobei es sich rückhaltlos preisgibt und offen alles anspricht, was es bewegt.

Güte, Toleranz, Freundlichkeit, die Fähigkeit, großzügig Vertrauen und Herzlichkeit zu verströmen, das sind die wesentlichen Kennzeichen des Schweins. Mit seiner Einstellung, andere so sein zu lassen, wie sie sind, schafft es ein Mensch dieses Zeichens, seinen Mitmenschen das Gefühl zu vermitteln, dass sie anerkannt werden.

Das Schwein in den fünf Wandlungsphasen

Das Schwein in der Phase des Metalls
Ein stolzer, leidenschaftlicher Charakter kommt in der Phase des Metalls zur Welt, ein Mensch, der immer versuchen wird, seine starke emotionale Spannung vor anderen zu bezwingen. Seine Gefühle hält er meist unter Verschluss, was aber seine Anziehungskraft nur erhöht. Denn unter der ruhigen Oberfläche spürt man die starke Spannung, von der das Metallschwein vorwärts getrieben wird.

Auf der negativen Ebene kann dieses Verhalten zu einer Art Überreizung führen und zu der Neigung, nicht nur sich, sondern auch andere beherrschen zu wollen.

Ein starker und eigenwilliger Typus, das ist das Schwein in der Phase des Metalls. Es ist ehrgeizig und stolz, dabei aber liebenswürdig und gewinnend.

Das Schwein in der Phase des Wassers
Das Wasser verleiht dem Schwein viel Geschick im Umgang mit anderen. Es ist geradezu prädestiniert dazu, sich auf diplomatischem Parkett zu bewegen und schwierige Verhandlungen zu führen. Mit außerordentlicher Flexibilität weiß es sich überall zu bewegen.

Auf der Schattenseite dieses Charakters steht die Genusssucht. Doch wenn das Wasserschwein lernt, sich zu zügeln, seinen Ausschweifungen Einhalt zu gebieten und sich wirklich Disziplin anzueignen, wird es kaum Probleme haben, sein Leben zu meistern. Eingespannt in ein Netz dichter sozialer Beziehungen, beliebt bei seinen Mitmenschen und voller Elan, wird es ein erfülltes Dasein haben.

Das Schwein in der Phase des Holzes
Das Holzschwein ist eine Art Zeremonienmeister, ein Charakter, der nie den Sinn für Anstand und gute Sitten verliert. Geschickt bewegt es sich auf jeder Ebene und wahrt immer die Form, die Etikette. Dabei ist es durchaus spontan und liebenswürdig.

Das Schwein in der Phase des Holzes besitzt sehr viel Geschick im Umgang mit Menschen und bewährt sich als ausgezeichneter Organisator. Negativ ausgedrückt, ist die Gabe der Manipulation diesem

Schwein durchaus nicht fremd. Ausgesprochen gutherzig ist es trotzdem, ein Umstand, der auf seine Mitmenschen sehr vertrauenerweckend wirkt.

Ein Charakter, der die Fähigkeit besitzt, sein Dasein klar und übersichtlich zu organisieren, das ist das Holzschwein. Tritt es in Kontakt mit Menschen, die es wirklich schätzt, wird es immer sein Bestes geben.

Das Schwein in der Phase des Feuers

Mutig und emotional, so betritt ein Feuerschwein den Schauplatz des Geschehens. Wenn es eine Sache in Angriff nimmt, vertraut es einfach auf die eigenen Fähigkeiten, und das Quäntchen Glück, das es dabei überall zu haben scheint, nimmt es als selbstverständlich an. Erfolg setzt dieses Schwein einfach voraus, was sicher nicht unwesentlich dazu beiträgt, dass die Wirklichkeit ihm Recht gibt. Vor allem nach einer Niederlage zeigt sich dieser positive Wesenszug. Das Schwein steht mit ungebrochenem Optimismus einfach wieder auf und fängt von vorne an. Trübsal blasen kennt es jedenfalls nicht. Feuerschweine sind außerdem meist sehr sinnlich, denn wie alle Schweine wissen sie den Genuss durchaus zu schätzen.

Das Schwein in der Phase der Erde

Erdschweine zeichnen sich durch das hohe Maß an Geduld aus, mit dem sie ihre Ziele verfolgen. Sie handeln klug und vernünftig und legen oft eine Zähigkeit und Stetigkeit an den Tag, die bei einem Schwein eher ungewöhnlich anmuten. Ihre Einsatzfreude, ihr Arbeitseifer, ihr Drang, mit eigener Willenskraft voranzukommen, ist sprichwörtlich, ebenso ihre außergewöhnliche Hilfsbereitschaft.

Ein herzlicher, dabei sehr klarer Mensch, das ist das Erdschwein. Mit Umsicht versteht es, seinem Leben eine angemessene Struktur zu geben, wobei ihm nicht zuletzt der Frieden und die innere Harmonie seines Daseins außerordentlich wichtig sind.

Das Schwein und sein Aszendent

Schwein mit Aszendent Ratte
Schweine mit Rattenaszendent sind wesentlich ausdauernder und strebsamer als ihre Namensvettern. Denn die Ratte ist sehr fleißig und bemüht sich, ihrem Leben stabile Grundlagen zu verschaffen. Für ihre Familie tut sie alles, Hauptsache, ihren Lieben geht es gut.

Dabei verleiht der Rattenaspekt dem Schwein viel Charme und Einfühlungsgabe. Die Ratte ist ein instinktsicheres Tier, das mit seinem Riecher immer sofort weiß, wo's langgeht.

Schweine mit diesem Aszendenten haben deshalb kaum Schwierigkeiten, auf der Karriereleiter nach oben zu klettern, denn die Ratte verleiht ihnen die notwendige Ausdauer und Energie dazu. Dieses Schwein kann aber auch seelenruhig kleine Brötchen backen.

Schwein mit Aszendent Büffel
Rechtschaffenheit und eine grundsolide Einstellung zum Dasein verleiht der ehrliche Büffel dem genießerischen Schwein. Für einen Charakter dieser Zeichenkombination geht es immer um einen stetigen Arbeitseinsatz, um Pflichterfüllung, verleiht doch der Büffel dem Schwein ein hohes Maß an Konzentrationsfähigkeit auf sein eigentliches Ziel hin.

Weil der Büffel vor allem vom Leistungsdenken bestimmt wird, kennt er wenig andere Freuden. Er ist grundanständig und steht mit beiden Beinen fest auf der Erde. Mit diesen Eigenschaften verleiht er dem Schwein mehr Bodenfestigkeit, es gerät nicht so leicht aus dem Gleichgewicht. Mit Stimmungen hat es jedenfalls weniger als üblich zu kämpfen.

Schwein mit Aszendent Tiger
Ungewöhnlich warmherzig, fast schon hitzig in ihren Gefühlen sind diese Menschen, wobei sie bei aller Zuneigung zu anderen immer auf ihrem Recht nach Unabhängigkeit bestehen. Sie wollen ihre eigenen Wege gehen und ihre Entscheidungen allein fällen. Auch ihr Durchsetzungsvermögen ist stark ausgeprägt. Ohne Umwege verfolgen sie das Ziel, das sie sich in den Kopf gesetzt haben. Bei aller Gelassenheit

haben diese Schweine eine gewaltige Antriebskraft, die sie befähigt, auch solche Unternehmen in Angriff zu nehmen, die recht waghalsig sind.

Warmherzig und bestimmt nicht unauffällig ist ein Mensch dieser Zeichenkombination. Mit Leidenschaft und Temperament setzt er durch, was er sich vorgenommen hat.

Schwein mit Aszendent Hase

Der Hase ist ein wenig ängstlich und hat oft große Mühe, sich anderen zu öffnen.

Zusammen mit der Gelassenheit und Toleranz des Schweins zeigt sich hier ein Charakter, der seinen Mitmenschen sehr viel Verständnis und Einfühlung entgegenbringt. Ohne viel Worte zu machen, weiß dieses Schwein zumeist, worum es geht, und hat ein offenes Ohr und Haus für jeden.

Seine Umwelt vergilt ihm diese Hilfsbereitschaft durch ungebrochene Sympathie. Die Welt existiert für dieses Schwein in vielen einander überlappenden, aber auch widersprüchlichen Aspekten. Er kann sich damit abfinden und offenbart damit sein großes, die Vielfalt der Erscheinungen akzeptierendes Herz.

Schwein mit Aszendent Drache

Durch den Drachenaspekt gewinnen diese Schweine eine kräftige und imposante Ausstrahlung, die sie befähigen, Menschen augenblicklich in ihren Bann zu ziehen.

Ein wenig Selbstherrlichkeit strahlen sie dabei schon aus, denn der Drache nimmt für sich a priori größere Rechte in Anspruch, als er anderen zubilligt. Ganz besonders schwierig wird es, wenn man diesen Menschen ihre Unabhängigkeit streitig machen will. Dann reagieren Drache und Schwein äußerst heftig.

Alles in allem besitzt ein Mensch dieser Zeichenkombination ein ungemein glückliches, lebhaftes und leidenschaftliches Temperament. Mit viel Optimismus befindet er sich ständig auf der Suche nach neuem, existenziellen Erfahrungen. Dass er deshalb in seinem Leben eine Menge erlebt, kann man sich vorstellen.

Schwein mit Aszendent Schlange

Als toleranter, jedoch ein wenig zurückhaltender Mensch präsentiert sich das Schwein mit Schlangenaszendent. Dabei gibt dieses rätselhafte und sehr geheimnisvoll wirkende Zeichen dem Schwein oft ein besonderes Flair, einen Nimbus, der auf andere Menschen in besonderer Weise anziehend wirkt.

Vor allem im Bereich der Erotik sind diese Menschen sehr erfolgreich, da ihre geheimnisvolle Aura ausgesprochen anziehend auf andere wirkt. Allerdings braucht dieses Schwein oft lange Zeit, ehe es sich offenbart. Dann aber spart es nicht mit Hingabe und Zärtlichkeit. Und niemals würde es sich einfallen lassen, Schulden aufzurechnen, seien sie nun emotionaler oder finanzieller Natur.

Schwein mit Aszendent Pferd

Diese temperamentvollen Charaktere sind in höchstem Maße liebenswürdig, freundlich und friedliebend. Solange man ihre Kreise nicht stört, solange man ihre Sphäre nicht verletzt, sind sie ausgesprochen umgänglich.

Die Abenteuerlust dieses Schweins ist eine geistige. Doch auch wenn's um die Tat geht, wenn der Drang zu fernen Ufern lockt, ist es nicht zu bremsen. Denn Pferde lieben die Ferne, die Sensation des Noch-nie-Dagewesenen, die unbekannte Welt.

Als Individualist mit sehr speziellen Neigungen, so geht dieses Schwein durchs Leben. Seine Klugheit, seine Wissbegier und sein Charme machen es sehr beliebt bei seinen Mitmenschen.

Schwein mit Aszendent Ziege

Liebenswürdig, charmant und freigebig, einfühlsam und vertrauenerweckend, das ist das Schwein mit Ziegenaszendent, denn die warmherzige und freundliche Ziege unterstützt im Schwein all jene Eigenschaften, die mit Toleranz und Verständnis zusammenhängen.

Ungemein gastfreundlich geht es deshalb im Haushalt dieses Schweins zu, da sein Herz immer offen ist für die Probleme und Nöte seiner Bekannten und Freunde. Es ist bereit zu geben und kann in kürzester Zeit eine Atmosphäre rückhaltlosen Vertrauens aufbauen. Allerdings, das muss gesagt werden, wird dieses Schwein einige Probleme mit seinem Arbeitseinsatz haben, denn als ausgesprochener Saisonarbeiter findet es in der Ziege wenig Impulse, die es zu größerem Ehrgeiz anspornen.

Schwein mit Aszendent Affe

Munter und ständig auf dem Sprung, gesegnet mit einer brillanten Intelligenz, aber auch einer gehörigen Portion Kalkül, so geht das Schwein durchs Leben, das durch die Eigenschaften des Affen unterstützt wird. Seine große geistige Beweglichkeit, sein Talent, komplexe Zusammenhänge in Blitzgeschwindigkeit zu erfassen, bringen es auf der Karriereleiter schnell nach oben.

Ein wenig problematisch ist für diesen Charakter allerdings seine Sprunghaftigkeit. Er braucht daher schon eine Menge innerer Disziplin, damit er seine Talente wirklich zum Einsatz bringt. Denn die sind ja schließlich zur Genüge vorhanden und würden diesem Menschen grundsätzlich jede Karriere ermöglichen.

Schwein mit Aszendent Hahn

Der laute und farbenfrohe Hahn, der so stolz über seinen Hühnerhof spaziert, gibt dem Schwein sehr viel Selbstbewusstsein für seine äußerliche Aufmachung, für die Wirkungsweise seiner Erscheinung. Denn der Hahn ist ein wenig eitel und zeichnet sich gern durch ein auffallendes Äußeres aus. Auch ist das Schwein mit Hahnenaszendent ein sehr redseliger Typ, der zu allem und jedem einen Kommentar abgeben muss. Doch bei aller Äußerlichkeit verleiht der Hahn dem Schwein auch Strebsamkeit und Fleiß.

Ein hochherziger, individualistischer, dabei aber auch sehr philosophischer Charakter begegnet uns hier. Bei aller Vorliebe für den schönen Schein versteht er es doch, existentielle Fragen zu stellen und mit kontinuierlichem Arbeitseinsatz seinem Dasein einen festen Halt zu geben.

Schwein mit Aszendent Hund

Ein energischer, pflichtbewusster und rechtschaffener Charakter ist ein Mensch dieser Zeichenkombination. Er weiß, was er will, denn der Hund verleiht dem toleranten und großzügigen Schwein die Fähigkeit, einen eindeutigen Platz in der Welt zu finden.

Allerdings hat es doppelt unter Stimmungsschwankungen zu leiden, denn auch der Hund ist ein wenig wankelmütig. Bevor er eine Sache angeht, braucht er oft lange Zeit gründlichster Überlegung.

Manchmal neigt dieses Schwein dazu, die Welt allzu scharf in gut und böse, hell und dunkel einteilen zu wollen. Zwar besitzt es ein starkes Gerechtigkeitsempfinden, das es ihm möglich macht, sich für Minderheiten einzusetzen. Doch kann es dabei durchaus geschehen, dass das sonst so tolerante Schwein ein wenig fanatisch wird.

Schwein mit Aszendent Schwein
Gern tritt ein Schwein mit Schweineaszendent an die Öffentlichkeit und sonnt sich in der Gunst seiner Umwelt. Dabei ist es ausgesprochen tolerant. Doch hat es durchaus nichts dagegen, auf der Leiter des Erfolgs möglichst weit oben zu stehen, mit Einsatzfreude und Fleiß wird es sich bemühen, dort hinzukommen. Allerdings hat es sehr viel mit Depressionen, mit Stimmungsschwankungen zu kämpfen.

Dabei befindet es sich ständig auf der Suche nach Veränderungen, seien sie emotionaler oder beruflicher Art. Ein liebenswerter, toleranter Genießer und gleichzeitig ein großer Individualist, das ist das Schwein mit Schweineaszendent.

Schwein und Partnerschaft

Ein Schwein weiß immer auf den ersten Blick, wer sein Typ ist. Wenn es sich die Vertreter des anderen Geschlechts ansieht, bekommt sein Blick leicht etwas Sezierendes. Es beobachtet, bewertet – und verwirft in den meisten Fällen. Denn es stellt hohe Ansprüche an den Partner seiner Wahl. Festlegen lässt es sich jedenfalls nicht, ohne sich und den anderen vorher genau geprüft zu haben. Der Partner muss in gewisser Weise schon genau passen, mag sich dies nun auf sein Aussehen, auf seine inneren Qualitäten oder sein Image beziehen.

Das Schwein handelt also in Liebesdingen nicht unbedingt spontan. Hat es sich jedoch nach langer Überlegung einmal für jemanden entschieden und kann es so seinem Herzen freien Lauf lassen, kennt es meist keine Zurückhaltung mehr. Besonders der Partner selbst zeigt sich erstaunt, wenn dieser zurückhaltende Analytiker sich plötzlich als feuriger Liebhaber entpuppt, der ein gerüttelt Maß an Wärme braucht, an inniger Verbundenheit, und der in aller Selbstverständlichkeit erwartet, dass dies auch erwidert wird.

Dass das Schwein sich anfänglich so zurückhaltend gebärdet, hat seinen guten Grund. In der Tiefe seines Herzens weiß es, dass es, wenn es einmal entflammt ist, sich seiner Gefühle kaum mehr erwehren kann. Wie eine Sturzwelle brechen sie an Land und überfluten alle Sinne, sodass das Schwein gar nicht mehr anders kann als sich völlig zu verlieren. Hier liegt auch ein Problem, mit dem Menschen dieses Zeichens oft zu kämpfen haben. Ihre Beziehungen drohen an einer gewissen Süßlichkeit zu ersticken. Sie überhäufen den Partner mit Aufmerksamkeiten und sind so nett, dass der andere es kaum noch ertragen kann. Das Schwein sucht in erster Linie Harmonie, Nähe und eine heitere Atmosphäre, auch wenn es in einer Beziehung schon brodelt wie in einem Dampfkessel, wenn alle Komplimente, seine Wünsche nach Gemeinschaft, seine im Überfluss verströmten Zärtlichkeiten dem Partner schon lange auf die Nerven gehen. Das Schwein braucht lange, ehe es dies bemerkt.

In dieser Hinsicht kann es schlecht über sich selbst hinaussehen, sondern erwartet mit großer Selbstverständlichkeit, dass beim Partner die gleichen Bedürfnisse bestehen wie bei ihm selbst. Auch Treue ist für das Schwein obligatorisch, und fühlt es sich in dieser Beziehung verletzt, tut es alles, um seinerseits den Partner eifersüchtig zu machen. Dann zieht es alle Register und flirtet so gekonnt, dass der andere unruhig wird – und natürlich auch das arme Opfer, das das Schwein zu seiner Rache benutzt. In solchen Situationen kennt ein Schwein kein Erbarmen, kein Mitgefühl.

Innerhalb des Familienlebens nimmt das Schwein oft eine gewisse Mittelpunktstellung ein. Es lenkt mit leiser Hand die Geschicke seiner Nächsten. Nach außen gibt es sich äußerst liberal und verständnisvoll, doch heißt das nicht unbedingt, dass es im Zweifelsfall nicht auch zum Befehlston neigt. Dann nämlich, wenn es mit all seiner Toleranz, mit seiner einfühlsamen Güte nicht genügend Beachtung findet. Eltern dieses Kindes lassen ihre Kinder oft an der langen Leine laufen, um sie dann plötzlich festzuzurren, wenn ihnen etwas nicht passt. Mit anderen Worten: Liberal sind sie so lange, wie die Kleinen sich sowieso in ihrem Sinn verhalten. Ihr Regiment wirkt locker, ist aber letztlich eisenhart.

Allerdings wird das Schwein in Ehe und Partnerschaft ständig für amüsante Überraschungen sorgen. Langeweile hasst es nämlich wie die Pest und ist so ständig bemüht, dem Alltagstrott zu entfliehen. Dazu gehören natürlich auch die spontan veranstalteten Festlichkeiten, die das Schwein zu genießen weiß wie kein zweiter.

Was den Alltag betrifft, so werden Partner dieses Zeichens immer mal wieder mit dessen Hang zur Bequemlichkeit zu kämpfen haben. Das Schwein kann Stunden der Muße einfach genießen und dreht sich ohne Skrupel im Bett auf die andere Seite, wenn ihm danach ist. Entsprechend sieht dann auch das Einkommen aus, wenn nicht der andere dafür sorgt, dass die Kasse stimmt. Nörgeleien sollte er jedoch in jedem Fall vermeiden, denn die machen das Schwein nur fuchsteufelswild. In die Art, wie es sein Leben zu gestalten wünscht, duldet es einfach keine Einmischung. Zumal es den Hang zur Faulheit durch plötzliche Anfälle rasender Arbeitswut durchaus wieder kompensieren kann.

Wer passt zum Schwein?

Schwein – Schwein

Zwei große Individualisten leben hier zusammen, zwei Menschen, die viel Wert darauf legen, dass man ihre persönliche Sphäre nicht antastet. Bei aller Sehnsucht nach Nähe, nach Zärtlichkeit sind Schweine ja immer ein wenig exklusiv, wenn es um ihren eigenen Bereich geht, und so kann es schon geschehen, dass die beiden zu wenig Berührungspunkte miteinander haben.

Aber auch der Kampf um die Macht kann bei diesen beiden zu einem Problem werden. Denn jeder von ihnen möchte gern anerkannt und bewundert werden, woraus sich oft ein nervöses Gerangel um den Platz an der Sonne ergibt.

Nur wenn die beiden Schweine mit diesen charakterlichen Merkmalen zurande kommen, wenn sie Humor entwickeln und über ihren grenzenlosen Hang zum Individualismus lachen können, hat eine Beziehung zwischen den beiden eine gewisse Chance. Schwierigkeiten haben sie allemal zu überwinden, aber was wäre eine Partnerschaft ohne Konflikte!

Die Texte zu den anderen Kombinationen finden Sie im entsprechenden Abschnitt der bereits behandelten Tierkreiszeichen.

Schwein und Beruf

Es kann schon vorkommen, dass sich ein Schwein in jungen Jahren schwer tut bei seiner Berufswahl. Wenn alle Wege nach Rom führen, so ist es schwierig, einen zu wählen, vor allem, wenn harte Lehrjahre die erstrebte Anerkennung so weit hinausschieben. Denn der Ehrgeiz des Schweins bezieht sich – es muss leider gesagt werden – erst in zweiter Linie auf die Sache an sich. Ob die Forschung einen wesentlichen Schritt nach vorne gemacht hat, ist ihm nur dann wichtig, wenn es selbst an diesem Fortschritt beteiligt war. Lob und Anerkennung braucht es wie sein tägliches Brot.

Dies schließt jedoch keinesfalls aus, dass sich das Schwein insbesondere auf dem sozialen Sektor hervortut. Hier kommt ihm seine Toleranz, sein mitfühlendes Verständnis für andere besonders zugute, wobei es allerdings nicht davor zurückschreckt, diese Fähigkeiten auch demonstrativ zu zeigen. Ganz so selbstlos, wie es also zunächst den Anschein hat, ist das Schwein nicht, was aber an seinen Leistungen natürlich nichts ändert. Als Sozialpädagoge, aber auch als Lehrer sind Schweine meist hervorragend geeignet, da sie mit ihren liberalen Ansichten die Jugend mit sachter Hand zu leiten verstehen.

Häufig hat das Schwein jedoch Schwierigkeiten mit seiner Arbeitsmoral. Da es ja im Innern des so gelassen und souverän wirkenden Charakters manchmal recht chaotisch aussieht und das Schwein mit starken Stimmungsschwankungen zu kämpfen hat, will es manchmal die Flinte allzu rasch ins Korn werfen.

Allerdings, und das muss leider gesagt werden, ist auch Erfolg für das Schwein nicht immer ein Ansporn, denn es ruht sich ganz gern auf seinen Lorbeeren aus.

Es ist ein Saisonarbeiter, der sich zwar, wenn er restlos von einer Sache überzeugt ist, unter Verausgabung aller seiner Kräfte ins Zeug legen kann – seine Arbeitswut kennt dann keine Grenzen –, doch wird dieser vitale Vorstoß immer wieder von Depressionen oder Glücksräuschen unterbrochen. Ein Schwein sollte, wenn es beruflich erfolgreich sein will, unbedingt an sich arbeiten und sich in beiden Extremen zu mäßigen versuchen.

Auch wenn diese Anfälligkeiten die Zusammenarbeit mit einem Schwein zu einer Art Gratwanderung machen, schätzt man doch seine Toleranz, seine – im Allgemeinen – gelassene und freundliche Ausstrahlung. Allerdings können Schweine recht eigenwillig werden, wenn eine Angelegenheit in ihr Ressort fällt. Normalerweise durchaus kompromissbereit, möchten sie doch Dinge, die ihre eigenen Kompetenzen betreffen, selbstständig entscheiden.

Allerdings brauchen Schweine bei aller Eigenwilligkeit so etwas wie ein Vorbild, an dem sie sich orientieren können. Dies gibt ihnen Sicherheit für ihre Handlungsweise, auch wenn es sich dabei um so entlegene Gestalten wie den Philosophen Seneca handelt.

Alle Berufe, die Schweinen die Möglichkeit geben, ein wenig glanzvoll aufzutreten, sind bei ihnen sehr gefragt. Zum Beispiel genießen sie es sehr, wenn sie als beliebte Lehrer von einer großen Schülerschar umschwärmt werden.

Wer passt zum Schwein in beruflicher Hinsicht?

Schwein – Schwein

Starke Kämpfe um Anerkennung wird es in dieser beruflichen Verbindung geben, denn beide Schweine möchten gern im Mittelpunkt der Gunst von Kollegen und Untergebenen stehen.

Wenn sich die beiden Schweine aber wirklich einigen können, haben sie sehr wohl die Möglichkeit, ein blühendes Unternehmen zu führen. Dass es gelegentlich Konflikte gibt, müssen sie eben hinnehmen.

Die Texte zu den anderen Kombinationen finden Sie im entsprechenden Abschnitt der bereits behandelten Tierkreiszeichen.

Schwein und Gesundheit

Ihre Konstruktion ist eigentlich erstaunlich, ungeheuer viel Kraft und Vitalität stehen den Menschen dieses Zeichens zur Verfügung, und käme ihnen nicht ihre persönliche psychische Labilität in den Weg, könnten sich Schweine tagaus, tagein rundum pudelwohl fühlen. Auch wenn dem an und für sich zur Bequemlichkeit neigenden Schwein dieser Tipp nicht unbedingt schmeckt: Starke körperliche Betätigung bei einer Sportart, die ihn richtig zum Schwitzen bringt, ist für den Schweinemenschen lebensnotwendig. Unbedingt sollte er sich dazu aufraffen, jeden Tag mindestens eine halbe Stunde zu joggen, und zwar wirklich regelmäßig. Bald schon wird er spüren, dass sich dies ausgleichend auf ihn auswirkt. Ein weiterer positiver Nebeneffekt des Sports ist, dass er sich auf die schlanke Linie auswirkt.

Das Schwein in den einzelnen Jahren: Aussichten und Tendenzen

Das Jahr des Schweines

Ein Jahr, das sich wie kein anderes dazu anbietet, Fuß zu fassen, das aber gleichzeitig große Umwälzungen bringen kann: das ist die Zeit, die unter dem Einfluss des Schweins steht. Ein starker Drang, Dinge grundsätzlich zu verändern, beherrscht jetzt die Menschen, und mit aller Kraft versuchen sie eine Neuorientierung. Dem Drang zur Veränderung sollte man am besten in der unmittelbaren Umgebung stattgeben, in der man lebt.

Für den Hausbau, den Ankauf von Immobilien, die Vermehrung von Besitz ist das Schweinejahr günstig. Menschen, die es bislang versäumt haben, möchten sich jetzt gern niederlassen und einen Ort schaffen, wo sie wirklich hingehören. Bei all ihrer psychischen Labilität ist dies nämlich der Ursprung ihres plötzlichen Fernwehs, sie suchen einen Platz, an dem sie sich wirklich zu Hause fühlen. Im Bereich der Wirtschaft erfolgt eine zwar langsame, aber stetig nach oben tendierende Bewegung. Über die politische Landschaft können jetzt aber schon mal heftige Stürme gehen, analog zu den Witterungsverhältnissen.

Ein Jahr, das viele Chancen birgt, man muss sie nur ergreifen. Jetzt kann man Fuß fassen und seinem Leben feste Grundlagen verschaffen. Ob Haus, ob Kind, ob Partner, man verspürt jetzt eine starke Sehnsucht nach festen Bindungen und hat auch alle Möglichkeiten, sie zu verwirklichen.

Das Jahr der Ratte

Eine Zeit der Nachdenklichkeit, aber auch der bohrenden Ungewissheit kündigt sich für das Schwein im Zeichen der Ratte an. Es hat noch mehr mit Stimmungsschwankungen zu kämpfen, als dies normalerweise der Fall ist.

Erst im Herbst beginnt sich die Lage zu entspannen, und es zeichnen sich bessere Tendenzen ab.

Das Jahr des Büffels
Sollte ein Schwein schon länger den Drang nach Publikum verspürt haben, so sollte es im Büffeljahr an die Öffentlichkeit gehen. Denn jetzt kann es sehr viel Anerkennung bekommen, vor allem wenn es die richtigen Leute für seine Bemühungen und Pläne einsetzt. Der Büffel verleiht dem Schwein Stetigkeit und Arbeitseifer.

Das Jahr des Tigers
Einen harten Kurs bestimmt der Tiger, und eine scharfe Brise wird dem Schwein um die Nase wehen, wenn es sich nicht darauf einstellt. Denn allerlei Widerstände und Widrigkeiten sind zu erwarten. Klare Überlegung, aber vor allem viel Geduld braucht das Schwein jetzt, um den Anforderungen standzuhalten.

Das Jahr des Hasen
Viele Ereignisse und Überraschungen erlebt das Schwein im Hasenjahr. Auch verspürt es jetzt den Drang, seine vielfältigen Talente zu verwirklichen, und hat alle Chancen, diese Zeit mit einer positiven Bilanz abzuschließen. Allerdings muss es den richtigen Augenblick zum Loslassen erkennen, denn sonst muss es mühselig wieder von vorne anfangen.

Das Jahr des Drachen
In der Zeit, die im Zeichen des Drachen steht, erfährt das Schwein von seinen Verwandten sehr viel Unterstützung. Diese gibt ihm das notwendige Selbstbewusstsein. Und auch mit Anerkennung wird in diesem Jahr nicht gespart.

Das Jahr der Schlange
Tendenziell liegen während des Schlangenjahres große Veränderungen in der Luft. Allerdings muss das Schwein hart am Ball bleiben, auch wenn es mitunter ein wenig hektisch zugeht. Der Erfolg wird es ihm lohnen, wenn es sich nicht beirren lässt. Aggressives Vorgehen ist jetzt nicht besonders günstig.

Das Jahr des Pferdes
Stabilität einerseits und stetiger Fortschritt andererseits, das garantiert das Pferdejahr einem Schwein, das sich wacker um seine Unternehmungen kümmert. Es erlebt im Pferdejahr jedoch ein Wechselbad

der Gefühle. Höchstes Glück und tiefstes Unglück stehen eng beieinander. Seelisch hat es also eine Menge zu verkraften.

Das Jahr der Ziege
Im Beruf wird das Schwein jetzt mächtig gefordert. Aus diesem Grund sucht es die Unterstützung von einflussreichen Leuten, die ihm auch manchen Tipp geben können. Unter diesen Vorgaben kann es jetzt auch wohlgemut Zukunftspläne schmieden und nicht zuletzt eine Familie gründen.

Das Jahr des Affen
Eine durchwachsene Zeit erwartet das Schwein im Affenjahr. Vor allem zu Jahresbeginn fällt es ihm ein wenig schwer, seine Pläne wirklich in Angriff zu nehmen. Besonders in beruflicher Hinsicht braucht es jetzt sehr viel Unterstützung, um gut über die Runden zu kommen.

Das Jahr des Hahnes
Finanziell geht es jetzt schwunghaft aufwärts, das Schwein muss sich im Hahnenjahr keine Sorgen um seine Zukunft machen. Der Aufschwung ist auf allen Ebenen zu verzeichnen. Veränderungen sind allerdings im Hahnenjahr nicht angesagt. Im Wesentlichen findet es während dieser Zeit volle Zufriedenheit und Harmonie.

Das Jahr des Hundes
Jetzt kann das Schwein besonders gut Fehler der Vergangenheit korrigieren. Doch sollte es dabei keine Flüchtigkeitsfehler machen. Denn sonst bleiben Dinge unerledigt, die für das Schwein wichtig sind.

Kalender der Mondjahre

Beginn	Ende	Zeichen	Wandlungsphasen*
30. Januar 1930	16. Februar 1931	Pferd	Metall (+)
17. Januar 1931	5. Februar 1932	Ziege	Metall (-)
6. Februar 1932	25. Januar 1933	Affe	Wasser (+)
26. Januar 1933	13. Februar 1934	Hahn	Wasser (-)
14. Februar 1934	3. Februar 1935	Hund	Holz (+)
4. Februar 1935	23. Januar 1936	Schwein	Holz (-)
24. Januar 1936	10. Februar 1937	Ratte	Feuer (+)
11. Februar 1937	30. Januar 1938	Büffel	Feuer (-)
31. Januar 1938	18. Februar 1939	Tiger	Erde (+)
19. Februar 1939	7. Februar 1940	Hase	Erde (-)
8. Februar 1940	26. Januar 1941	Drache	Metall (+)
27. Januar 1941	14. Februar 1942	Schlange	Metall (-)
15. Februar 1942	4. Februar 1943	Pferd	Wasser (+)
5. Februar 1943	24. Januar 1944	Ziege	Wasser (-)
25. Januar 1944	12. Februar 1945	Affe	Holz (+)
13. Februar 1945	1. Februar 1946	Hahn	Holz (-)
2. Februar 1946	21. Januar 1947	Hund	Feuer (+)
22. Januar 1947	9. Februar 1948	Schwein	Feuer (-)
10. Februar 1948	28. Januar 1949	Ratte	Erde (+)
29. Januar 1949	16. Februar 1950	Büffel	Erde (-)
17. Februar 1950	5. Februar 1951	Tiger	Metall (+)
6. Februar 1951	26. Januar 1952	Hase	Metall (-)
27. Januar 1952	13. Februar 1953	Drache	Wasser (+)
14. Februar 1953	2. Februar 1954	Schlange	Wasser (-)
3. Februar 1954	23. Januar 1955	Pferd	Holz (+)
24. Januar 1955	11. Februar 1956	Ziege	Holz (-)
12. Februar 1956	30. Januar 1957	Affe	Feuer (+)
31. Januar 1957	17. Februar 1958	Hahn	Feuer (-)
18. Februar 1958	7. Februar 1959	Hund	Erde (+)
8. Februar 1959	27. Januar 1960	Schwein	Erde (-)
28. Januar 1960	14. Februar 1961	Ratte	Metall (+)
15. Februar 1961	4. Februar 1962	Büffel	Metall (-)
5. Februar 1962	24. Januar 1963	Tiger	Wasser (+)
25. Januar 1963	12. Februar 1964	Hase	Wasser (-)
13. Februar 1964	1. Februar 1965	Drache	Holz (+)
2. Februar 1965	20. Januar 1966	Schlange	Holz (-)

* (-) = Yin; (+) = Yang

Kalender der Mondjahre

Beginn	Ende	Zeichen	Wandlungsphasen*
21. Januar 1966 –	8. Februar 1967	Pferd	Feuer (+)
9. Februar 1967 –	29. Januar 1968	Ziege	Feuer (-)
30. Januar 1968 –	16. Februar 1969	Affe	Erde (+)
17. Februar 1969 –	5. Februar 1970	Hahn	Erde (-)
6. Februar 1970 –	26. Januar 1971	Hund	Metall (+)
27. Januar 1971 –	15. Januar 1972	Schwein	Metall (-)
16. Januar 1972 –	2. Februar 1973	Ratte	Wasser (+)
3. Februar 1973 –	22. Januar 1974	Büffel	Wasser (-)
23. Januar 1974 –	10. Februar 1975	Tiger	Holz (+)
11. Februar 1975 –	30. Januar 1976	Hase	Holz (-)
31. Januar 1976 –	17. Februar 1977	Drache	Feuer (+)
18. Februar 1977 –	6. Februar 1978	Schlange	Feuer (-)
7. Februar 1978 –	27. Januar 1979	Pferd	Erde (+)
28. Januar 1979 –	15. Februar 1980	Ziege	Erde (-)
16. Februar 1980 –	4. Februar 1981	Affe	Metall (+)
5. Februar 1981 –	24. Januar 1982	Hahn	Metall (-)
25. Januar 1982 –	12. Februar 1983	Hund	Wasser (+)
13. Februar 1983 –	1. Februar 1984	Schwein	Wasser (-)
2. Februar 1984 –	19. Februar 1985	Ratte	Holz (+)
20. Februar 1985 –	8. Februar 1986	Büffel	Holz (-)
9. Februar 1986 –	28. Januar 1987	Tiger	Feuer (+)
29. Januar 1987 –	16. Februar 1988	Hase	Feuer (-)
17. Februar 1988 –	5. Februar 1989	Drache	Erde (+)
6. Februar 1989 –	26. Januar 1990	Schlange	Erde (-)
27. Januar 1990 –	14. Februar 1991	Pferd	Metall (+)
15. Februar 1991 –	3. Februar 1992	Ziege	Metall (-)
4. Februar 1992 –	22. Januar 1993	Affe	Wasser (+)
23. Januar 1993 –	9. Februar 1994	Hahn	Wasser (-)
10. Februar 1994 –	30. Januar 1995	Hund	Holz (+)
31. Januar 1995 –	18. Februar 1996	Schwein	Holz (-)
19. Februar 1996 –	6. Februar 1997	Ratte	Feuer (+)
7. Februar 1997 –	27. Januar 1998	Büffel	Feuer (-)
28. Januar 1998 –	15. Februar 1999	Tiger	Erde (+)
16. Februar 1999 –	4. Februar 2000	Hase	Erde (-)
5. Februar 2000 –	24. Januar 2001	Drache	Metall (+)
25. Januar 2001 –	12. Februar 2002	Schlange	Metall (-)

* (-) = Yin; (+) = Yang

Kalender der Mondjahre

Beginn	Ende	Zeichen	Wandlungsphasen*
13. Februar 2002 –	1. Februar 2003	Pferd	Wasser (+)
2. Februar 2003 –	21. Januar 2004	Ziege	Wasser (-)
22. Januar 2004 –	9. Februar 2005	Affe	Holz (+)
10. Februar 2005 –	28. Januar 2006	Hahn	Holz (-)
29. Januar 2006 –	16. Februar 2007	Hund	Feuer (+)
17. Februar 2007 –	5. Februar 2008	Schwein	Feuer (-)
6. Februar 2008 –	26. Januar 2009	Ratte	Erde (+)
27. Januar 2009 –	13. Februar 2010	Büffel	Erde (-)
14. Februar 2010 –	2. Februar 2011	Tiger	Metall (+)
3. Februar 2011 –	23. Januar 2012	Hase	Metall (-)
24. Januar 2012 –	11. Februar 2013	Drache	Wasser (+)
12. Februar 2013 –	30. Januar 2014	Schlange	Wasser (-)
31. Januar 2014 –	17. Februar 2015	Pferd	Holz (+)
18. Februar 2015 –	7. Februar 2016	Ziege	Holz (-)

* (-) = Yin; (+) = Yang

Register

Aszendent 6, 17f.
Aszendenten der Tierkreiszeichen:
– Affe 211 ff.
– Büffel 50 ff.
– Drache 124 ff.
– Hahn 232 ff.
– Hase 100 ff.
– Hund 252 ff.
– Pferd 168 ff.
– Ratte 23 ff.
– Schlange 146 ff.
– Schwein 271 ff.
– Tiger 75 ff.
– Ziege 190 ff.
Aussichten (bei den Tierkreiszeichen):
Affe 223 ff.
Büffel 66 ff.
Drache 138 ff.
Hahn 243 ff.
Hase 115 ff.
Hund 262 ff.
Pferd 181 ff.
Ratte 41 ff.
Schlange 160 ff.
Schwein 281 ff.
Tiger 91 ff.
Ziege 203 ff.
Beruf (und Tierkreiszeichen):
Affe 220 f.
Büffel 62 f.
Drache 134 ff.
Hahn 240 f.
Hase 111 f.
Hund 259 ff.
Pferd 178 f.
Ratte 36 ff.

Schlange 156 f.
Schwein 278 f.
Tiger 86 ff.
Ziege 199 ff.
Buddha 8
Gesundheit (bei den Tierkreiszeichen)
Affe 222
Büffel 66
Drache 138
Hahn 243
Hase 115
Hund 262
Pferd 181
Ratte 41
Schlange 159
Schwein 280
Tiger 90
Ziege 202
Gleichgewicht 13
Gonn 18
Grundstrukturen 8
Horoskop 7
Kalender 7
Mondjahre 284 ff.
Landwirtschaft 7
Mond 7 f.
Mondjahre 284 ff.
Partnerkombinationen
(1. Seitenzahl: privat;
2. Seitenzahl: beruflich)
Affe/Affe 218, 221
Affe/Hahn 218, 221
Affe/Hund 219, 222
Affe/Schwein 219, 222
Büffel/Affe 59, 65
Büffel/Büffel 56, 63
Büffel/Drache 57, 64

Büffel/Hahn 60, 65
Büffel/Hase 57, 63
Büffel/Hund 60, 65
Büffel/Pferd 58, 64
Büffel/Schlange 58, 64
Büffel/Schwein 61, 65
Büffel/Tiger 56, 63
Büffel/Ziege 59, 64
Drache/Affe 132, 137
Drache/Drache 130, 136
Drache/Hahn 133, 137
Drache/Hund 133, 137
Drache/Pferd 131, 136
Drache/Schlange 131, 136
Drache/Schwein 134, 137
Drache/Ziege 132, 137
Hahn/Hahn 239, 242
Hahn/Hund 239, 242
Hahn/Schwein 240, 242
Hase/Affe 109, 113
Hase/Drache 107, 113
Hase/Hahn 109, 114
Hase/Hase 106, 112
Hase/Hund 110, 114
Hase/Pferd 108, 113
Hase/Schlange 107, 113
Hase/Schwein 110, 114
Hase/Ziege 108, 113
Hund/Hund 258, 261
Hund/Schwein 259, 261
Pferd/Affe 176, 180
Pferd/Hahn 176, 180
Pferd/Hund 177, 180
Pferd/Pferd 175, 179
Pferd/Schwein 177, 180
Pferd/Ziege 175, 179
Ratte/Affe 34, 40
Ratte/Büffel 30, 38

Ratte/Drache 32, 39
Ratte/Hahn 35, 40
Ratte/Hase 31, 38
Ratte/Hund 35, 40
Ratte/Pferd 33, 39
Ratte/Ratte 30, 38
Ratte/Schlange 32, 39
Ratte/Schwein 36, 40
Ratte/Tiger 31, 38
Ratte/Ziege 34, 39
Schlange/Affe 153, 158
Schlange/Hahn 154, 158
Schlange/Hund 155, 159
Schlange/Pferd 153, 158
Schlange/Schlange 152, 157
Schlange/Schwein 155, 159
Schlange/Ziege 154, 158
Schwein/Schwein 277, 280
Tiger/Affe 84, 89
Tiger/Drache 82, 88
Tiger/Hahn 85, 89
Tiger/Hase 82, 88
Tiger/Hund 85, 90
Tiger/Pferd 83, 89

Tiger/Schlange 83, 89
Tiger/Schwein 86, 90
Tiger/Tiger 81, 88
Tiger/Ziege 84, 89
Ziege/Affe 197, 201
Ziege/Hahn 198, 201
Ziege Hund 198, 202
Ziege/Schwein 199, 202
Ziege/Ziege 197, 201
Partnerschaft (der Tierkreiszeichen)
  Affe 216 f.
  Büffel 54 ff.
  Drache 128 ff.
  Hahn 236 ff.
  Hase 104 ff.
  Hund 256 ff.
  Pferd 172 ff.
  Ratte 28 ff.
  Schlange 150 ff.
  Schwein 275 ff.
  Tiger 79 ff.
  Ziege 194 ff.
Persönlichkeitsbild 18
Philosophie 8
Schicksal 6
Shang-Dynastie 7

Taoismus 6
Tendenzen
  siehe Aussichten
Tod 7
Überwältigung 13
Verhaltensmuster 8
Wandlungsphasen 12
  Erde 17
  Feuer 16
  Holz 15
  Metall 14
  Wasser 15
  bei den Tierkreiszeichen:
  – Affe 209 ff.
  – Büffel 48 f.
  – Drache 122 f.
  – Hahn 230 f.
  – Hase 98 f.
  – Hund 250 f.
  – Pferd 166 f.
  – Ratte 21 ff.
  – Schlange 145 f.
  – Schwein 269 f.
  – Tiger 73 f.
  – Ziege 188 f.
Vorhersagen 6